다시 읽는
한국 현대사

다시 읽는 한국 현대사

양우진 지음

생각의힘

차례

일러두기

이 책의 내용은 필자가 구성해본 하나의 과거이다. 즉, 과거의 사실 관계에 관한 필자의 생각일 따름이다. 다른 사람은 이와 다른 진실을 얼마든지 생각할 수 있다. 역사에 관한 기술이든 현실에 관한 기술이든 모두 '담론적 실천'이다. 어떤 사건을 기술한다는 것은 항상 선택, 외면, 생략, 거두절미, 윤색 등의 과정을 거치는 것이어서, 동일한 사건이 다른 방식으로 얼마든지 재구성될 수 있다. 그래서 여기서 제시하는 내용들은 확고한 진실이라기보다 하나의 독해에 지나지 않는다. '객관적인 역사' '올바르고 균형잡힌 이해' '역사적 진실' 등의 표현은 그것을 강요하려는 이데올로기적 주장이다. 즉, 특정한 담론을 진리로 받들라는 요구와 다르지 않다.◆

◆ 역사학에 관한 반성 혹은 역사 담론의 본성에 관한 논의는 김기봉 외(2002) 『포스트모더니즘과 역사학』과 젠킨스(1991) 『누구를 위한 역사인가』를 참조하였다. 20세기 후반 역사학은 객관성 및 진리 개념에 관한 큰 논란에 휩싸였다. 그런 논란 끝에 역사학이 객관성을 확보할 수 있으며 과거를 재현한다는 기왕의 주장은 그 근거를 크게 의심받게 되었다. 여전히 그런 역사학을 믿고 고집하는 것을 흔히 볼 수 있지만 여기서는 논쟁이 낳은 지혜를 수용한다. 그 지혜에 따르면 역사란 기본적으로 상충되는 담론, 즉 사람과 계급 집단이 말 그대로 자신들을 위해 과거의 해석을 자서전적으로 구성해내는 전쟁터이다. 역사는 어쩔 수 없이 개인적 구성물이며, 이야기의 주체인 역사가의 관점이 표명된 것이다. 우리는 과거의 사건과 그 사건에 대한 우리의 이해 사이에 서있는 해석자를 통해 그 사건을 보게 된다. 역사는 이데올로기적 구성물이며 그것은 권력관계에 다양하게 영향받는 사람들에 의해 끊임없이 재구성된다. 역사의 순수성이란 지배 담론이 자기 이해를 표명해온 방식이다.

1. 2010년대의 한국

2010년대의 한국사회에는 해결하기 어렵고 고통스런 정치·사회·경제적 문제들이 가득하다. 정치적 대립과 갈등이나 빈부격차 확대, 임시직·비정규직 일자리 문제나 청년 실업, 혹은 많은 자영업자들의 좌절, 경제성장 둔화, 그리고 저출산 등 당장 떠오르는 것만도 여러 가지다. 나아가 이러한 어려움 너머로 낙관적인 미래를 꿈꾸기 어려운 것이 더욱 큰 문제이다.

게다가 불과 얼마 전까지 고도 성장을 경험하였건만, 지금 한국사회는 갑작스레 다가선 저성장이라는 현실 앞에서 여유를 잃고 원색적인 충돌을 경험하고 있다. 과거에 익숙했던 속도로 커지지 않는 파이를 앞에 두고 사회복지를 확충하여야 하는데, 그것은 매우 어려운 조정과정을 강요할 것이 분명하다. 이런 상황에서 갈등 조정의 중심이 되어야할 국가 권능은 한편으로는 글로벌화로, 다른 한편으로는 심각한 의사擬似 내전으로 크게 제약받고 있다.

돌이켜보면 1987년 민주화운동이 낳은 대타협으로 정치 민주화가 시작된 이후 잠깐은 한국의 장래에 대해 낙관할 수 있었던 것 같다. 경제성장과 정치 민주화라는 근대사회를 향한 주요 목표들을 제법 훌륭하게 성취한 드문 모범으로 평가되기도 하였고, 1990년대 중반 쯤에는 선진국의 문턱을 넘어선 듯 보이기도 하였다. 이렇듯 성취한 바를 자랑스러워하고 장래를 낙관하던 한국사회가 불과 한 세대 만에 나락으로 떨어져 여러 문제로 힘들어 하는 것을 어떻게 이해해야 할까?

한국은 그동안 무엇을 이룬 것인가? 사실 한국사회는 이룬 것이 상당히 많다. 건국 후 불과 반세기 남짓한 시간에 걸친 각고의 노력 끝에 열망하던 선진국 근처에 얼추 다가가는 데 성공하였다. 식민지의 삶에서 경험하기 시작한 서구의 제도와 문물에 대한 모방의 열망은 해방 이후 서구화 혹은 근대화를 향한 필사적인 몸부림으로 증폭되어 나타났고, 지난 두 세대에 걸친 우여곡절 끝에 21세기의 한국은 겉으로는 멀쩡하게 현대적인 사회가 되었다. 그리하여 서방 문물 따라잡기, 근대화라는 숙제는 오래전에 끝난 얘기처럼 들린다. 한국은 각종의 첨단으로 무장한 사회이며 더 이상 과거의 제도나 관행 혹은 관습 등에 제약을 받지 않는 사회로 보인다.

하지만 한국사회는 여전히 근대의 정점—뭐 그런 것이 있기나 한가 하는 물음은 일단 제쳐두자—에 이르지 못한 채 크고 작은 문제를 드러내고 있다. 여러 제도와 관행에서 시민사회에 걸맞는 자율이나 자기 제어를 찾아보기 힘든 것은 물론이고, 곧잘 체계와 제도의 결여 혹은 미비로 인한 실패와 사고에 직면하곤 한다. 나아가 한국사회가 '성숙'하여 관용과 여유를 갖고 우리 아닌 존재를 대하거나 혹은 그런 너그러움으로 우리 내부를 아우르는, 아니면 적어도 상대를 용인하는 능력이 있는가에 대해서도 회의적이다. 자주 심한 정면충돌의 굉음이 울려퍼지지 않는가? 각종의 정치적 갈등, 쌈질을 들지 않더라도 여러 사안에 대한 지나친 민족주의적 반응이라든가, 특히 과거사를 둘러싼 갈등에서 드러나듯 상대를 포용할 생각을 하지 못하는 엘리트 군상 등은 한국사회가 여전히 매우 편협하며, 사회 및 개인에 대해 곧 자신에 대해 관용할 수 없어 자기 정화에 몰두하고 있다는 것을 드러낸다.[1]

그리하여 갈등을 조정해야 할 정치의 역량은 바닥에 떨어져 있고 좌우 혹은 진보와 보수라는 양 진영이 굳건히 버티고 서서 서로 상대방에게 존재 이유가 되는, 지리한 진지전[2]의 행태를 보여주고 있는 것이다. 2000년대 들어 각종의 사회정치적 문제들—한미 FTA(2006년), 미국산 소고기 수입과 광우병(2008년), 고 노무현 대통령 사망 전후의 정면 대결(2009년), 무상급식(2011년), 제주 강정마을 해군기지(2011~2012년), 밀양 송전탑(2013년), 역사교과서 국정화(2015년) 등—그 어느 것도 '거리의 정치'를 피할 수 없었다. 이러한 대립의 구도는 '환국주의' 정치로, 대선과 총선에 모든 것을 거는 동원의 정치로 나타나고 있다.

게다가 이러한 갈들의 와중에서 각 정치세력들의 실상을 노골적으로

---

1 일부에서 얘기하는 포스트 근대와는 아직 거리가 있는 세상인 것이다. 좌우를 떠나 모두가 자신의 담론들의 근거를 찾아 반성을 거듭한 끝에 그런 건 없다는 자각에 이른 것이 포스트 근대일진대, 한국사회의 이런 면모는 우리의 근대를 좀 더 명징하게 아는 데에는 이르지 못한 현실, 즉 우리의 근대에 관한 깊은 성찰에 이르지 못한 현실을 보여준다.
2 진지전이란 전략적 목표 혹은 권력의 중심을 둘러싼 집중적인 공방전이 아니라 사회의 다양한 부문에서 주도권을 향하여 일상적으로, 때로는 지리하게 진행되는 갈등을 가리킨다.

드러내는 일들이 종종 일어나 그동안 한국사회가 어떻게 재구성되어 왔던가를 은연중에 새삼 보여주기도 하였다. 1970~1980년대의 민주화운동은 1987년 이후 이를 주도하였던 집단의 도덕적 정당성의 주요한 근거가 되었다. 그러나 모든 정치세력들이 이를 부인할 수 없는 가치로 여기며 한국사회에서 절대적 의미를 갖는 것으로 되었다고 믿는 순간 이러한 가치가 한국사회의 내부로 얼마나 뿌리내리고 있는지 의심하지 않을 수 없게 하는 사태에 종종 직면하게 된다.[3] 또한 민주화운동을 계승하는 것이 분명한 정당조차 정당 내부의 민주주의를 결여하고 있음이 적나라하게 드러나기도 한다. 2012년 총선 즈음에 드러난 소위 진보정당의 엉터리 민주주의 행각[4]이 그런 예이다. 이런 모습들은 정치 불신을 극한으로 키운 반면 현실에서는 극단적인 환국주의 정서에 휘둘리는 대중을 우리는 보고 있는 것이다.

결국 왜 이렇게 되었을까 반성해보지 않을 수 없다. 이를 위해서는 한국사회가 근대를 향해 나아가며 겪었던 여러 풍랑과 곡절의 전말을 돌아보지 않을 수 없다. 이것은 근대를 향한 질주를 주도했던 기성세대의 문제의식, 그들의 뇌리를 지배했던 지향점이나 그들을 끓어오르게 했던 열망 등을 되짚어보고 반성하는 작업이 될 것이다. 이러한 반성을 통해 한때 공감을 얻던 문제의식이 이제는 발목을 잡는 장애로 작용하며, 변화를 주도하던 집단이 변화를 막아서는 새로운 권위로 바뀌었음을 엿볼 수 있

---

3 극단적인 경우이지만 소수의 젊은 세대는 심지어 '민주화'라는 표현을 매우 부정적인 의미로 사용하기조차 한다. 박가분(2013) 『일베의 사상』은 이런 현상을 자세히 분석하고 있다.

4 한때 의회정치 일각을 차지했던 통합진보당은 2012년 19대 총선 비례대표 후보 선출 과정에서 경선 투표 결과를 조작하는 부정선거를 저질렀다. 국회의원이 될 사람들을 엉터리로 뽑았던 것이다. 통합진보당은 2014년 헌법재판소 판결에 따라 해산되었다.

을 것이다. 그리하여 이것은 21세기에 이르기까지 한국사회가 누적해온 정치적, 혹은 문화적 퇴적물들의 일부라도 되새겨보는 작업이 될 것이다.

그런데 이것은 정치적 대립의 한 구성 부분으로서 실제 전장이 되고 있는 '역사전쟁'을 건드리지 않을 수 없게 된다. 왜냐하면 역사전쟁의 주요 내용은 두어 세대에 걸친 근대를 향한 질주 과정 전체에 대한 상반된 평가이며, 이것은 각 정치 집단의 정치적 정당성 구성에 필수 요소로 여겨지기 때문이다.

이 경우 우리는 근대의 전 과정에 대한 '부정의 역사'를 어떻게 소화할 것인가 하는 문제에 바로 직면한다. 여기서 '부정의 역사'란 근대의 여명기부터 이어진 민족적, 민족주의적 실패—민족적 자각에 동반된 '자주적 근대화' 실패, 자력 해방이 아닌 선물 받은 해방, 동족상잔과 분단 등—와 친일·친미 세력에 의한 권위주의 독재로 점철된 근현대사로 근대를 독해하는 방식을 가리킨다. 이러한 역사 인식은 최근에 이르기까지 진보 세력의 기본적인 정서로 자리해왔다.

필자는 여기서 다음과 같은 질문을 제기하고자 한다. 우리는 이러한 태도, 즉 민족적, 민족주의적 실패와 좌절을 한스러워 하고 그것을 가져온 세력, 즉 제국주의와 거기에 기생하는 앞잡이들을 비난하는 것을 그만둘 수 있는가? 그리하여 더럽혀진 역사 혹은 현실과 진정한 민족적 근대를 대조하는 대신 실제 현실에 겸허하게 다가갈 수 있는가? 혹은 그런 생각에 집착하는 기성세대를 줌아웃^{zoom out}하여 그저 세상 한켠에 쌓여 있는 두어 무더기의 화석으로 간주할 수 있는가? 그리하여 근대의 초반에 겪은 일들을 단순히 실패로 간주하는 관점을 넘어설 수 있는가? 이 질문은 민주화운동의 한 주축이었던 민족민주운동의 역사와 현재의 위상을 캐묻고 있다.

여기에 답하기 위해서는 우선 근대 역사학이 구축한 역사상歷史像의 문제를 건드리지 않을 수 없다.

2. 그들의 근대, 우리의 근대, 그리고 역사

동서양의 많은 나라에서 근대국가를 향한 노력은 엄청난 정치적 전환에 따라 폭발하는 갈등 관계들과 그것을 정리하는 과정을 동반하곤 했다. 전근대적 관계들을 정리하는 '시민혁명'을 거친 것이다. 주로 서구의 일부 지역에서 먼저 있었던 이 경험을 근대 역사학은 모범이자 전거로 격상시켜 다른 지역에 잣대로서 제시해왔다. 이렇게 근대 역사학이 심혈을 기울여 만든 서구의 '시민혁명' 모델은 다른 곳의 많은 국가주의자 혹은 민족주의자들을 다그친 표상이 되었다.

하지만 모델은 어디까지나 모델일 뿐이다. 근대국가와 사회를 형성하는 현실의 과정이 그 모델에 온전히 부합하는 것은 있을래야 있을 수 없다. 서구를 모방하여 나름의 근대국가를 도모한 민족주의자들에게 있어 모델을 향한 동경은 강렬하여 되도록 그것에 부합하려 하였지만, 역사적 현실은 모델을 반복하지 않는다. 그런 잣대를 고집하는 것은 이념의 과잉을 입증할 뿐이다. 또한 어떤 열등 의식, 부족한 성찰의 표현일 뿐이다. 근대 권력을 정초하는 힘들고 폭력적인, 그리고 때로는 추한 과정은 과거가 되어 역사적 재현의 대상이 된다. 또한 그 과정의 일부를 취사선택과 윤색을 거쳐 국사國史로 삼는 것은 그러한 근대국가 형성 과정의 한 부분을 이룬다.

근대에 관한 결산의 일환으로, 20세기 후반 학계는 탈근대 논쟁으로

달아올랐다. 그러한 성찰을 통해 근대 학문의 담론적 성격이 확정되었고, 역사 담론의 성격도 분명해졌다. 역사학은 외부에 존재하는 진리를 발견하는 학문이 아니라 주어진 여건에서 특정한 담론을 생성하는 실천이다. 곧 역사학은 과거에 대한 진실한 지식을 획득하려는 학문 분야라기보다는 과거를 탐구하여 그것을 자신의 필요에 맞게 재조직하는 담론적 실천이다. 한국에서도 예외 없이 근대 역사학은 근대국가를 향한 질주에서 그 이데올로기, 혹은 대항 이데올로기 생산자로서 복무해왔다.

서구에서 있었던 전제군주제나 왕정체제의 전복과 공화주의의 도입, 의회민주주의 및 자본주의 경제제도의 정착 등에 상응하는 변화는 한반도에서 식민지 경험, 건국, 전쟁 그리고 몇 차례의 정치 격변 등의 형태로 나타났다. 이와 관련하여 현재 한국사회에서는 보수세력의 '민족중흥 담론'과 진보세력의 '민주화 담론' 혹은 그것의 바탕을 이루는 '부정의 역사'가 한창 경합하고 있다. 전자가 고난을 이겨내고 근대화와 경제성장으로 민족의 중흥을 이루어온 현대사로 보는 것을, 후자는 친일 독재세력이 더럽혀온 부정의 세월로 이해한다. 이 두 담론은 현대사의 고비마다 전혀 다른 구성으로 대립하고 있다. 각각의 담론적 실천은 복잡하고 풍부한 과거 가운데 비위에 맞는 일부를 부각, 가공하고 나머지를 외면하거나 거두절미하는 등 열성적으로 편집한다. 곧 듣고 싶은 것만 듣고 보고 싶은 것만 보는 역사전쟁을 해온 것이다.

지금껏 진보세력은 보수세력의 역사, 즉 민족중흥 담론을 부인하는 데 온 힘을 쏟아왔다. 그렇게 하는 것으로 보수세력의 권위를 약화시킬 수는 있을 것이다. 하지만 상대를 포용하는 새로운 관점에서 자신의 정당성을 구축하려는 노력 대신에 상대의 과거를 어둡게 채색하려는 것만으로는 진보세력의 권위를 높일 수 없다. 대한민국의 과거를 특정한 모델에 근거하여 암울하고 어둡게 재구성하여 보수세력을 면박주고 모욕하는 대신에, 한국의 현재에 대해 제대로 답하는 것이 필요하다. 상대가 내세우는 과거에 대한 공박 대신에 진지한 현실주의 정치에 나서는 것이 답인 것이다. 상대를 수용할 수 있는 역량 없이 그저 부인하는 것만으로는 자신이 올바르다는 공감 없는 자족 외에 얻을 수 있는 것이 없다.

게다가 진보세력의 근대사 재구성이 보천보 신화[5]를 넘을 수 있는지는 의문이다. 진보세력이 독해하는 근대사는 서구적 근대의 역사상을 본떠 '진정한 민족적 근대'를 상상 속에 설정하고, 이 설정된 역사와 다르게 보수세력이 어떻게 역사를 더럽혀 왔는지를 부각시킨다. 그러나 이런 급진 민족주의 문제의식은 현재의 한국인의 삶에 반향을 낳을 수 없다. 좌파가 한국사회의 과거를 이와 같이 부정적으로 재구성한다고 해서 거기서 정통성이나 합당함을 얻을 수 없다. 이렇게 해서 얻을 수 있는 것은 대한민국의 정통성 대신 보천보 신화로 환원될 담론이 지시하는 것뿐이다. 곧 자신들이 뿌리내리고 활동해나가는 공간인 대한민국은 태어나지 말았어야 할 세상이 되고, 정통성이 있다고 믿는 북한에 귀의하여 추종하는 것이 남을 뿐이다. 나아가 이러한 인식의 근저에 놓여 있는 20세기 좌파의 근본적인 문제의식, 즉 민족민주운동의 반제민족주의 문제의식은 더 이상 현재의 문제에 답할 수 없다. 이것은 21세기 한국사회에서 하나의 반동적 경향일 따름이다. 필자는 그런 맥락의 역사 담론 구성에 매진하는

---

5 '보천보 신화'란 북한에서 신화로 가공한 보천보 습격 사건을 말한다. 보천보 습격 사건이란 1937년 6월 만주에서 활동하던 동북항일연군 소속의 김일성 그룹 무장부대가 함경남도 갑산군 보천면 보전리 소재 일제 주재소를 습격하여 잠시 점령하였다가 퇴각한 사건이다. 북한 정권은 이를 크게 부풀려 북한판 용비어천가의 핵심 사건으로 구성하였다. 다음 책에서 그 신화에 감읍하는 장면을 볼 수 있다. 한홍구 외(2009) pp.170~175.

것은 시대착오로 본다.

이러한 태도와 달리 상대를 부인하지 않는 인식이 현실의 정치와 결합할 수 있을 때 정치의 새로운 가능성은 열릴 것이다. 이러한 인식을 갖춘 새로운 지도 집단이 등장할 때 한국이 당면한 여러 난제를 생산적으로 헤쳐나갈 수 있기 때문이다. 좌파든 아니든 새로운 리더십을 창출하는 것은 부정의 독해가 아니라 상대(의 과거든 현재 모습이든)를 수용하는 데서 출발한다. 이것은 쉽지 않은 능력이며 현재 한국의 좌파는 아직까지 여기에 매우 서툴다. 실력이 부족한 것이다. 상대를 충분히 수용할 수 없는 한계, 상대의 성과를 인정할 수 없는 한계, 상대를 부정해야만 하는 절박함에 시달리는 한계는 정치적 역량 부족이 자신을 드러내는 형식이라 생각한다. 현실을 주도할 수 있는 정치적 정책적 능력의 부족 말이다. 필자는 관행 좌익[6]의 반성과 발상 전환을 촉구한다.

여기서 필자는 다음과 같은 질문을 던져본다. '역사적 현재'를 출발점으로 삼는 것은 가능한가? 이 질문은 역사적 과거에 관한 담론으로 정치적 정당성 구축에 골몰하기보다, 아니 상대의 정당성을 훼손함으로써 자신의 정당성이 강화된다고 믿는 것보다, 당면한 현실에 대해 답하고자 하는 정치, 이를 위한 역사를 촉구하고자 하는 것이다.

다른 한편, 현재 한국을 둘러싸고 있는 정세는 이전과는 사뭇 다르다. 진전된 글로벌화는 한국이라는 국민국가의 운신의 폭을 크게 제한하고 있다. 과연 국가적 차원에서 한국사회가 맞닥뜨리고 있는 여러 문제들의 활로를 찾을 수 있는가? 저성장, 실업과 비정규직, 불평등 심화 등을 해결

---

6 관행 좌익이란 1987년 정치 민주화와 1990년 전후의 소련 동구 사회 파산 이후에, 그리고 정세가 전혀 달라진 21세기에 들어서도 과거의 민족민주운동 과정에서 학습한 좌익적 사유에서 경향적으로 자유롭지 못한 사고와 언설 그리고 행동을 보이는 사람들을 가리킨다.

할 방안이 있는가? 한국의 정치는 어떤 진화적 도정을 거쳐 제 역할을 해내는 모습으로 진화할 수 있을까?

이 책에서 필자는 이러한 질문들을 의식하면서 한국 근대의 곡절과 마디들을 나름의 생각에 맞춰 선택하고 부각하여 간단하게 정리해 보고자 한다. 그런데 필자가 정리하는 과거의 여러 일들은 널리 알려진 것들이다. 필자는 새로운 것을 덧보태려 하지 않는다. 기왕의 성과의 도움을 받아 필요하다고 여기는 것들을 필자 나름대로 재구성하거나 재배치하여 제시하고자 할 뿐이다. 이렇게 하여 민족적 혹은 근대적 과제를 실현하는 과정에서 근대화, 서구화, 혹은 발전이라는 이름으로 수행된 변화와 그 효과들을 언급할 것이다. 또한 정치, 경제적 변화와 사회 변동 전반을 될 수 있는 한 간결하게 언급할 것이다.

이렇게 필자가 나름대로의 생각으로 과거를 다시 구성해보는 것은 현재의 정치 사회적 갈등의 뿌리를 건드릴 수 있고 기성세대의 의식의 바탕을 드러낼 수 있기 때문이다. 이것은 대립하는 집단들이 스스로의 정체성 혹은 한계를 인지하도록 할 수 있는 하나의 길이며, 한국의 근대에 관한 성찰로 이어지는 징검다리가 될 수 있는 방책이다. 필자는 그런 성찰의 과정에서 관행 좌익의 퇴장을 기대한다. 그리하여 공세적 역사전쟁을 계속하는 대신 상대를 다소라도 일방적으로 규정하지 않고 자신의 한계를 자각하게 되길 바랄 뿐이다.

이 책은 통사적 서술을 위해 아래와 같이 시기를 구분한다. 이것은 그동안 있었던 세 차례의 기동전[7]—해방에서 전쟁까지 이어지는 건국을 둘

---

[7] 기동전은 대규모 병력에 의한 전략적 목표 지점을 신속히 확보하는 전술로, 진지전(참호전)과 대비되는 개념이다. 여기서는 정치적 정세의 급변을 도모하는 시도들로 뒤엉켜 있는 상황을 비유하는 정도의 의미로 사용하였다.

러싼 최초의 기동전, 4.19와 5.16으로 이어지는 근대화와 자립을 향한 절규를 실어나른 두 번째 기동전, 그리고 1980년대 중반의 민주화를 향한 최후의 기동전―을 반영한 것이다.

- **민족국가 형성기(1945~1960년)**: 1945년 일본 제국주의로부터의 해방, 곡절 끝에 이루어지는 국가 건설, 분단, 전쟁, 그리고 1960년대 초의 정변에 이르기까지의 15년 정도의 시기이다. 해방으로 열린 공간에서 그동안 민족운동을 해온 여러 경향의 정파들이 제각기 민족국가 건설에 매진하고자 하지만, 현실의 제약 속에서 남북으로 두 개의 민족국가가 생겨나고 전쟁까지 치르면서 사회적 재편이 격렬하게 전개된 시기이다. 이와 함께 일제라는 창구를 통해서가 아니라 직접 서구를 접하면서 본격적으로 근대화를 향한 전 사회적 몸부림을 시작한 시기이기도 하다.

- **국가자본주의 국면(1960~1987년)**: 국가적 동원에 의한 위로부터의 근대화의 시기. 1980년대 후반까지 시대적 과제로 자주화/자립을 내걸고 군사작전을 방불케하는 경제개발을 추진한 시기이다. 1960년대 벽두에 일어난 두 차례의 연쇄 정변을 통해 세대 교체가 일어나고, 근대화와 경제 건설이 국가적 교의로 되었던 시기이자, 동시에 반체제운동이 새로 시작되어 1987년 민주 개혁의 시작과 함께 막바지에 이르는 시기이기도 하다.

- **이행(1987~1997년) 그리고 전환(1998년~)**: 1987년 정치 민주화의 시작으로부터 1997년 경제위기로 이어지는 이행의 시기와 위기를 계기로 전면적인 시장화와 개방화를 통해서 열린 시장경제로 전환된 한국을 현실로 맞게된 시기이다. 이행기는 지속된 경제성장으로 1960~1970년대에 형성된 국가자본주의 체제가 더 이상 역할할 수 없게 되고 근대화와 자립경제 대신 정치 및 경제 민주화가 대체 화두로 된 시기이자 새 국면을 향한

구조개혁을 시작한 시기이다. 하지만 그런 노력은 실패하고 이행기는 심각한 경제위기로 끝난다. 위기를 계기로 집중적인 시장개혁을 거치며 한국경제는 국가자본주의의 유산을 털어내고 열린 시장경제로 전환되었다.

1

민족국가의
형성

1945년 해방이 되었을 때 식민지 조선인들에게 부여된 과제는 일제의 지배를 대신하는 근대국가, 즉 민족국가를 세우고 그에 걸맞는 국민경제를 건설하는 것이었다. 이것은 어떤 정치세력도 벗어날 수 없는 민족주의의 정언명령이었다.

그 즈음 속속 독립하던 여러 신생 국가들의 역사는 이것이 대단히 어려운 과제였음을 보여준다. 정치적 불안정이 계속되고 경제성장 또한 여의치 않은 경우가 아주 많았다. 여러 사람들이 보기에 한국에서 이 과제는 마침내 1987년 6월 민주화를 향한 '사회적 합의'를 도달점으로 하여 해결되었다.[1] 이 과제를 제대로 이루어내는 데 40여 년이 걸린 것이다. 그

---

1   이런 입장의 대표적인 예로는 권태준(2006) 『한국의 세기 뛰어넘기』, 김일영(2010) 『건국과 부국: 이승만·박정희 시대의 재조명』, 이영훈(2013) 『대한민국 역사』 등이 있다.

과정은 물론 순탄하지 않았다. 한국사회는 그 사이 전쟁과 몇 차례의 정치적 격변 등을 겪어야 했다.

1부에서는 그 지난한 과정 중 건국과 전쟁을 거치며 신생 국가가 국가적 실존을 이루어내는 시기를 살펴본다.

·1장·
해방과 민족국가 건설

1. 식민지 경험과 근대 문물

1945년 8월 15일, 해방이라는 단절을 맞는 순간 한반도에는 일제 식민지 시기 동안 변화된 세상이 남겨졌다. 그 사회는 여전히 근대사회와는 거리가 멀었지만 조선 말기의 전근대사회와는 확연히 달랐다. 근대의 제도와 문물이 세상 곳곳에 자리잡고 있었으며 누구도 해방 시점에서 예전의 제도를 그리며 복고의, 복벽의 꿈을 꾸진 않았다. 식민지 시기를 거치면서 세상은 근대를 향해 돌이킬 수 없는 전환을 겪었던 것이다.

　일본은 이런 전환을 '자주적으로' 겪고 동아시아의 변방에서 제국주의 국가가 되었지만, 조선과 중국은 일본 제국주의의 식민지 혹은 반식민지로 전락했었다.[1] 조선에서도 개항에서 병탄에 이르기까지 서구 제국주의와 일본의 틈바구니에서 갑신정변, 광무개혁 등 이른바 자주적 근대화를 향한 위로부터의 시도가 있었으나 실패로 끝났다.

조선 사람들은 일제의 지배하에서 비로소 근대의 문물을 본격적으로 받아들이게 된다. 근대국가의 행정이나 근대법적 제도, 자본주의적 산업화, 그리고 근대 교육과 학문 등 서구 문물을 일본 제국주의라는 창을 통해 경험한 것이다.

하지만 일제하에서 조선인이 경험한 근대 혹은 조선의 근대화는 여러 면에서 매우 제한적이었다. 식민지 주민에 대한 유무형의 차별 속에서 조선인들이 경험할 수 있었던 것은 근대 문물에 대한 전면적인 세례와는 한참 거리가 있었다. 서구의 대의제 정치는 풍문으로만 전해지는 것이었고, 근대국가의 운영, 예컨대 일반 행정이나 사법제도 등에서도 조선인들은 일제가 허용한 하위 직위를 통해 제한된 경험만을 할 수 있을 뿐이었다. 일제가 이식한 각종 제도, 사회 기반시설 등과 함께 근대 문물에 대한 이렇듯 매우 제한된 경험만을 가진 채 근대국가를 세우고 운영해야 할 처지가 된 것이 해방 시점의 조선의 사정이었다.

그런데 이러한 경험 가운데서도 개화기를 거치며 싹트기 시작한 민족의식이 조선인들의 뇌리에 자리잡은 것은 중요하다. 근대 초입, 왕조 말기의 혼돈 속에서 찾아온 새로운 정치 종교인 민족주의[2]는 기왕의 유학(성리학)을 대체하는 새로운 세계관으로 자리잡게 된다. 조선 말기 '선각자'들 사이에서 생겨난 민족주의 의식이 일제 치하에서 확산된 것이다. 3.1운동은 민족주의가 대세가 되는 분수령이었다.[3] 그리고 이 시점을 전

---

1 동아시아 3국의 근대 이행의 엇갈린 길에 관해서는 백영서 외(2009) 『동아시아 근대이행의 세 갈래』 참조. 특히 중국의 그것에 관해서는 강진아(2009) 『문명제국에서 국민국가로』 참조.

2 민족주의를 문화적 조형물로 보는 관점에 관해서는 Anderson(1983) 1장 참조.

후하여 왕조의 복벽을 꿈꾸는 것이 아닌 공화주의적인 의식이 사람들의 머릿속에 점차 자리잡게 된다. 이처럼 일제시대를 거치며 '신민에서 민족으로'라는 돌이킬 수 없는 전환이 이루어진다.

일제에 저항하며 독립을 지향한 민족주의 운동은 한반도 내외에서 비교적 짧은 시기에 다양한 형태—실력 양성에서 무장투쟁에 이르기까지—로 확장되었다. 이 속에서 장차 해방 이후의 새로운 엘리트들, 즉 근대국가와 사회를 꿈꾸는 정치세력이 형성되었다. 덧붙여 당대의 세계사적 정세에 영향을 받아 민족운동의 여러 세력은 좌와 우로 분립하여, 해방 이후 좌우익 대립의 근간이 형성되었다. 다만 일제하에서 이러한 민족독립운동에 직접 종사한 사람은 의지가 남다른 소수였다. 생업에 종사하던 대다수 사람들은 일제 지배의 약화나 종말을 꿈꾸며 저항의지를 키우거나 행동으로 옮기는 것을 상상하기도 어려웠다.[4]

일제는 근대 문물과 함께 그 청산의 문제도 남기고 물러갔다. 해방 당시의 온갖 근대적인 제도나 문화 등은 대부분 일제를 거쳐 옮겨 심어진 것이었다. 게다가 그 과정에서 일제 지배에 부역한 자들을 다수 낳았다. 일제 잔재 청산이라는 민족적 과제가 신생 국가의 건설 과정에서 부각되지 않을 수 없게 된 것이다. 하지만 근대의 법, 제도, 문물 가운데 어디까지가 근대적인 것이고 또 어디까지가 일제 잔재인지 구별하는 것이 쉽지 않았다. 이는 인적 청산의 경우에도 마찬가지였다.[5] 근대 제도와 문물을

---

3 한반도에서 민족 개념이 자리잡는 과정에 대해서는 대한제국기에서 3.1운동 시기까지를 탁월하게 분석하고 있는 Schumid(2002)와 도면회(2004) 참조.
4 일제하 조선사회를 항일 운동가와 친일 세력으로 양분된 세상으로 생각할 필요는 없다는 말이다. 이에 대해서는 윤해동(2007) 『식민지 근대의 패러독스』 8장 참조.
5 이에 관해서는 식민지적 근대와 자주적 근대의 '얽힘'이란 표현으로 복합적인 근대의 면모를 지적한 도면회(2004) pp.230~232 참조.

직접 경험했던 사람들을 활용하지 않을 수 없었던 현실은 이 문제의 해결을 더욱 어렵게 하였다.

2. 건국기의 정치 정세

1945년 해방 이후부터 1948년 남한에서 대한민국이 탄생할 때까지 3년간은 흔히 미군정기라고 한다. 북위 38도선을 경계로 남과 북에는 각각 미군과 소련군이 진주하여 일본군의 무장을 해제했다. 이들은 또한 패망한 일제를 대신하여 질서를 유지하며 남북한 각각의 국가 형성을 통제, 지도, 혹은 후견했다. 38선은 제2차 세계대전의 두 승자가 패자 일본의 무장 해제를 위해 편의적으로 그은 선이지만, 분단된 한반도라는 새로운 정치 질서를 낳았다.

미군정기는 실로 정치의 계절이었다. 해방 직후부터 남북한 지역 공히 좌우를 망라한 많은 정치 조직이 생겨나 국가 건설의 주도권을 향해 경쟁하기 시작하였다. 일제의 패망이라는 결정적 계기는 다양한 정치적 지향을 지닌 여러 정파들이 제각기 새로 성립될 국가의 성격이나 방향 등을 둘러싸고 경쟁하는 출발점이었다. 새로운 국가 건설 방향, 곧 '체제의 선택과 국가 형성의 정치'[6]가 모든 문제를 압도했던 것이다. 이 경쟁은 건국의 주도권을 쥐고 신생 국가를 지도할 집단을 확정하는 것으로서, 정치 및 경제체제의 성격을 결정하는 싸움이었고 그만큼 치열했다. 식민지 시기 동안 한반도 안팎에서 형성된 여러 민족주의 정파들은 모두 이 정치

---

6   김일영(2010) 1장.

전쟁에 적극 참가하였다.

그러나 정세는 궁극에는 남북한을 분할 점령한 미소 양국의 의중에 따라 결정될 것이었다. 당연한 것이지만 미소 양국은 각자의 점령 지역에 자신의 지향에 어긋나는 정부의 수립을 방관하지 않으려 했다. 제2차 세계대전 중 연합국의 일원으로 협력하던 두 강대국은 종전 이후 이윽고 이른바 냉전을 시작했고, 임시로 그은 분계선은 점차 냉전의 현장으로 변화하기 시작하였다.

남한[7]

미국은 1945년 9월 남한을 점령하여 일본군의 무장을 해제하고 질서를 유지하며 국가 형성 과정을 통제한다. 미국은 소련과 제2차 세계대전 동안의 협력 관계를 끝내고, 점차 굳어져가던 체제 대립의 새로운 구도 속에서 나름의 세계질서 재편자로서 남한에서 신생 국가의 성격과 체제를 사실상 결정한다. 좌파와 중도파를 배제하고 우파 엘리트를 건국 핵심 세력으로 후원하여 새로운 국가 수립을 유도한 것이다.

그러나 미국이 이런 과정을 처음부터 의도하거나 예정한 것은 아니었다. 그래서 남한 지역에서 국가 수립에 이르는 과정은 상당한 혼란과 진통을 거치게 된다. 해방 직후 일제의 패망으로 생겨난 권력의 진공 상태에서 좌파 내지 중도적 성향의 정치 집단이 먼저 부각되었다. 뒤이어 중국 중경에 머물던 임시정부 요인들과 이승만이 귀국하면서 우파 정치 집단도 뒤늦게 건국 활동에 나섰다.

---

7   남한, 남조선, 북한, 북조선 등을 구별해야 할 경우도 있겠으나, 이 책에서는 모두 남한, 북한으로 표기하였다.

하지만 미군정은 임시정부든 해방 직후 건국준비위원회[8]가 주도하여 결성한 인민공화국이든 모두 정권적 실체로 인정하지 않았으며, 어떤 정치 집단도 미군정의 이러한 방침을 넘어설 수 없었다. 해방은 지주나 보수세력, 노동자와 농민을 대변하는 좌익세력, 혹은 중도세력 등 어느 누구에게도 쟁취한 전리품이 아니었고, 따라서 누구도 정치적 능력 혹은 권리를 인정받지 못하였다. 건국을 담당하는 예비 집권세력으로 등장하는데 실패한 것이다.

이에 따라 각 정파는 건국의 주도권을 장악하기 위해 치열하게 경쟁하였다. 건국에 이르는 3년의 기간 동안, 정파 간 이념 및 정치 대립이 심해지고 건국 과정에서 배제되는 좌파의 무장 저항으로 준 내전 상황마저 빚어졌다.

남한의 각 정파는 신탁통치[9]를 둘러싼 미군정과의 갈등과 정파 간 대립, 미군정의 후원을 받은 좌우 합작 시도 등을 거치면서 남한만의 단독정부 수립이라는 현실에 직면한다. 그리고 이를 수용한 정파가 중심이 되어 대한민국을 건설하게 된다.

북한에 위성국가를 수립한다는 일관되고 뚜렷한 목표를 가졌던 소련에 비해, 미국은 남한에 일본군의 무장 해제 외에 북에 대한 소련의 그것에 상응하는 정치적 목표를 처음부터 확고하게 가졌던 것은 아니다. 그리하여 애초에는 일제 총독부 행정 기구를 그대로 활용하려 하였으며, 특정한 정파에 관해 특별한 선호를 드러내지도 않았다. 다만 미국의 기본적인 정치적 가치, 자유민주사회에 대한 방침은 분명했을 것이다. 그리하여 전

---

8   건국준비위원회 및 인민공화국에 대해서는 이완범(2006b) pp.62~74 참조.
9   신탁통치에 관해서는 김일영(2010) pp.45~50 참조.

조선을 아우르는 통일된 국가의 출범이라는 목표가 장벽에 부딪혔을 때, 이승만을 중심으로 하는 현실주의적 정치 그룹이 남한만의 국가 건설을 추진하자 미군정은 이를 받아들이고 유엔의 개입을 이용하여 대한민국을 출범시킨다.

사실 한반도가 미소 양국에 의해 분할 점령되었을 때 이미 두 개의 국가가 성립할 필연적인 정황이 조성된 셈이었다. 이를 극복할 수 있는 국내 세력은 남북 어디에도 없었다. 통일 정부의 수립은 어느 특정 정파의 의도적인 훼방이나 정권욕에 따른 분단 정부 추진 때문에 좌절되었던 것이 아니라, 당시의 세계사적 구도로 인해 불가능했던 것이다. 분단에 관한 특정 정파의 책임론은 그저 이념적인 구성물일 뿐 설득력이 없다.[10]

분단의 현실화, 즉 남북 양 지역에 두 개의 서로 다른 민족국가가 형성되는 것은 거스를 수 없는 대세가 되었다. 하지만 남한 지역에 있던 좌파와 중도파는 이를 수용할 수 없었다. 김구가 지도하는 한국독립당 그룹은 소련이 유엔 감시하의 총선거를 보이콧해서 남한 지역만의 총선거로 정부를 수립하는 것이 불가피해지자 한때 이러한 현실을 인정하고 이승만 그룹과 연합하여 남쪽만의 조기 총선을 수용하였다.[11] 하지만 우연찮은 일로 협력은 깨지고 두 세력은 결별하였다. 결국 1948년 초 김구 그룹은 김규식 등 일부 중도 그룹과의 연대를 통해 남북 협상을 주장하며 남한만의 단독 선거, 단독 정부 수립에 반대하는 노선을 취했다. 그러나 이들의 통일 정부 수립 노력은 현실성이 부족했고, 정치세력으로서 고사의 길

---

10 누가 먼저 건국했고 그래서 어느 쪽이 잘못이며 분단에 책임이 있다는 식의 논리는 근거 박약한 이념적 주장에 불과하다. 대표적으로 Cummings(1981; 1990)에 대한 박명림(1996)의 비판(2권, pp.154~157) 참조.

11 정병준(2005) p.686.

로 접어들게 된다. 이 그룹들은 결국 남한만의 정부 수립에 참여하지 않았으며 북한 지역 정치 집단의 전략적 정치 공세에 호응하기도 하였다.

반면 이승만 및 그와 손잡은 한국민주당(한민당) 등은 냉정하게 현실을 받아들이고 미국의 의중에 맞춰 남한만의 단독 정부 수립을 적극적으로 추진하였다. 건국 주도 세력은 이승만 및 개신교 계통의 우파 지도자들 그리고 한민당 등으로 압축되었다. 한민당은 해방 직후 호남의 대지주, 일제하 미국과 유럽 등지의 유학파 등 사회 경제적 명망가들에 의해 창당되었다. 여기에는 일제 말기의 행적으로 인해 친일파로 지탄받던 자들도 상당수 포함되어 있었다. 이들은 보수세력으로서, 이승만과 연합하여 좌파 및 중간파 상당수가 반대하는 가운데 대한민국 건국에 나섰다.

한편 좌익은 남한에서 체제 선택의 정치가 격화되는 과정에서 수차례의 민중 봉기 및 군사 반란을 시도하였다. 이후 탄압을 받는 과정에서 그 주도 세력은 북한으로 도피하였다.[12]

건국 과정에서 벌어진 이 체제 선택의 정치는 대한민국의 정통성을 문제삼는 좌파의 정치학, 역사학의 주요 목표물 가운데 하나가 되었다. 대한민국은 해방 당시의 주요한 정치세력 가운데 상당 부분이 배제되거나 불참한 가운데 건국되었으며, 게다가 남쪽에 국한된 국가였다. 분단된 상황에서 우파만의 단독 정권은 건국에 참여하지 않은 여러 정파, 정치 지도자들의 존재로 인해 정치적인 부담을 안은 채 출범한 것이다. '불가피한 현실' 혹은 '어쩔수 없는 선택' 등의 언사로는 건국 사업에서 경쟁하

---

12 건국기 좌익의 행적에 관해서는 송건호 외 『해방전후사의 인식』 1권(1979), 2권(1985), 3권(1987), 4권(1989) 참조. 이 책들은 5권(1989), 6권(1989)을 포함하여 비주류 및 소장 연구자의 글을 모아 만든 것으로, 급진 민족주의의 확산과 나란히 건국기에 대한 관심이 새롭게 생겨나던 1980년대 연구 분위기를 잘 드러낸다.

다가 등을 돌린 상대를 설득할 수 없었다. 이와 관련된 갈등은 결국 뒤이은 전쟁을 통해 폭력적으로 해소된다. 하지만 이것은 나중에 민족주의 운동의 국면과 형세에 따라 반복적으로 대한민국의 정통성을 부인하는 담론을 생성하는 근거로 작용하게 된다. 통일 국가를 바라는 민족적 열망을 배반한, 분단을 획책한 집단에 의한 건국이라는 주장이 그런 담론의 한 형태이다.[13] 나아가 건국을 주도한 세력의 성격이나 일제하 행적 또한 대한민국의 정통성 문제와 관련하여 반복적으로 거론된다. 친일 행적이 문제가 되는 인물이 건국 주도세력에 다수 포진해 있었던 점이나, 이승만 정권이 출범 직후 부일협력자 처리에 미온적이었던 점 등이 그것이다.

근대국가에 대한 몽환적, 혹은 이데올로기적 기대, 즉 그 완벽한 출발, 순결한 탄생이란 여러 지역에서 자주 반복되어온 신화이다. 한국에서도 그런 신화에 근거하여 세상의 부조리함, 즉 보수세력의 득세에 분개하는 흐름이 등장한 것은 권위주의 정권하에서의 반체제운동의 성장이라는 정치 정세에 따른 산물이다.[14]

북한

북한 지역에서도 일제 권력의 후퇴에 따라 여러 정치 집단이 등장한다. 애초 건국준비위원회 평남위원장이 된 조만식의 우파 민족주의 그룹이 먼저 두각을 나타냈다. 하지만 소련군 진주와 함께 여러 좌파 집단이 이

---

13 아예 제목에서 그런 태도를 자랑하는 다음과 같은 책도 있다. 한홍구 외(2009)『대한민국의 정통성을 묻다』.

14 이러한 생각은 때가 묻어버린 건국 과정을 못내 한탄하며 현실의 문제를 건국기의 문제 탓으로 환원한다. 잘못된 첫 단추가 그 이후 역사를 올바른 궤도에서 벗어나게 했다는 것이다. 역사의 환원론적 재구성은 한국 급진민족주의 역사 담론의 기본 특성이다.

들을 밀어내고 주요한 정치세력으로 전면에 나섰다.

이 좌파 집단은 크게 네 개로 나누어 볼 수 있다. 1930년대 만주에서 항일 무장게릴라 활동을 하던 그룹으로 1940년 이후 일본군의 압박을 피해 소련령으로 넘어가 소련군에 편입되어 있던 김일성, 최용건 등 항일 빨치산 그룹, 김두봉과 무정 등 중국에서 항일 운동을 하던 소위 연안파 그룹, 국내에서 공산주의 운동을 하던 국내파 그룹, 그리고 소련계 한인 테크노크라트들로 소련군 진주와 함께 혹은 그후 여러 차례에 걸쳐 북한 지역에 들어온 소련파 그룹 등이 그것이다.[15]

소련은 극히 일찍부터 북한 단독 정권의 수립을 지휘하였다. 이는 '확보된 지역에서의 사회주의 건설'이라는 소련의 전략적 일관성을 보여주는 것이었다. 평안도 지역 기독교도들 사이에서 크게 지지를 받고 있던 조만식의 우파 집단은 신탁통치 방침에 반대하여 소련 군정에 의해 일찌감치 배제되었다. 그 대신 여러 좌파 집단이 소련군의 지도하에 정권 기관을 구성하고자 하였다.

1946년 2월에 등장한 '북조선임시인민위원회'가 그것이다.[16] 이 기구는 토지개혁 등을 주도하면서 사실상의 국가 역할을 하였다. 이 기구는 일년 뒤 임시 글자를 떼어버리고 '북조선인민위원회'라는 정권 기관으로 정식으로 출범한다. 즉 북한에서는 이때 이미 분단을 전제한 단독 정권이 성립한 것이다. 이 과정에서 여러 좌파 그룹들이 주도권을 둘러싸고 경쟁하기는 했지만, 결국 소련의 의중 속에 있던 김일성 중심의 항일 빨치산

---

15 해방 직후 북한 지역 정치세력의 동향에 대해서는 박명림(1996) 2권 1장 참조.

16 소련이 처음부터 북한에 국가 형성을 체계적으로 주도한 점은 박명림(1996) 2권 2·3장 참조. 그 핵심적인 주장은 1946년 2월에 만들어진 '북조선임시인민위원회'가 사실상 국가라는 것이다.

그룹이 우위를 차지하고 독자 정권 건설에 매진하게 된다.

한편 민족주의 우파 그룹은 1946년 초 정치적 탄압이 시작되고 토지 개혁이 이어지자 대거 월남하였다. 이에 따라 북한 지역에서는 남한 지역에 비해 큰 갈등과 어려움 없이 좌파가 정권을 구성하여 근대국가로서 출범할 수 있었다.[17]

이렇게 하여 남과 북에서 각각 독자적인 정권 구심이 형성되고 별개의 국가가 만들어졌다. 다른 탈식민 사회와는 달리 미국과 소련이 한반도를 분할 점령함으로써 경쟁하던 여러 민족주의 엘리트 그룹의 바램과는 다르게 단일한 국가를 건설하는 것이 불가능해졌고, 남북한 지역에서 각각 우파와 좌파가 상대방을 배제한 채 건국을 주도하고 정권을 구성하게 되었다.

3. 미군정기의 경제

해방에서부터 대한민국이 수립되기까지 3년간은 정치체제뿐 아니라 경제체제와 관련해서도 중요한 방향 설정이 이루어진 시기이다. 일제하에서 뿌리내린 시장경제와 자본주의 경제제도는 북한에서는 조만간 부정된다. 반면 남한의 미군정은 이 제도의 근간을 유지하며 과도기를 관리하

---

17 월남 행렬에 관해서는 박명림(1996) 2권, pp.353~365 참조. 여기서는 지주 및 친일파 등의 월남 행렬이 1950년까지 지속적으로 이어졌고, 1947년까지는 소련 군정과 북한 지도부가 '반동세력'의 남하를 위해 이를 의도적으로 방임하였다는 점을 밝히고 있다. 이처럼 38선 이남으로의 대규모 탈출과 함께 북한 건국 주도 세력은 별다른 저항에 직면하지 않고 정권을 장악할 수 있었다.

였다. 자유시장경제의 원칙을 견지하면서도 상황에 따라 통제경제적 조치를 병행하였으며, 많은 시행착오 속에서도 자본주의적 시장경제의 틀을 유지하였던 것이다.[18]

해방은 일본 제국주의 경제권과의 급작스런 단절을 가져왔다. 일제하에서 한반도는 대개의 서구 제국주의의 여타의 식민지와 달리 상당히 공업화되어 있었다. 해방 시점에서 북쪽에는 화학, 금속, 전기와 같은 중화학공업이, 남쪽에는 식료품, 섬유 등 경공업이 어느 정도 성장해 있었던 것이다.[19] 특히 북한의 흥남지역에는 비료, 제련, 제철, 야금 등과 군수공업을 포괄하는 거대한 규모의 중화학 복합 단지가 형성되었고, 이를 뒷받침하기 위해 일제는 대규모 수력발전소들을 압록강 지류 부전강(1930년), 장진강(1938년), 그리고 허천강(1940년)에 건설하였다.

북한 지역의 이러한 공업화는 일제가 한반도를 대륙 침략의 병참기지화 하려던 것의 일환이었다. 그 과정에서 한반도의 경제는 일본 제국주의의 소위 '대동아 공영권' 경제에 깊숙히 편입되었다. 일제 패망과 함께 대동아 공영권이 해체되자 해방 직후 경제는 큰 타격을 받지 않을 수 없었다. 교역망이 한꺼번에 끊겼기 때문이었다. 게다가 식민지 조선의 자본과 기술을 담당하던 일본 자본과 공업기술자들이 철수하여 공업생산 설비는 대부분 유휴화되었다.

---

18 미군정기의 경제 상황 전반에 관해서는 이헌창(1999) 10장 참조.

19 식민지 시기의 역사적 경험, 혹은 유산을 1960년대 산업화의 바탕, 그 성공의 원인으로 간주하는 주장이 있는데, 민족국가 형성이 갖는 의미를 배제한 채 식민지 경험을 산업화와 연결시키는 인과관계는 수긍하기 어렵다. 식민지 시기의 경험과 1960년대 산업화를 직결시키는 논의로는 Eckert(1991) 『제국의 후예 *Offspring of Empire*』가 대표적이다. 이에 대한 비판으로는 김낙년(2006) pp.220~221, 최배근(2007) 6장, 이헌창(1999) pp.366~367과 p.464를 참조.

이러한 어려움은 차츰 무역이나 미군의 구호 원조 등으로 자재나 원료를 조달할 수 있게 되면서 조금씩 개선되었다. 그러나 한반도의 분할 점령 이후 점차 위축되던 남북 간의 경제 교류는 상호 별개의 국가 건설로 나아감에 따라 1948년 봄 북측이 일방적으로 송전을 중단하면서 단절되게 된다. 이로 인해 남한의 공업 생산은 다시 한번 큰 타격을 받았다. 분단이 고착되며 남북 간의 상호 보완적인 분업 체제는 불가능해졌고, 경제 활동을 유기적으로 조직하고 운영할 수 있는 조건이 사실상 와해되어버린 것이었다. 남한 지역 경제는 이렇게 이중의 단절로 크게 타격을 받았다. 남한의 경제가 이러한 식민지 경제의 유산이나 남북 경제의 분리로 인한 구조적 한계를 극복하는 데는 오랜 시간이 필요했다.

한편 해방 직후 일제 유산과 관련하여 거시경제적으로 가장 중요한 과제는 무엇보다 토지개혁과 일제가 남긴 자산들의 처리였다. 이 두 과제는 대한민국 수립 후에 실행되지만, 이미 미군정기에 그것을 처리하는 기본 방향이 사실상 확정된다.

토지개혁은 조선시대로부터 이어져온 지주제를 정리하는 과제였다. 일제를 거치면서 근대법적 근거를 갖춘 지주 경영은 절대 다수의 농민을 소작 혹은 자소작 농민 상태로 묶어두고 있었다. 해방 당시 농민의 절반이 경작지를 전혀 갖지 못한 순소작농이었고, 자기 땅이 너무 적어 소작을 겸해야 하는 자소작농도 3할이 넘었다. 해방과 함께 지주 경영을 보호해주던 일제 권력이 증발하자 지주제의 운명 또한 경각에 달려 있었다. 대다수의 사람들은 지주제가 이대로 계속될 수 없다고 인식했다.

문제는 어떤 방식으로 이 개혁을 수행하는가 하는 것이었다. 지주-소작 관계의 처리는 경제구조만이 아니라 사회 정치적 파급 효과 또한 막중한 것이었다. 북한 지역에서는 정권 기관인 임시인민위원회가 지주 계급 및 친일파 등에 대한 공세의 하나로서 1946년 3월 무상몰수 무상분배 방식으로 토지개혁을 실시했다. 그 결과 각 가구는 농사 여건에 따라 최대 5정보의 토지를 배분받았다. 다만 이는 경작권을 배분한 것이지 소유권을 부여한 것은 아니었다.[20] 어쨌든 이것은 남한 지역에서의 토지개혁을 더욱 압박하였다.

미군정청은 일제 자산의 일부로서 구 일본인 소유 농지, 논밭을 합쳐 약 32만여 정보를 관리하고 있었다. 미군정청은 1948년 3월, 토지 대금으로 연평균 생산량의 1.5배를 5년간 분할 상환하는 조건으로, 분배 상한선을 2정보로 하여 이 농지를 분배했다. 이러한 조치는 건국 이후 이루어지는 토지개혁의 선례가 되었으며, 토지개혁을 기정사실로 만들었다.[21]

일제 및 일본인이 남기고 간 자산의 처리는 토지개혁과 함께 가장 중요한 문제였다. 이들 자산을 전리품으로 손에 넣은 미군정이 이것을 어떻게 처분할 것인가는 사람들의 주요한 관심사였다.[22] 그 자산의 규모가 매우 컸고, 다수의 공장과 주요 은행·광산이나 동양척식주식회사의 대규모 농토 등 남한 지역 내 주요 자산의 상당 부분을 망라하고 있었기 때문이다.

미군정이 접수한 공장 일부에서 노동자가 중심이 된 반자본주의적 자

---

20 북한의 토지개혁에 대해서는 박명림(1996) 2권 4장 참조.

21 이헌창(1999) pp.379~380 참조. 애초 연평균 생산량의 3배를 15년간 상환하는 것으로 하였으나, 후에 진행되는 한국인 토지개혁에 맞춰 1.5배 및 5년 분할 상환으로 조정되었다.

22 당시의 남한 내 일본의 국공유자산 및 민간인 자산의 처리에 관해서는 이원덕(2004) pp.372~375, 다카사키 소우지(1998) 참조. 국제법상 허용되지 않는 일본 민간인의 자산 몰수에 대해, 미군정은 조선인이 일제 치하에서 겪은 고통에 대한 보상이자 독립 이후의 경제에 도움이 되게 처분하겠다는 방침을 가지고 있었고, 미국 정부는 1951년 일본과 강화조약을 맺으며 일본의 추인을 이끌어냈다. 하지만 일본은 국교 정상화 과정에서 이를 다시 거론하였다. 다카하시 소우지(1998)는 이와 관련된 논란의 흐름을 잘 보여주고 있다.

주관리운동이 발생하기도 하였으나, 미군정은 이를 인정하지 않았다. 미군정은 관리인을 임명하여 자본주의적 경제제도에 부합하는 형식으로 유지하려 하였다. 관리인으로는 주로 공장 관계자나 지역의 상공업자 등이 선정되었으며, 이들은 나중의 불하 과정에서 유리한 위치를 차지하게 된다.

미군정은 자신들이 관리하던 자산들 가운데 규모가 적은 것 일부를 불하하기 시작함으로써 이후 이 자산들에 대한 처리 방향을 보여주었다. 즉 국유화하거나 하지 않고 자본주의적 시장경제체제에 부합하는 방식으로 자산을 민간에 넘긴 것이었다. 하지만 미군정은 주요한 자산은 대부분 정부 수립 후 대한민국 정부에 넘겨주었다. 본격적인 불하는 1950년대 전반기에 가서 이루어졌다.

이처럼 미군정은 경제제도의 운영과 토지 등 일제 자산의 처리 과정에서 자본주의 시장경제를 지향하는 분명한 방향을 제시하였다. 반면 북한 지역에서는 1946년 8월에 '주요 산업 국유화에 대한 법령'을 제정, 공포하여 일본의 개인이나 법인 등이 소유하고 있던 일체의 기업, 광산, 발전소, 철도, 운수, 체신, 은행 등을 무상으로 몰수하고, '조선 인민 대중의 소유'라는 이름으로 국유화하였다.[23] 이것은 북한 인민민주주의 정권의 확고한 물적 토대가 되었다.

---

23 북한의 사회·경제개혁에 관해서는 이승현(1999) 참조. 또한 그 의미에 관해서는 선학태 (2006) p.318 참조.

4. 대한민국의 성립

후견 국가들의 압도적인 영향 아래에서 체제 선택과 건국 주도권을 둘러싸고 경쟁하던 좌파와 우파는 남과 북에서 결국 각자 자신들이 지향하는 국가를 만들게 된다. 남한 지역에서는 건국을 향한 통제된 경쟁 과정에서 북한 지역에 비해 더 심한 갈등을 겪었고, 분단이라는 현실을 수용한 집단이 주도권을 잡았다. 좌파는 완전히 배제되고 중간파 및 기타 정파가 외면하거나 혹은 관망하는 가운데 이승만을 중심으로 하는 우파가 건국을 주도한 것이다.[24] 1948년 5.10 총선을 통해 제헌의회가 구성되고, 헌법이 제정되었으며, 이에 근거하여 대통령을 선출하고 1948년 8월 15일에 대한민국이 공식적으로 수립되었다.[25]

대한민국 건국은 그때까지 민족 운동의 궁극 목표를 마침내 달성하는 일이었으나, 그 과정에서 생긴 혼란과 상처들 그리고 배제로 인해 빛이 바래고 말았다. 건국의 과정은 민족주의 운동의 목표인 민족국가를 건설하는 일이 지난한 것이었음을 보여주었다. 일제와의 투쟁 과정에서 혹은 서구 문물의 학습 과정에서 꿈꾸어 본 근대국가는 민족적 염원의 결정체로서 만들어져야 했으나, 건국을 둘러싼 내외의 조건은 그런 기대와 달리 두 개의 국가를 낳았다. 건국은 순결한 민족 혁명이 아니라 권력을 향한 욕망들이 정면으로 충돌하는 장면들로 이어졌고, 후견 국가의 의지를 벗어나지 못한 절충과 타협, 그리고 굴종의 과정이기도 하였다. 그러했기에

---

24 건국에 참여하지 않았던 이러한 남북협상파, 중도세력 등은 1950년 제2대 국회의원 선거에는 대거 참여하여 반 이승만 세력으로서 활동하였다. 문정인·류상영(2004) pp.15~17 참조.
25 제헌의회와 헌법 그리고 헌법 제정 과정 등에 관해서는 한국미래학회(2010) 『제헌과 건국』 참조.

정치적 정당성을 갖는 흠결 없는 국가의 탄생이란 신화에 근거하여—특정한 것을 기억하게 하고 나머지를 잊게 하는—기억과 망각의 정치학이 작용하는 역사 서술을 낳았다.[26]

건국과 함께 조선인을 한국인으로 다시 세우는, 곧 국민 형성 작업이 시작되었다. 제헌의회를 구성하기 위한 보통선거, 미군정기에 시작한 초등교육 의무교육제, 그리고 전쟁 중에 구체화된 국민개병제 등은 이러한 국민화의 주요한 계기로 작용한다. 민족주의는 남한에서(물론 북한에서도) 통치 이데올로기가 되었고, 국가는 민족주의적 지식의 지배적인 생산자가 되었다. 연호로 단기檀紀를 사용하고 각종 국가기념일—삼일절, 개천절, 제헌절, 광복절 등—을 지정하며 한글을 전용화한 것 등도 민족주의적 감정을 고양하고 가치를 주지시키는 역할을 하였다. 또 민족 영웅을 만들어내려는 시도들—즉 건국 공로자들, 혹은 이순신, 을지문덕 등과 같은 전근대 인물을 적극 제시하고 유포시키는 노력—도 지속적으로 이루어졌다.[27]

한편 북한 지역에서도 이미 사실상의 정권으로 기능하던 기구가 대한민국 성립 직후 정식 간판을 내걸었다. 이에 따라 해방과 동시에 암시되던 분단은 현실이 되었다.[28]

---

26 이명박 정권기에 있었던 건국절 논란은 그런 점을 다시 한 번 상기시켰다. 건국의 중요성을 강조하며 정통성 시비를 차단하려는 것이 건국절을 기념하고자 한 사람들의 의도였을 것이다. 공교롭게도 해방과 건국이 동일한 날짜인 상황에서 이 날을 광복일이 아니라 건국일로 기억시키려는 일부 사람들의 시도는 하지만 큰 반발에 부딪쳤다. 건국의 중요성을 강조하는 저작으로는 김영호 외(2008) 『대한민국 건국 60년의 재인식』이 있다. 슈미드(2007)는 에필로그에서 근대국가의 뿌리에 관한 이러한 논란과 관련하여 남북한 각각에서 전개되는 서로 다른 역사 구성을 대조하여 묘사하고 있다.

27 이에 관해서는 슈미드(2007) 에필로그 참조. 강인철(1999)에도 자세히 기술되어 있다.

5. 식민 잔재의 청산

제국주의의 식민지였던 지역에서 신생의 근대국가가 출범할 때에는 식민지였던 과거를 어떻게 소화해낼 것인가의 문제가 제기될 수밖에 없다. 한국에서도 식민 잔재와 친일파·부일모리배 청산 문제가 어김없이 제기되었다.

근대국가를 운영하기란 그리 녹록한 일이 아니다. 특히 오랜 시간에 걸쳐 사회적 갈등을 겪으며 진화적 과정 속에서 근대국가로 진입하는 것이 아니라, 식민지 상태를 벗어나며 한꺼번에 서방의 근대국가를 복사해야 하는 신생 국가의 경우에는 특히 그렇다. 근대국가 건국과 그 운영은 민족적 열의와 의지만으로 가능하지 않다. 근대국가를 경영하는 실무 지식에 익숙한 자들은 어디서 오겠는가? 근대를 먼저 경험한 자들이 신생국의 중추를 장악하는 경우는 흔히 관찰된다. 대체로 그런 경험을 통해 비로소 민족적 자각에 이르게 되고, 구래의 지배계급을 대신할 새로운 민족적 엘리트들이 생겨나며 그들이 중심이 되어 건국을 주도하는 민족운동을 하게 되는 것이다.[29]

일제하 한반도에서는 1930년대 이래 산업이 성장하고 교육 기회가 점

---

28 북한 정권의 '뒤늦은' 정부 수립은 단독정부를 먼저 수립할 경우 분단에 대한 책임이 제기될 수도 있기 때문이었다. 박명림(1996) 2권, p.378.

29 제국주의 지배는 식민지역에서 민족주의자를 낳는다. 제국주의의 지배 아래에서 근대를 경험한 선각자로서 민족주의자들은 서방의 근대 민족국가를 모방하는 근대국가를 꿈꾸게 되는 것이다. 이런 현상의 곡절에 관해서는 Anderson(1983) 7장 참조. 앤더슨 (B. Anderson)은 이런 현상에 대하여 Anthony Barnett의 말을 빌려와 아래와 같이 말한다. (두 가지 말을 할 수 있는 덕에 모방할 수 있게 19세기에 딴 데서 발달된 민족주의, 민족국가 모형 등에 접할 수 있어서) "지식인들이 '우리'도 '그들'처럼 될 수 있다고 (같은 토착어를 말하는) 동포들에게 말할 수 있게 하였다." Anderson(1983) p.116 각주 4 참조.

차 확대되었으며, 중하위직을 조선인한테 개방하는 등과 같은 변화가 일어났다. 그런 조건 속에서 식민지 행정, 교육, 군대, 경찰 등의 국가기관이나 기업의 중하위직에 진출한—개인적으로는 출세한—자들이 생겨났다. 건국 이후 이들 가운데 상당수가 버젓이 새 국가의 주요한 기술관료로서 역할하게 된 반면, 인적 청산을 위한 건국 직후의 시도는 좌절되었다. 이런 자들을 철저히 배제하지 못한 잘못, 혹은 악의는 건국기의 또 하나의 오점으로 남았고, 식민 잔재 청산을 향한 의지는 소멸하지 않고 21세기까지 이어져왔다.

식민 잔재 청산의 정치학은 당연히 과거를 향하되 진정 과거를 향한 것은 아니다. 오늘날의 잘못된 현실은 식민 잔재를 청산하지 못한 잘못 때문이라는 환원주의적 비판이 끊임없이 제기되었다. 이러한 비판은 독재 혹은 보수세력의 정치적, 도덕적 정당성을 허무는 장치의 하나였고, 그런 공세의 끝에 21세기 초에 마침내 법적 청산에 이르게 되었다.[30] 그리하여 민족의 이름으로 특정 개인과 사건 혹은 집단을 민족과 민족사에서 추방함으로써 도덕적 위안을 얻고 정치적 목적도 조금은 이룰 수 있었을 것이다. 또한 민족-반민족(친일-반일)의 구도를 바라던 대로 여전히 유효한 대립의 선으로 유지할 수도 있게 되었다.[31]

그러나 이러한 법적 청산으로는 일상의 식민 잔재를 청산할 수는 없다. 청산을 향한 강박 대신에 근대와 식민에 대한 변주를 성찰함으로써

---

30 2003년부터의 입법 시도 끝에 2004년 말 통과된 '일제 강점하 반민족행위 진상규명에 관한 특별법'에 의거하여 설립된 '대한민국 친일반민족행위 진상규명위원회'는 2005~2009년에 걸친 활동 끝에 총 1006명의 친일 행위자 명단을 확정 발표하였다. 덧붙여 2005년 말에 제정된 '친일반민족행위자 재산의 국가귀속에 관한 특별법'에 따른 친일파 재산의 국가 귀속도 2015년에 거의 종결되었다.
31 윤해동(2007) 8장 참조.

식민 경험을 근대를 향한 도정에서 겪은 뒤틀림으로 수용하는 것이 필요하다.[32] 그리하여 피해자 의식과 결벽증, 정화의 몸부림 대신 자신과 세상에 대한 용서가 필요하다. 스스로를 고난의 희생자 혹은 수난자로 간주하는 한 과거로부터 자유로울 수 없다.[33] 식민 경험은 제거하거나 감추어야 할 부끄러운 과거가 아니라 근대를 향한 길에서 겪었던, 소화하기 쉽지않은 특수한 과거일 따름이다. 그것은 법적 청산만으로는 소화되지 않으며 근대의 전 과정에 대한 새로운 조망 속에서 비로소 극복할 수 있을 과거이다. 식민의 기억에 대한 성찰이 법적 청산 이후 더욱 필요한 이유이다. 이러한 성찰은 가해자의 '진정한' 사죄를 받는 데서나 민족적 반역자 찾기에서가 아니라 스스로를 피해자로 간주하는 것을 멈추는 데서 시작한다. 근대의 전 과정에서 식민의 쓰라린 경험은 하나의 경과점일 뿐이며, 피해자로서가 아니라 그것을 극복해낸 존재로서 돌아볼 수 있어야 하는 것이다. 그것은 한국사회가 스스로를 성년으로 간주할 수 있게 하는 성숙의 한 지표가 될 것이다.[34]

---

32 이와 관련하여 식민지 경험을 어떻게 소화할 것인가 하는 문제가 새롭게 제기된다. 종래 민족주의 사학은 식민지 시기의 사회상을 '수탈과 저항'이라는 틀로 그려왔다. 그런데 비교적 최근에 '식민지 근대'라는 개념으로 근대 문물의 수용과 적응을 강조하는 새로운 인식이 등장하였다. 이 흐름은 식민지 사회에 대하여 민족주의 사학과는 매우 다른 상을 제시한다. 이 새로운 경향은 해외 한국학 계통에서 등장하여 이제 국내에서도 수용되기 시작하였다. 이러한 접근법을 보여주는 초기의 대표적인 연구로는 Shin and Robinson ed.(1999) *Colonial Modernity in Korea*가 있다.

33 "스스로를 핍박받는 수난자로 서사화하는 관습에서 벗어날 때 우리는 비로소 식민성 즉 노예 상태로부터 벗어날 수 있을 것이다." 권명아(2009) 『식민지 이후를 사유하다』 p.375.

34 2015년 말에 위안부 문제에 관한 한일 정부 간 합의가 이루어졌으나, 일본의 사죄 혹은 진상 규명 등이 충분하지 않아서 인정할 수 없다는 비판과 반대가 있다. 그러나 문제는 그러한 불충분성이라기보다 일본 사회의 한계 혹은 부족함을 의연히 받아들일 수 있는가, 그리하여 피해자로서의 문제제기를 그만둘 수 있는가 하는 것이다. 즉 한국사회의 수용 능력의 문제이다.

혹자는 북한에서의 철저한 친일파 청산에 관해 이야기하지만 사실은 조금 다른 구석도 있다. 북한 정권에서는 부분적으로는 소련계 한인들이 국가적 테크노크라트의 공백을 메우지만[35] 이와 더불어 부일협력자들을 자기비판시켜 그리고 경우에 따라서 일본인 기술자 등을 일시 억류하여 이용하였다. 초기에는 소련군정이 나서서 공장을 가동하거나 하는 데 필요한 일본인 기술자를 이용하고자 억류하거나 우대하는 조치를 취하였고 북한 정권도 이들을 활용하기 위해 다각도로 노력하였다.[36]

---

35 박명림(1996) 2권, p.103.
36 북한 지역에서 있었던 일본인 억류와 활용에 관해서는 이연식(2012) 『조선을 떠나며―1945년―패전을 맞은 일본인들의 최후』pp.171~175 참조.

· 2장 ·
한국전쟁

1948년 남북한에 두 개의 근대 주권민족국가가 성립되었을 때, 어쩌면 전쟁은 예정되어 있었을 것이다. 남과 북에서 건국을 주도한 두 집단 모두 상대방을 온전한 국가로 받아들이지 않았기 때문이다. 분단된 두 개의 국가는 단일 민족 단일 국가라는 당대의 민족주의 정서를 정면으로 거스르는 것이었다. 남한의 대통령 이승만은 북진통일北進統一을 자주 공언하였고, 북한의 수상 김일성은 국토완정國土完整을 반복했다.[1]

남한의 좌파는 건국을 둘러싼 주도권 경쟁 과정에서 밀려 불법화되어 지하로 들어가거나 산으로 스며들어 저항을 계속했다. 북한에서도 지속적으로 게릴라를 파견하여 남한 혁명을 기도하고 있었다. 이렇게 무력 충돌은 개전 이전부터 이미 시작되고 있었으며, 건국을 둘러싼 좌우 대립의

---

1 두 신생국 정치지도자의 정치적 행보에 관해서는 박명림(1996) 2권 11장 1절 참조.

2장 한국전쟁   45

최종전으로 전쟁이 발발하게 된다.

1. 한국전쟁

1950년 6월 25일, 북한은 남한을 침공하며 전면전을 시작하였다. 남한을
미제국주의와 그 앞잡이 이승만 괴뢰도당으로부터 해방시켜 국토완정을
이루고 민족 혁명을 완성한다는 것을 실제 목표로 하고, 겉으로는 북침 도
발에 대한 정의의 반격이라는 명분을 내세운, 준비된 공세였다.[2] 내전처럼
보이던 두 민족국가 간의 전쟁은 미국이 중심이 된 유엔군과 중공군[3]의
참전으로 국제전으로 비화하였다. 이러한 통일 시도는 제2차 세계대전의
연합국들 사이에 이루어진 전후 체제에 대한 합의, 즉 얄타yalta 체제에 대
한 도전이었기에 미국은 유엔군의 형식으로 개입하였다.[4]
   3년여에 걸친 전쟁은 한반도 허리에 걸친 전선에서 인명 피해가 막심
한 소모전으로 지리하게 계속되다가 휴전으로 끝났다. 민족 해방의 완성
과 국토 전역의 지배를 노린 김일성 정권의 시도는 실패했다. 민족적 과
제였던 통일은 다시 한 번 먼 미래의 추상적인 과제로 남겨지게 되었다.

---

2   한국전쟁의 발발에 관한 논의는 박명림(1996) 1권과 정병준(2006) 등에 자세히 설명되어
    있다.
3   중국인민해방군이 중국인민지원군이란 이름으로 참전했다. 당시 신생 공산국가였던 중화
    인민공화국은 유엔군과 공식적인 전쟁을 한다는 인상을 피하기 위해 중국공산당의 정규
    군인 중국인민해방군과는 다른 직제와 편제를 갖추고 공식적으로는 모두 '지원병'인 것처
    럼 꾸몄다.
4   전후 세계에 대한 전승 강대국 간의 세력권 분할 약속의 결과물인 얄타 체제에 대해서는
    그리스에서 좌파의 도전(1946~1949년)이 먼저 있었다. 하지만 실패로 끝났고 얄타체제
    는 흔들리지 않았다.

당분간 남북 양쪽은 모두 시급한 내부 과제를 해결하는 데 주력하게 된다.[5]

2. 전쟁과 국가의 강화

전쟁은 막대한 인명 손실을 가져왔다. 남한의 경우만 보아도 군인과 민간인을 합쳐 50만 명 이상이 죽고 40만 명 이상이 실종되었다. 북한은 1.5배 정도 더 많은 피해를 입었다. 죽거나 혹은 실종된 피해자 중에는 민간인이 더 많았는데, 이는 전선 후방에서 내부의 적을 제거한다는 명목으로 민간인을 대상으로 하는 국가 기구의 자의적 폭력행사가 빈발했던 것이 그 한 가지 이유일 것이다. 또한 10만 명이 넘는 전쟁 고아가 생겨났고, 많은 사람들이 고향을 떠나 남한으로 오거나 가족이 헤어지고 해체되는 것을 경험하였다.[6]

전쟁으로 인한 물적 피해도 엄청났다. 주택의 20% 정도가 파괴되었고, 산업시설은 약 40% 정도가 피해를 입었다. 그중에서 남한의 대표 산업인 방직공업은 80%의 피해를 입었다.[7] 물적 피해를 복구하는 데에는 미국과 유엔 등의 원조가 큰 역할을 하였다. 남한은 외부로부터의 자원 유입 없이는 재건은 물론 일상의 생존마저도 보장할 수 없는 세상이 되어 있었다.

---

5 노무현 정권 때인 2007년, 남북 간에 공식적으로 휴전을 대체하는 종전 선언 얘기가 나온 적이 있으나 실현되지 않았다. 적대관계는 여전히 해소되지 않고 있다. 2010년 3월 천안함 폭침, 11월 연평도 포격, 2015년 8월의 휴전선 목함지뢰사건 같은 것은 이를 확인시켜 준다.
6 전쟁으로 인한 인명 피해와 인구구조 변화에 관해서는 박정이(2013) 『6.25 전쟁과 한국의 국가 건설』 pp.225~227.
7 박정이(2013) pp.210~211.

그러나 남한에서 전쟁으로 인한 경제적 어려움보다 정작 중요했던 것은 중장기적 관점에서 본 전쟁의 정치 사회적 효과였다. 여러 사람이 지적하듯 전쟁은 취약한 대한민국을 겨냥한 것이었고, 이를 버텨내는 과정에서 대한민국의 국가기구는 대폭 강해져서 국민 위에 군림하는 역량을 확보하게 된 것이다. 이하에서 몇 가지 측면을 살펴보자.

이념적 질서의 재편—반공주의의 강화

해방 직후에는 좌우의 여러 정파가 자신의 정치적 입장을 드러내며 경쟁하였다. 이러한 정세를 반영하여 새로 건설될 국가의 경제체제로는 혼합경제를 당연시하는 분위기가 강했고, 제헌헌법도 여러 조항에서 자유시장경제에 반하는 규정을 두고 있었을 정도였다.[8]

이러한 이념 지형은 미군정하에서 변화한다. 좌우의 타협은 불가능하다는 게 점차 분명해졌고, 좌파는 결국 배제되었다. 냉전이 본격화하고 남한만의 단독 정부 수립이 확실해지면서 반공주의 노선은 더 분명해졌다. 전쟁은 반공주의를 더욱 극단으로 몰고가 폭력적으로 다른 정치사상과 사회이념들을 배척하게 하였다.

전쟁이 발발하자 통치 집단이 가장 먼저 이념 차원에서 추구한 것은 우리 즉 아군과 그들 즉 적에 대한 구별, 곧 정체성 확립이었다. 전시하의 강력한 이념 통제와 반공주의 공세, 부역 혐의자 처단, 준군사적 반공 조직의 민간 감시 활동 등이 그것이다.[9] 국가는 전쟁 시작과 함께 보도연맹원을 처형하였고,[10] 이후 점령지에서의 부역자 처단, 그리고 후방의 게릴

8   제헌헌법의 경제 조항에 관해서는 전광석(2010), 민경국(1999) 참조.
9   박정이(2013) pp.218~219; p.363 참조.

라 토벌전에서 벌어진 적성부락에 대한 초토화 작전 등을 통해 신생 국가에 대한 반대자로 의심되는 자들을 제거하였다.[11]

이렇게 하여 전쟁은 건국 이후에도 남아있던 좌우익 대립을 완전한 남북한 대립으로 바꾸어놓았다. 즉 전쟁 이전에는 급진 대 보수, 사회주의 대 민족주의, 공산주의 대 반공주의의 대결이었던 것을 북한과 남한으로 철저히 재배열한 것이다. 남북한 정권은 전쟁 중에 상대 진영의 인물이나 협조자들을 완전히 제거하려 하였다. 전쟁 중에 전선이 남북으로 움직일 때 살아남은 남쪽의 좌익은 월북을 선택했고, 북쪽의 우익은 남으로 이동하였다. 그 결과 남북한 모두에서 각 체제의 반대자들은 거의 완전히 소멸하였다. 결국 전쟁을 거치며 쌍방의 지배 집단은 상대의 방해나 저지 없이 독자적인 사회를 건설할 수 있게 되었다. 휴전선 너머 상대의 존재는 오히려 내적 단결을 가져오는 계기, 혹은 압제에 대한 핑계로 작용하게 되었다.[12]

10 보도연맹 사건에 관해서는 김기진(2002) 『국민보도연맹』 참조. 좌익 경력자들을 모아 단속 통제하려던 국민보도연맹은 30여 만 명의 맹원을 갖고 있었다. 전쟁 발발 직후 수만 명 이상의 맹원들이 '예방학살'당했다(p.87). 또한 마을 단위의 조사를 통해 개전 직후 보도연맹원 학살 목격담을 기록한 이용기(2006) pp.468~469 참조.

11 양민학살 사건에 관해서는 김삼웅(1996) 『해방 후 양민학살사』 참조. 전쟁을 겪은 지역 주민의 기억을 불러내는 방식으로 양민학살 사건을 다룬 책으로는 김경학 외(2005) 『전쟁과 기억』 참조. 또한 미군 문서로 학살을 조사한 서중석 외(2011) 『전쟁 속의 또다른 전쟁― 미군 문서로 본 한국전쟁과 학살』 참조. 특히, 남한 정권의 부역자 처벌에 대해서는 이임하 (2011), 북한 인민군에 의한 반동분자 처벌에 대해서는 연정은(2011) 참조. 이용기(2006) 는 마을 단위의 조사를 통해서 인민군과 국군의 반복되는 점령을 경험하며 '국가'의 실체를 뼈저리게 느끼게 되는 사례를 다루고 있다. pp.480~481 참조.

12 흔히 이러한 정세를 '53년 체제'라 말한다. 박명림(2004) 참조.

군사·경찰기구 강화와 동원체제의 정비

정치학에서는 근대국가의 주요 특징으로 폭력의 독점을 든다. 국가만이 폭력 수단을 가질 수 있고 행사할 수 있다는 말이다. 전쟁을 통해 대한민국의 국가적 폭력 수단은 양적, 질적으로 팽창했다.

전쟁 전 10만 명 정도였던 병력은 전쟁이 끝난 후 최대 70만 명까지 늘어났다. 전쟁 중에 계속 전투사단의 숫자가 늘어났고 무장력도 증강되어 전력이 급격하게 강화된 것이다. 장교들은 대거 미국 연수를 다녀오는 등 최일선에서 당대의 선진 문물을 흡수하며 질적인 면에서도 성장했다.

일제하 경찰 경력자를 대거 채용하여 문제가 되기도 하였던 미군정청 경무국 산하 경찰 조직은 정부 수립 후 내무부 치안국 소속으로 재창설되었다. 전쟁 중에는 경찰도 전투요원이 필요하였기 때문에 규모가 급속히 커졌다. 경찰은 후방의 무장 게릴라 토벌, 내부 치안 유지, 부역자나 정권의 적을 제거하는 역할을 하였다.[13]

전쟁 중에 징집제도를 정비하여 병력 동원 체계를 갖추었으며, 민간에서 각종 물자를 징발하였다.[14] 또한 조세 부담율을 크게 높혔다. 세율을 올렸을 뿐만 아니라 군량미와 배급미를 확보하기 위해 토지 수익에 대해 현물로 세금을 납부하도록 하였다. 이렇게 징수체계의 능력이 강화된 것 또한 국가의 행정체계가 강화되는 일환이었다.

국가체계의 변화

제헌헌법을 만드는 과정에서 건국 주도 세력, 즉 이승만과 한민당 연합은

---

13 이 시기 경찰조직에 관해서는 이황우(2004) 참조.
14 박정이(2013) pp.235~236.

그 특수한 연합 상황을 반영하여 대통령 선출과 권력 구조에 관해 특이한 타협 형태를 만든다.[15] 의원내각제와 대통령 중심제를 혼합하고, 대통령을 의회에서 선출하게 한 것이다.

그런데 건국 직후 그리고 전쟁을 거치면서 이 건국 주도 집단은 분화된다. 지주-보수세력인 한민당이 이승만 정권에서 배제된 것이다. 이승만은 권력을 한민당과 분점할 생각이 전혀 없었다. 그리하여 임시로 봉합되어 있던 권력 구조의 문제가 드러났고, 정치적 쟁투의 결과 1950년대에 두 차례의 개헌이 이루어졌다.[16] 물론 이 시기의 권력을 향한 투쟁은 시민사회의 자기 결정에 바탕을 둔 것이 아니라 건국기의 엘리트 그룹 간의 제한된 경쟁일 따름이었다.

새로운 권력 구조는 대통령의 권한을 대폭 강화하고 국회에 대한 행정부의 우위가 두드러지는 대통령 중심제였다. 이러한 변화로 1950년대의 정치는 건국과 전쟁을 거치며 사실상 유일한 지도자로 남은 이승만의 개인적 카리스마에 의존하게 되었다. 오래 지속되었던 권위주의적인 한국의 정치 문화의 연원은 이 시기까지 거슬러 올라가는 것이다.

국가의 강화

정파 간의 치열한 경쟁 및 일부 정파의 참여 거부를 거치며 힘겹게 출범한 대한민국은 국내의 좌익이나 북한에서 보낸 게릴라에 맞서 힘겹게 싸움을 벌이던 중 북한의 전면 공격을 받았다. 국방, 재정 등 모든 면에서 매우 취약했던 대한민국은 그러나 전쟁을 수행하면서 유약함을 벗어던

---

15 제헌헌법의 이러한 특수한 면모에 관해서는 김성호·최선(2010) 참조.

16 이러한 권력투쟁과 개헌 과정에 관해서는 김영명(1999) 『고쳐쓴 한국현대정치사』 pp.115~118 참조.

지고 국민 위에 군림하는 역량을 확보했다. 행정기구는 물론 물리력, 즉 군사력과 경찰력이 대폭 강화되었고, 이념적으로도 확고한 우위에 서서 대중을 지배할 수 있게 된 것이다.

전쟁 과정의 국민 동원은 신생 국가의 구심력을 강화하였고, 전쟁은 해방 그리고 건국 이후에도 대중의 의식 속에 남아있던 저항의지를 박탈하는 결정적인 계기가 되었다. 빈발했던 양민학살사건, 보도연맹 사건 등 비극적이고 광기 어린 사건들은 말 그대로 국가가 국민을 상대로 벌인 전쟁이었다. 그래서 이 전쟁은 국가형성전쟁이자 국민형성전쟁이었다.[17]

또한 전쟁 경험은 한국 정치와 사회 그리고 이념상의 보수화를 가져온 결정적인 사건이었다. 좌파나 중도적 입장의 국가에 대한 도전은 완전히 뿌리뽑혀 버렸고, 따라서 신생 국가의 정당성과 정통성에 대한 의심이나 부정은 자연히 소멸되었다.

결국 한국전쟁은 대한민국의 안정화에 결정적이었다. 국가는 유약성을 극복하고 물리적·이념적 헤게모니를 갖고 국민 위에 군림할 수 있었다.[18] 대한민국은 이렇게 전쟁을 포함한 8년간의 극단적인 갈등과 충돌을 거치며 형성되었다.

한편 전쟁은 한국의 국민이 서구의 문물을 전면적으로 맛보는 계기가 되었다. 물질적 생산력, 군대 등 근대적 조직의 운영, 기술 등 모든 면에서 서구의 물질문명에 압도되는 계기이기도 하였다. 이와 함께 일본을 대체하는 미국이라는 새로운 중심, 새로운 문명의 창구가 결정적으로 자리잡는 과정이기도 하였다.[19] 서방 문물에 대한, 그리고 근대화에 대한 맹목적

---

17 한국전쟁의 이러한 측면에 관해서는 강인철(1999) p.204 참조.
18 권태준(2006)은 이 시기의 시민에 대해 '국가에 대칭적'이기보다 '국가에 의존적인' 시민이라고 평가한다. p.58.

인 열망, 서구 문물에 대한 모방 충동이 전전에 비해 한층 더 한국사회를 뒤덮는 지배적 문제의식으로 자리하게 되었다.

3. 전쟁과 한미관계

해방에서 건국 그리고 전쟁을 거치는 동안 한반도의 지정학적 중요성은 변화한다. 전후 처리의 일환으로 남한을 떠맡아 건국 과정을 후견하던 미국의 입장에서 대한민국은 그리 중요하지 않은 곳이었다. 그러나 냉전이 본격화하고 1949년 중국 대륙이 공산화되자 한국의 지정학적 의미는 달라지기 시작했다.

한국전쟁은 냉전의 전초 기지로서 한국의 중요성을 극적으로 부각시켰다. 이러한 상황에서 이승만의 강경한 반공주의는 미국의 공산주의 저지 전략에 부합했다. 이에 따라 이승만 정권은 상대적으로 강한 교섭력을 갖고 국익을 추구할 수 있는 운신의 공간을 확보할 수 있었다. 미국도 이승만의 권위주의가 최소한의 민주주의적 형식을 벗어나지 않는 선에서 대한민국과 그 정부를 지지하고 후원하였다.[20] 전쟁이 끝나자 한반도의 유사시를 대비한 '한미상호방위조약'을 체결한 것도 한국의 중요성이 달라졌음을 반영하는 것이었다. 또한 미국의 군사 및 경제 원조는 체제 경쟁의 최전선에 있는 한국의 안정을 뒷받침하는 물질적 근거로 작용하였다.

---

19 장세진(2012) 『상상된 아메리카』 pp.130~131; 272~273; 강인철(1999) pp.238~239 참조.
20 박명림(1998)은 '미국의 범위'라는 개념으로 전후 한국의 운신의 폭을 설명하고 있다. 반
공이라는 상한과 민주주의라는 하한이 그것이다(pp.87~88). '미국의 범위' 개념 자체는
박명림(1996) 2권 10장 참조.

이렇게 하여 전쟁을 거치면서 한미관계는 '혈맹'으로 격상되었다. 미국으로부터 보장받은 안보, 국민위에 군림하게 된 국가, 그리고 북한과의 체제 경쟁이라는 조건은 앞서 지적한 국가 체계의 변화와 함께 체제의 권위주의화를 불러왔다.[21]

---

21 이러한 권위주의화에 관해서는 박명림(1998) pp.87~95 참조.

·3장·

전후의 경제 재건

전쟁으로 초래된 엄청난 인적, 물적 피해와 전후에도 군사적 대립이 계속됨으로써 늘어난 국방비 지출은 신생 대한민국의 경제에 큰 부담이 되었다. 건국 즈음의 남한 경제는 일제 말기에 비해 공업 생산이 크게 줄어든 상태였는데, 전쟁으로 그나마 남아 있던 공장 건물과 시설이 다수 파괴되어 생산 기반마저 위축되었다. 이에 따라 공산품 생산은 바닥으로 떨어졌고, 한국경제는 만성적으로 생필품 공급 부족을 겪고 있었다. 이러한 상황에서 미국의 원조는 생필품 공급에 숨통을 틔워 주었을 뿐만 아니라, 생산 기반을 복구하고 원료를 공급하는 구원자와 같았다.[1]

한편 정부는 국방 및 치안 유지비가 급증함에 따라 심한 재정적자에 시달리고 있었다. 정부는 이를 해결하기 위해 세금을 더 걷고, 공채를 발

---

1   최배근(2007) pp.10~12 참조.

행하였을 뿐 아니라, 무엇보다 화폐 발행을 크게 늘려 재정적자를 해소하려고 했다. 이로 인해 전쟁 기간 동안 소비자 물가가 10배 이상 상승하였다. 인플레이션은 상업자본의 활동을 왕성하게 하고, 자본 축적에 매우 유리한 조건이 되었다.

이렇게 곤란한 조건 속에서 정부는 외국 원조와 결합된 생필품 위주의 경공업 건설 및 교육, 의료, 전력 등 사회간접자본 건설에 주력하였다. 이제 이 시기의 경제 재건과 부흥에 관해 알아보기에 앞서, 사회·경제 질서 재편에 중대한 사안이었던 농지개혁과 귀속재산 처분에 대해 살펴보자.

1. 농지개혁

앞서 지적한 대로 해방 직후 모든 정치세력들은 정파를 불문하고 토지개혁을 주요한 사회적 과제로 이야기하고 있었다. 하지만 정치세력만 토지개혁에 관심을 가졌던 것은 아니다. 일제하에서 소작인으로 살아야 했던 태반의 농민들은 생존 자체가 무척 힘들었고, 소작쟁의 형식의 저항은 지주-소작 제도의 모순을 종종 밖으로 드러냈다.[2] 해방이 되자 일부 농민들이 소작료 납부를 거부하며 직접 토지 분배를 요구하는 일도 있었다.

해방 직후인 1945년 말에는 총경지 232만 정보 가운데 147만 정보(63.4%)가 소작지였다. 일본인이 소유하던 농지는 그중 23만 정보였고, 5정보 이상 소유한 지주 5만 호가 57만 정보를 소유하는 등 124만 정보

---

2 일제하 소작쟁의 발생에 관해서는 조선총독부 경무국 편(1989)『일제식민통치비사—일제하 조선의 치안상황』pp.90~95 참조.

가 조선인 지주 소유였다. 온전한 자작농은 전체 농가 206만여 호 가운데 28만 6,000여 호에 불과하였으며 70만 호 이상의 농가가 자작 토지가 부족하여 소작을 겸하지 않을 수 없었다. 농지를 전혀 갖지 않은 순소작농이 100만 호를 넘었다. 이렇게 온전한 자작농이 전 농가의 14%에 불과한 현실에서 경자유전耕者有田에 입각한 토지개혁은 시대의 순리였다.[3]

토지개혁은 미군정기에 이미 시작되었다. 미군정은 토지 분배에 대해 명확한 태도를 취했다. 미군정으로서는 남한 사회의 안정을 위해 토지 문제에 대한 불만을 해소하고, 자본주의에 대한 지지를 끌어낼 필요가 있었을 것이다. 미군정의 토지 분배는 토지개혁을 돌이킬 수 없는 대세로 만들었다. 지주 출신이 다수인 한민당조차도 비록 지주에 대한 보상을 전제로 하긴 했지만, 유상몰수 유상분배라는 나름대로의 토지개혁 슬로건을 내세우지 않을 수 없었다.[4]

이처럼 토지개혁 문제는 당시 제1의 선결 과제였고, 그 내용과 방향을 둘러싼 정치적 갈등과 흥정이 계속되었다. 이런 분위기를 반영하여 제헌헌법에도 농지개혁을 실시한다는 것이 명시되었고,[5] 이어서 1949년 6월에 농지개혁법이 국회에서 통과되었다.

그러는 사이 많은 소작지가 토지개혁 이전에 자작지로 바뀌었다. 1945년 말에는 한국인 지주의 소작지 면적이 117만 정보였는데, 농지개혁법이 통과된 1949년 6월에는 60만 정보로 줄어 있었다. 그동안 지주들이 소작

---

3 농지개혁에 대하여는 장상환(1999), 문정인·김세중(2004), 장시원(2006) 참조. 농지개혁법의 입법 과정에 관해서는 김일영(2006a) 참조.
4 한민당의 지도자이자 호남 대지주 김성수의 토지개혁에 대한 입장에 관해서는 박명림 (1996) 2권, pp.477~478 참조. 이에 따르면 김성수는 최초에는 주저하다가 '공산당을 막는 최량의 길'이라는 지적에 동의하였다고 한다.
5 제헌헌법 제86조; 전광석(2010) p.244.

지의 거의 반 정도를 처분하며 소작지였던 것이 자작지로 바뀌어 자작지 비중이 대폭 늘었던 것이다. 이는 토지개혁에 불안을 느낀 많은 지주들이 소작지 판매를 선택했기 때문이었다. 소작인으로서도 토지개혁이 지연될 수도 있는 불확실한 상황에서 시세보다 다소 싼 가격에 매입할 수 있는 장점이 있었다.[6]

우여곡절 끝에 농지개혁법 개정안이 1950년 3월에 공포되고 이어서 4월에 분배예정통지서가 해당 농민에게 발급되었다. 이렇게 하여 전쟁 발발 직전에 농지개혁이 실시되었다. 시행령은 농지를 분배 받은 자는 정부에 주작물 연평균 생산량 1.5배를 5년간 현물로 분할 상환하고, 정부는 지주에게 그 금액을 지급하겠다는 지가증권을 발급하도록 규정하였다. 자작지의 상한선, 즉 농지 소유의 상한선은 3정보였다. 이렇게 하여 소작지는 미미한 비중으로 떨어지고, 지주제는 기본적으로 해체되었다. 임의 처분, 미군정기의 귀속 농지 처분, 그리고 마침내 정부의 농지개혁법에 의한 처분으로 대부분의 소작지가 자작지로 바뀐 것이다. 분배 받은 농가는 분배 농지의 상환곡 납부를 1957년 말에 거의 완료하였다.

농지개혁은 사회 개혁으로서는 드물게 발본적인 개혁이었다. 여기서는 농지개혁의 의의와 효과를 잠깐 살펴보자.[7]

---

6 사전 방매 현상에 관해서는 김동노(2004) p.427와 이헌창(1999) pp.380~384 참조.
7 한때 농지개혁의 결과에 대해 부정적인 평가가 없던 것은 아니다. 즉 농지개혁이 실패했으며 지주제도가 소멸하지 않았다는 비판이 있었는데, 이러한 비판은 사전 방매 현상을 고려하지 않고 애초의 소작지에 비해 실제 분배된 농지가 대폭 축소된 것을 근거로 하고 있었다. 하지만 지주제의 해체와 자작농 창출이라는 기본 과제의 면에서 농지개혁이 성공적이었음은 부인할 수 없다. 농지개혁에 관한 부정적 평가는 파산선고를 받은 지 오래다. 이에 관해서는 김일영(2006a) 참조. 이와는 별개로, 자작지 상한을 3정보로 높게 잡아 지주에게 조금이라도 유리하였고, 일본과 대만에 비해 사전 방매가 극심했으며, 분배 이후 소작제 부활을 철저히 규제하지 못하였고 농가 경제 육성책이 제대로 시행되지 않았던 점

우선 일제하 농촌에서 지배적 생산관계였던 지주제가 해체되고 농민적 토지 소유가 확립되었다. 그 결과, 토지 생산성이 조금씩이나마 향상되고 토지 이용률도 증가하여 일제시대에 비해 농업 생산력이 증대되었다. 또한 지주제 해체로 지주들의 경제력과 정치적 역량이 쇠퇴하였는데, 이는 정부가 공업화를 밀어붙일 수 있는 기반이 되었다. 공업화는 저곡가 정책 등 농업 부문의 희생을 바탕으로 했기 때문이다.[8]

비교적 평등하고 동질적인 농촌 사회가 형성된 점도 중요하다. 농지 소유에 3정보라는 상한을 두고, 농지 거래를 법적으로 제약함으로써 농지 소유의 편차가 줄고 농가의 생산 조건 차이가 줄어들었다. 이로써 농촌 내의 소득불평등이 현저히 줄어들었다.

이처럼 토지 소유 불평등은 개선되었지만 영세농 체제는 그렇지 못하였다. 농지개혁 후에도 호당 평균 경작 면적이 1정보에 미치지 못하는 영세 소경영이 여전히 전체 농가의 80%에 이르렀다. 당시의 경지 규모와 농가 호수를 생각하면 이러한 결과를 피할 수 없었다. 농업이 적정한 규모가 되기 위해서는 농촌의 과잉인구를 대거 흡수할 공업화가 절실했다.

그런가 하면 영세농이 상환곡과 전시에 부과된 임시토지수득세[9] 등의 부담으로 분배 받은 농지를 처분하는 사례가 빈발하여 소작지는 다시 증가하였다. 이것은 농지개혁 자체의 문제라기보다는 농민에게 불리한 경제정책들—미국 잉여농산물 도입과 농산물 가격을 낮게 유지한 정책 등—이 지속되고 경자유전의 원칙을 지켜나갈 농지법을 제정하지 못했

등 그 한계를 지적하는 목소리도 있다. 이헌창(1999) p.391.

8 일본과 대만 그리고 한국 등 동아시아에서의 농지개혁과 경제성장에 관하여는 슈워츠 (2015) pp.494~495 참조.

9 임시토지수득세 내역에 관해서는 김동노(2004) 3절, 특히 pp.430~433 참조.

기 때문이었다.[10] 이처럼 농지개혁은 1950년대에 영세 자영농을 대량으로 형성시켜 농촌을 안정시켰으며, 농촌에 누적된 영세 자영농과 과밀한 인구층은 1960년대 이후의 산업화에 노동력을 공급하는 풀이 되었다.

앞서 지적한 대로 이승만과 지주 및 보수세력을 대표하던 한민당은 건국 과정에서 공산주의 세력과 대결할 때는 연합하였으나, 한국전쟁을 거치며 4.19에 이르기까지 대립하였다. 한민당과 그 후신정당들[11]은 건국 직후부터 1950년대를 통해 권력의 중심에서 배제되었으며, 농지개혁으로 경제력마저 상실하였다. 반면 이승만은 농민의 지지를 정치적으로 이용할 수 있었다. 이것은 지주 세력의 몰락이 국가의 국민통합 과정과 맞닿아 있었음을 의미한다. 농지개혁법을 둘러싼 정치적 교섭의 과정에서 지주에게 토지 자산을 바탕으로 산업자본가로 전환할 기회를 제공하기로 하였지만,[12] 실제 그러한 일은 거의 일어나지 않았다.[13]

2. 귀속재산 불하

일제가 남기고 간 공공 자산과 민간인 자산을 미군이 접수하여 관리하다

---

10 이헌창(1999) pp.389~391, 김동노(2004) 3~4절. 농업경영 여건이 달라진 이후 정부는 1986년 농지임대차관리법으로 농지임대차를 허용하고, 1994년 농지법을 통해 농지 소유 상한을 확대하였다. 이에 관해서는 이영기(2000) p.163 참조.
11 한민당이 다른 정파를 흡수해 창당한 민주국민당(1949~1955년)과, 민주국민당과 여타 야당세력이 모인 민주당(1955~1961년)이 그것이다.
12 지주 대책 전말에 관해서는 김일영(2006) pp.316~317.
13 드물지만 지주 가운데 토지자산을 산업자본으로 전환하는 데 성공한 경우도 있었다. 이헌창 (1999)은 호남 대지주 김연수를 들고 있다(p.387).

가 정부 수립 후 '한미 재정 및 재산에 관한 협정'(1948년)으로 한국 정부에 넘겨준 것을 흔히 귀속재산이라 한다. 한국 정부가 미군의 전리품이었던 막대한 자산을 넘겨받은 것이다. 귀속재산은 대지, 농지, 임야, 기업, 주식, 주택, 점포, 창고, 선박 등 매우 다양하였다. 그 가치는 1948년 기준 연간 정부지출의 약 9배에 이르는 것으로 추정된다. 당시 귀속 공장의 수는 전체 공장의 1/4에 이르고, 그 생산액은 공업 총생산액의 1/3 정도에 달했다.[14]

이처럼 규모가 큰 국유 자산을 어떻게 처리할 것인지는 당연히 큰 이슈가 되었다. 규모가 컸을 뿐만 아니라, 남한 내의 주요 사업체, 공장, 광산, 은행, 주식 등을 포함하고 있었기 때문에 더욱 그러하였다. 건국 과정에서 이 자산의 불하를 반대하는 주장도 꽤 있었지만, 미군정은 민간 불하 방침을 굽히지 않았다. 이것은 물론 자본주의 시장경제라는 체제 방향을 지시하는 것이었을 것이다. 하지만 미군정기에는 귀속 농지 외에는 소규모 자산들만 불하되었고, 귀속 기업체 대다수는 정부 수립 후 한국 정부에게 넘겨졌다.

앞에서 지적한 대로 제헌헌법은 혼합경제적 지향을 갖는 조항(87조)을 포함하고 있었으며, 1949년 연말에 제정된 귀속재산처리법도 주요 기업체를 국영 혹은 공영화하도록 규정하였다. 자유사기업주의에 맞춰 불하가 이루어지게 되지만 계획경제적 요소를 당연시하던 당시의 여론을 반영하여 불하의 범위를 제한한 것이다.

귀속재산처리법에 따른 매각은 전쟁이 발발하자 잠시 중단되기도 하

---

14 귀속재산의 전모에 관해서는 이에 관해 최초로 포괄적인 연구를 수행한 김기원(1990) 『미군정기의 경제구조』 2장 참조.

였으나, 전쟁 중에 다시 재개되었다. 무엇보다 전시 재정을 보충할 필요가 있었고, 불하 받은 귀속재산으로 민간에 의해 물자 생산이 촉진되는 것도 기대하였기 때문이다.

귀속재산의 민간 불하 추세를 공고히 한 것은 1954년의 개헌이었다.[15] 개정 헌법은 중요 산업을 국공유한다는 원칙을 자유사기업주의 이념으로 대체하였다. 그에 따라 소수의 기간산업을 제외하고는 전 산업의 기업체가 불하되기에 이른다. 예컨대 흥업은행(한일은행으로 개명했다가 나중에 상업은행과 합병해 한빛은행이 되었고, 다시 우리은행으로 바뀜)은 당시 재벌을 형성하고 있던 삼성의 이병철에게 돌아갔고, 조흥은행(신한은행에 합병)도 곡절 끝에 이병철의 손아귀에 들어갔다. 저축은행(현재 SC제일은행), 상업은행(현재 우리은행)도 민간에게 불하되었다. 이렇게 하여 대부분의 귀속재산은 1962년까지 매각이 완료되었다.

기업체를 매각할 때는 입찰과 수의계약을 병행하였다. 불하 받은 사람의 대다수는 귀속재산 관리인이거나 기업 경영 경험을 가지고 있었다. 불하받은 데 따른 대금을 지가증권으로 납부할 수 있었지만, 실제로 그걸 이용한 것은 지주가 아니라 지주에게서 그것을 헐값에 사들인 자들이었다. 지주가 토지를 넘기고 받은 지가증권의 약 50%[16] 이상이 귀속재산 매수대금으로 사용되었다. 지가증권은 액면가보다 낮게 입수할 수 있었고 정부가 평가하여 정한 불하가격 자체가 시장가격보다 낮았으며 게다가 인플레 하에서 장기분할 상환이 가능했으므로 귀속기업체를 실제 시장가치보다 훨씬 낮은 값에 불하받을 수 있었다.

---

15 1954년의 개헌에 관한 자세한 사정은 박정이(2013) pp.349~353 참조.
16 1968년 현재 보상총액의 54%가 귀속사업체 불하대금으로 동원되었다. 장시원(2006) p.357.

이렇게 하여 일제가 남긴 막대한 자산은 한국인 민간자본으로 전환되었다. 이 과정에서 한국 자본가의 원형이 형성되었고,[17] 기술자나 상인 등은 산업자본가로 탈바꿈하였다. 대규모 기업체 불하를 통해서 대자본가로 급성장한 경우도 있었다. 일제시대부터 대공장체제를 갖추었던 면방직공업에서는 특히 그러하였다. 불하 받은 기업체를 바탕으로 생산시설 복구, 원자재 확보와 공장 가동 등에서 원조물자 배분 우선권을 받을 수 있어서 산업자본으로 뿌리내리는 데 주요한 계기였던 것이다. 이 불하 과정에는 정치인, 관료와의 유착이 있었고, 불하된 기업은 원조 물자 이용에 특혜를 받기도 하였다. 이로 인해 귀속재산 처리가 마무리된 뒤에도 그 과정이 불공정하고 부패로 얼룩져 있었다는 지적이 한동안 제기되기도 하였다.[18]

귀속재산 대부분을 민간에게 불하함으로써 시장경제체제에 대한 최종적인 확인이 이루어졌다는 점도 중요하다. 아래로부터의 자주관리운동을 부정하고 중요 산업, 기업의 국공유화를 포기한 선택은 건국기 체제 선택의 최종적인 장면 가운데 하나였다.

3. 재건과 부흥

미국의 대 한국 경제정책과 원조

해방 이후 1961년까지 미국의 원조는 모두 합쳐 경제 원조 31억 달러, 군

---

17 이헌창(1999) p.403; 이상철(2004) pp.174~175.
18 이승만 정권하에서 있었던 부패사건들에 관해서는 김일영(2004) 참조. 4.19 직후 이러한 부패구조에 대해 부정축재자 처리가 중요한 숙정肅正과제로 제시되었다.

사 원조 18억 달러 정도에 이르렀다.[19] 당시 세계에서 가장 가난한 나라 가운데 하나이던 한국에게는 무척 큰 규모였다. 이 중 대부분은 한국전쟁 동안 그리고 그 이후에 들어왔다.

원조는 한편으로는 해방 이후 남한 지역의 경제적 단절, 즉 일본 및 북한과의 이중의 분리로 인한 공업 원자재와 소비재 부족을 메워주는 역할을 하였다. 전쟁으로 대거 파괴된 공장과 설비를 복구할 수 있었던 것도 원조 물자 덕택이었다. 즉 전쟁 이후 재건과 부흥에 미국의 원조는 불가결하였다. 다른 한편으로는 가난한 나라가 전쟁을 치르고 큰 군대를 유지할 수 있도록 국가 재정을 지탱시켜주었다.

그런데 전쟁 이후 이 원조의 내용을 둘러싸고 한미 간에 자주 갈등이 있었다. 당시 미국의 동아시아 전략의 기본 방향은 일본을 그 중심에 두는 지역 통합이었다. 경제적인 측면에서도 일본 경제의 부흥과 여기에 한국경제가 수직적으로 통합되는 방향을 설정하고 있었다. 이러한 맥락에서 미국은 한국경제의 성장보다는 안보를 위한 경제 안정을 추구하고, 원조도 이것을 촉진하는 방향으로 집행하고자 하였다. 또한 자본주의 자유시장 경제체제를 확립하는 것을 강조하고 궁극적으로는 원조의 역할을 축소하고자 하였다. 그래서 미국은 원조를 매개로 경제 통제의 완화, 재정 및 금융 긴축, 인플레 억제를 통한 물가 안정, 금리 현실화, 대일관계 개선 등을 계속 요구하였다.[20] 나아가 미국은 일본 부흥에 박차를 가하려고 한국에 제공한 원조를 기반으로 일본 제품을 구매하도록 요구하였다. 이승만 정권은 반발했지만, 이런 요구를 수용할 수밖에 없었다. 1954년의

---

19 미국의 원조 금액과 내역 전반에 관해서는 장상환(1999) pp.157~162 참조.
20 미국의 원조 정책, 한국 정부와의 갈등에 관해서는 장상환(1999) pp.136~145 참조.

다시 읽는 한국 현대사

개헌시에 제헌헌법 제정 때에 만들어진 경제 조항을 자유시장주의 방향으로 개정하는 데에도 미국의 압박이 있었다.

반면 한국 정부는 재건과 함께 공업화를 기반으로 안정을 넘어선 부흥을 지향하였다. 이러한 입장은 넓게 보아 민족주의적 자립화를 지향하는 것으로 보였을 것인데, 이는 미국이 특히 경계하던 것이었다.[21] 당시 미국은 인도 등이 중심이 되어 냉전적 대립 구도를 이용하던 비동맹운동 또는 제3세계주의를 상당히 성가신 것으로 여기고 있었기 때문이다.[22] 하지만 한국 정부는 부흥이라는 목표를 쉽게 포기할 수 없었다. 정부는 각종 정책을 통해 자립경제를 지향했고, 자본재 도입을 중요시하였다.

이러한 입장 차이로 인해 원조 물자의 구성과 그 판매대금인 대충자금의 용도, 대충자금의 규모에 중요한 환율 결정 등을 둘러싸고 한미 양국은 자주 대립하였다.[23] 한국 정부는 자본재 원조를 요구한 반면, 미국은 소비재 위주의 원조를 고집하였다. 실제 자본재의 비율은 20% 이하였고, 대충자금도 미국의 요구처럼 국방비 보전을 위주로 사용할 수밖에 없었다.[24]

그런데 안정을 중시하던 미국의 입장은 1950년대 후반으로 가면서 변화한다. 미국은 1956년 이후 원조를 줄이고자 하였고, 한국에는 그 대안으로 장기적인 개발계획을 수립하도록 권고하였다. 유의미한 경제개발을 통해 한국의 장기적 안정을 노린 것이다. 그러나 이렇게 하여 만들어진 몇 차례의 경제개발계획은 경제개발을 위한 통합된 전략이라기보다

21 장상환(1999) p.139.
22 이 시기의 제3세계 민족주의 현상에 관한 미국의 고민에 관해서는 박태균(2004) pp.506~511 참조.
23 이에 관해서는 김낙년(2004), 문정인·김세중 편(2004) 참조.
24 장상환(1999) p.142, 이헌창(1999) p.407, 이상철(2004) p.178 참조.

는 원조를 최대한 받아내기 위한 수단이라는 부정적인 평가를 받았다. 실제로 당시의 개발계획은 소수 경제 관료의 개인적인 작품에 지나지 않는 것이었다.[25]

또한 원조 중 일부는 계획적으로 교통, 전력 혹은 제조업 설비로 들여올 수 있었지만, 대부분 물자 구매를 위한 자금으로 받았다. 원조 자금으로 구입한 물자는 주로 연료, 비료, 시설재, 최종 소비재, 농산물 등이었다. 원조 물품 가운데는 공업 원료용 농산물과 소비용 곡물 등 한국 농업에 타격을 주는 것도 있었다. 미국의 잉여농산물 원조로 들여온 밀과 면화가 그러한 경우였다.[26]

재건기의 원조는 경제 안정에 필요한 소비재, 비료, 공업용 원자재와 설비를 구매할 수 있게 해준 주된 재원이었다. 유엔군에 대한 재화와 서비스 판매로부터 생기는 외환 수입과 함께 원조는 수입을 위한 외화의 거의 유일한 원천이었다.

이러한 미국의 원조로 미국에 대한 의존이 심화되고 잉여농산물 원조로 한국 농업이 피폐해졌으며, 소비재 중심의 왜곡된 공업화 등을 낳았다는 비판이 상당 기간 지속되었다. 1950년대의 한국경제를 일컬어 '원조 경제'라고 하던 비판이 대표적이다. 1960~1970년대의 자립화 전략을 비판하는 과정에서 흔히 그 이전 단계인 1950년대 한국경제를 그리 부른 것이다. 원조에 전적으로 의존하는 경제라는 부정적인 의미였다. 그러나 미국의 원조가 1950년대의 재건과 산업자본의 축적에 결정적이었다는 것을 부인할 수는 없다.

---

25 이철순(2004) p.312.
26 이 당시 미국 잉여농산물의 부정적 영향에 관한 자세한 논의는 김동노(2004) 4절 참조.

재건과 성장

전쟁이 끝나고 재건을 위한 노력과 산업화가 이루어졌다. 전쟁 이후에는 재건과 부흥이 한동안 한국사회의 주요 구호였다. 우선 일부 소비재 산업에서 다수의 공장이 건설되었다. 소비재 부족이 수입대체산업화를 자극한 것이다. 당시의 대표적인 산업을 삼백三白산업이라 하는데, 생산물의 빛깔이 흰색인 면방직, 제분, 그리고 제당산업을 가리킨다. 삼백산업이 보여주듯 이때의 공업화는 섬유 및 음식료품 중심이었고, 그중에서도 방직공업이 가장 큰 비중을 차지하였다. 이러한 산업화에 힘입어 1950년대의 후반으로 가면 소비재 분야에서는 내수를 채우고도 남는 공업생산능력을 갖추게 된다.

하지만 이러한 수입대체공업화의 실상이 그리 밝지만은 않았다. 당시의 국내시장은 크기가 작아 국제경쟁력을 갖추는 데 필요한 규모로 생산시설을 갖출 수 없었다. 기업들은 보호받는 국내시장, 독과점 행위에 대한 정부의 불철저한 규제 등의 조건 속에서 자원배분을 효율화 하려고 노력하기보다, 이러한 구조가 보장하는 지대 추구 행위에 몰두하였다.[27] 즉 정부가 제공하는 이러한 여건 속에서, 기업들은 차후 부정적인 재벌 현상의 하나로서 비판받는, 산업적 관련이 없는 여러 가지 수입대체산업으로 진출하는 비관련다각화를 시도하였다. 이렇게 하여 일부 기업들은 이미 1950년대에 기업집단을 형성하였다. 수입대체산업화 과정의 이른 시기부터 재벌 현상이 나타난 것이다.

재벌은 대체로 해방 국면과 한국전쟁을 거치면서 해외 무역이나 상업으로 자본을 축적하여 성장의 발판을 마련했으며 전후 복구과정에서 크

---

27 이상철(2004) pp.194~199.

게 성장하였다. 이때 정부는 특정한 재벌 집단에게 다양한 방식으로 특혜를 주며 이를 도왔다. 수입 허가나 쿼터를 나눠 주고, 원조 자금과 물자를 배분하는 과정에서 특혜를 주었으며, 수의계약으로 귀속재산을 불하해주었다. 또 인플레이션으로 실질금리가 사실상 마이너스인 은행 융자를 받게 해주는 등 온갖 방식으로 재벌의 성장을 도왔다.[28] 이 과정에서 정경유착은 필연적이었다.

1950년대의 경제 재건과 성장은 결국 미국의 원조에 기반한 수입에 의존하였다. 이 시기 경제성장율은 4%를 넘는 수준으로 그리 나쁘지 않았으나, 원조 기반이라는 중대한 제약이 있었다.

그런데 1950년대 후반으로 가면서 무상 원조가 줄어들기 시작한다. 1958년을 기점으로 해서 미국의 국제수지가 적자로 바뀌며 무상 원조를 계속하기가 어려워진 것이다. 이에 따라 무상 원조는 유상 차관으로 전환되기 시작하였다. 그 결과 원조에 의존하던 경제 운영은 지장을 받았고, 한국경제는 1959~1960년에 심각한 불황을 경험한다.

1950년대 말 삼백산업의 가동률은 바닥으로 추락했다. 애초 원조에 대한 과도한 의존이 문제였다. 원조 물자가 시설 규모에 비례해 배분되었기 때문에, 설비투자가 지나치게 늘어났다. 특히 방직, 제분 등은 생산능력 과잉 상태였다. 반면 원조 농산물로 농산물 가격이 낮게 유지되어 인구의 다수인 농민의 구매력이 정체되었다. 이것은 원조 의존의 경제 운영에 따른 모순된 측면이었다. 이러한 한계에 대응하여 수출 시도도 있었으나 그 또한 그리 순조롭지 못하였다. 수출품의 원료를 외화로 도입하도록 요구하면서 미국이 제동을 걸기도 했다.[29]

---

28 초기 재벌의 형성에 관해서는 이한구(1999) 『한국재벌형성사』 3장 참조.

당시에는 원조 의존 상태를 벗어나 자립할 수 있는 장기적이고 구체적인 계획 혹은 새로운 기획이 필요하였다. 하지만 매년 단위로 받을 수 있을 뿐인 원조에 의거하는 한 장기적인 기획을 구상하고 실행하는 것은 생각하기 어려웠다. 1950년대에 몇 차례 작성된 경제개발계획은 구체적인 실행계획으로서의 의미를 갖지 못했으며, 집권자는 국가 주도로 장기적인 성장 전략을 수립하는 데 관심이 없었다.[30] 결국 원조에 의거한 경제 운영은 한계에 봉착했고, 이것은 1960년 벽두에 일어나는 사회혁명의 경제적 배경으로 작용한다.

만성적인 실업과 농촌 피폐

일부 소비재 산업을 중심으로 한 경제성장만으로는 충분한 일자리를 제공할 수 없었다. 1960년의 경우, 1,000만 명의 노동인구 가운데 250만 명의 완전 실업자와 200만 명이 넘는 농어촌 잠재실업자 등 45% 정도가 만성적인 실업 상태에 있었다.[31]

　　이러한 상황과 대조적으로 선진국의 법체계를 모방하여 1953년 노동관계법—노동조합법, 노동쟁의조정법, 노동위원회법, 근로기준법—이 정비되었다.[32] 그럼에도 당시에는 적극적인 노동운동은 물론 단순한 권리 주장조차 쉽지 않았다. 생계비에도 못 미치는 임금, 복리후생은 생각조차 할 수 없는 작업장, 장시간의 고된 노동과 넘치는 실업자, 가부장적 영세

29　이 당시 제조업 수출 현황에 대해서는 이헌창(1999) p.420 참조.
30　제1공화국의 이승만 대통령은 경제개발계획 자체를 소련과 같은 공산주의 국가에서나 하는 짓으로 보았다. 박태균(2007) p.304.
31　이헌창(1999) p.422.
32　이때 제정된 법안의 내용은 유광호(1999a)에 상세히 설명되어 있다.

기업 등의 현실에서 제대로 된 노사관계와 노동자의 권리 보장을 기대하기는 사실상 불가능하였다. 이런 현실에서 노동관계법은 손에 넣을 수 없는 사치품이었다. 게다가 대한노총[33]이라는 노동조합의 중앙 조직은 한국전쟁을 거치며 사실상 정치 권력의 하부 조직이 되었다. 다만 이러한 상황에서도 노동조합의 조합원은 꾸준히 증가했다.

농민의 삶도 매우 어려웠다. 농지개혁을 통해 자작농이 대거 증가함으로써 비교적 평등한 삶을 누릴 수 있을 것으로 기대되었지만, 실상은 그렇지 않았다. 조세원이 부족한 정부는 농지개혁 직후의 농민에게 가혹한 세금을 부과하였다. 앞서 지적한 대로, 양곡을 확보하고 재정적자를 만회하기 위해 부과했던 임시토지수득세라는 현물 조세가 그것이다. 토지 소유와 수익에 대한 세금을 통합하여 지세와 소득세를 현물로 납부하게 한 것이다. 그와 함께 분배받은 농지 대금인 농지 상환곡을 현물로 납부해야 했기에 다수의 영세 소농은 끼니를 잇기도 어려운 경우가 많았다. 게다가 인플레이션으로 세금, 농지 상환곡을 현물로 내놓아야 하는 농가의 희생은 더욱 커졌다.

한편 1954년 제정된 미국 공법 480에 따라 1955년부터 미국의 잉여 농산물이 대량으로 도입되기 시작했다. 그 결과 전쟁 이후 폭등하던 곡물 가격은 1950년대 후반 동안 낮게 유지되었다. 다른 물가가 상승하는데 반해 곡가는 낮게 유지되었기 때문에 농민의 생활고는 한층 심화되었다. 나아가 소비용 곡물과 함께 공업 원료로 원면과 밀이 대량 도입되어 면화와 밀 경작이 크게 줄어들었다. 밀의 경우, 도입량이 국내 생산량을 능

---

[33] 1946년 대한독립촉성 노동총연맹이라는 이름으로 결성된 우익 노동 조합조직이다. 대한노총으로 불리다가 1954년 아예 대한노총으로 개명하였다. 이승만 정권기 내내 어용노총으로 역할했다.

가할 정도였다. 상품화할 수 있는 원면과 밀 재배 위축은 농가가 저곡가를 만회할 수 있는 길마저 막혔다는 것을 의미했다.[34]

이러한 현실은 농지개혁이 지향했던 자영농 경영의 존립 자체를 위협했고, 농민은 가족 노동력을 이용하여 근근히 버텨야 했다.[35] 농촌에는 봄이 되면 양식이 떨어지는 절량 농가 인구가 300만 명에 이르렀고, 이 중 많은 농가가 현물 고리대인 장리곡을 쓰지 않을 수 없었다. 또한 머슴이라는 전근대적 고용 관계가 널리 존재했다. 농촌의 과잉 노동력이 도시의 산업 부문에 노동자로 취업할 기회를 갖지 못한 채 농촌에 쌓여 있었던 것이다. 그럼에도 불구하고 농민은 이승만 정권에 대한 수동적 지지를 거두지 않았다. 이른바 탈정치화한 것이다. 농지개혁의 효과였다.[36]

이처럼 도시 및 농촌에서 전망 없는 빈곤 속에서 대다수 사람들은 피폐한 삶을 살고 있었다. 일제시대보다 못한 삶이라고 한탄하는 사람들도 있을 정도였다.[37]

---

34 자세한 내용은 김동노(2004) 4절 참조.
35 농촌지역의 피폐한 삶에 관해서는 장상환(1999) pp.180~187 참조.
36 농지개혁이 갖는 정치적 효과에 관해서는 김일영(2006) p.343 참조.
37 권태준(2006) p.38.

· 4장 ·
1950년대 한국사회의 유산

1. 전쟁과 국민 형성

전쟁은 한반도 구석구석을 뒤흔들어 놓았다. 향촌 사회를 중심으로 남아 있던 반상 의식—양반과 상놈 간의 위계적 사유 방식—등 전근대적 의식과 양반 혹은 지주가 중심이 되어 유지하던 전통적인 규제력을 약화시킨 것이다.

　일제하에서 근대 문물이 사회 전반으로 확산되었지만, 향촌의 전통적인 사회 관계는 여전히 강하게 남아있었다. 하지만 전쟁으로 전선이 남북으로 이동하면서 이러한 전통적 관계는 위기에 처한다. 지주 등 향촌 지배 세력에 대한 좌익의 공격, 우익의 보복 등을 주고받으며 농촌 사회의 기존 질서는 무너져내렸다. 기왕의 반상 관계의 긴장, 혹은 종교적 이념적 갈등 등 농촌 사회의 갈등 요인들이 전쟁 과정에서 폭발한 것이다. 이러한 충격은 농지개혁과 함께 향촌 사회를 뒤흔들어 전통적인 사회 관계를 파괴하였다.[1] 반상 간의 관계에 따른 향촌의 자율은 소멸되고, 그것을 대신하여 국가 행정의 말단 단위에 의한 규율이 대신 그 자리를 차지하였다.

이러한 사회 관계의 해체를 대신한 것이 국가에 의한 호명이다. 전통적 관계를 벗어난 개인들을 스스로 국민으로 보다 분명하게 인식하게 한 것이다. 의무로서의 군대, 권리로서의 보통교육(초등교육) 등은 이들을 국민으로 불러세우고 국가주의와 반공주의를 체득하게 하였다. 모두에게 일종의 통과의례가 된 최소 9년간(군대와 초등교육 기간)의 공통 경험은 국민적 정체성 확립에 결정적인 역할을 하였다.

한편 국가는 부흥부를 새로 만들고 전후 복구나 발전소 건설 그리고 공장 설립 등을 주도하며 근대화를 향한 대중의 열망을 자극하는 데 성공하였다. 새로운 세대를 중심으로 서구의 문물을 동경하고 근대적인 가치를 모방하려는 충동은 전에 없이 커졌지만, 1950년대 후반의 대중의 삶은 이와 대조적으로 극히 어려웠고 비관적인 전망이 그들의 어깨를 내리누르고 있었다.[2]

---

1 박찬승(2010) 『마을로 간 한국전쟁』에서는 마을 안팎에서 벌어진 민간인들 간의 갈등을 사례를 들어 분석하고 있다. 박찬승은 기왕의 주장, 즉 이념적 대립과 지주—소작관계의 대립 대신에 보다 오래된 뿌리 깊은 갈등 요인에 주목한다. 또한 김경현(2007) 『민중과 전쟁기억: 1950년 진주』 참조.
2 강인철(1999) p.238 참조.

다시 읽는 한국 현대사

2. 1950년대의 한국사회

2000년대 들어 1950년대를 재평가하려는 움직임이 있었다. 이러한 움직임은 빈곤, 독재, 해외 의존 말고는 없던 시절이라고 여겨온 것과 달리, 1950년대에도 나름의 성취와 1960년대 이후의 성장에 바탕이 되는 일들이 있었다는 생각에 근거하고 있다. 1950년대는 건국 이후 4.19로 새로운 기동전의 순간이 오기 전까지의 잠시 동안의 짜투리 시간이 아니었다는 것이다.[3] 1950년대 한국사회의 여러 면모 가운데 앞으로의 논의와 관련된 몇 가지를 지적해보자.

반공주의와 근대화 열망

전쟁을 거치며 반공주의는 한국사회의 기본 이념이 되었다. 반공주의와 자유민주주의 체제의 장점이 반복해서 선전되었고, 이는 북한 체제와의 대비 속에서 국민들의 의식에 각인되었다. 전쟁은 이들에게 공통된 체험의 기억을 가져다 주었고, 모두가 공유하는 담론 속에서 국가는 같은 민족이기 이전에 적인 북한을 기억시킬 수 있었다.[4] 반공주의는 국가의 정당성을 강화하는 마르지 않는 샘이었다. 즉 국가 형성과 수호의 근본적인 가치가 되었고, 국가의 존재 이유가 되었던 것이다.[5]

한편 전쟁을 통해 미국은 구원자로 인식되었고, 좌파와 중도파라는 적

---

3 대표적으로는 박지향 외(2006) 1권·2권, 문정인·김세중(2004) 등이 있다. 이러한 지적 자체는 특별한 것은 아닐 것이다. 그런데 그 저류에는 1950년대의 복원을 건국 세대에 대한 헌사로 여기면서 대한민국의 국가 정통성 문제를 간접적으로 보강하려는 생각이 놓여 있는 듯하다.
4 박정이(2013) pp.313~314.
5 박명림(1999) p.118.

이 사라진 세상에서 자연히 친미주의가 급속하게 확산되었다. 전쟁 이전에도 미국은 모델 국가이자 사회였는데, 전쟁은 이를 한층 강하게 확인해 주었다. 민주주의 등 서구적 가치를 체현한 미국이 전쟁과 그 이후에 보여준 국력이 한국인의 마음을 압도한 것이다. 전쟁을 거치며 미국은 일시적 구호를 베푸는 존재에서 한국사회의 새로운 후견자이자 영원한 혈맹으로 받아들여졌다. 그리하여 반공주의, 자유민주주의와 함께 친미주의는 전쟁 이후 한 세대 동안 한국에서 부동의 이념적 기초가 되었다.[6]

전쟁과 그 이후의 복구, 재건 과정에서는 서구 문물과의 전면적인 만남이 이루어졌다. 서양 문명을 전면적으로 수용하고 그것을 모방하고자 하는 열망이 만개하였다.[7] 그 가운데 특히 미국은 서양 문명의 새로운 대표자로서 찬양받고 숭배되었다.[8] 새로운 모델 국가이자 혈맹으로서 미국을 동경하고 모방하려는 충동은 당연하게도 미국을 새로운 순례의 메카로 만들었다. 지식인 사회의 메카 전환이 발생한 것이다. 그동안 서구 문물의 주요 창구 역할을 하였던 일본과의 관계는 단절된 반면, 일제하에서 교육받고 훈련된 많은 사람들이 미국의 후원을 받아 단기 혹은 장기의 재교육을 받으러 다녀오게 된다.[9] 학계의 지식인뿐만 아니라 군 장교, 공무원 등 많은 사람들이 미국이 제공한 각종 프로그램에 따라 미국에서 연수를 받은 것이다. 또한 전후세대를 중심으로 전통문화를 극복의 대상으로 보면서 강하게 부정하고, 서구적 가치와 문물을 맹목으로 받아들이

---

6 정성호(1999) p.40, 장세진(2012) 등에서 그 편린을 읽을 수 있다.
7 강인철(1999) p.238, 장세진(2012) p.253.
8 여러 측면에서의 미국화에 관해서는 김덕호·원용진(2008) 『아메리카나이제이션』.
9 이러한 과정이 곧 친미 엘리트의 형성 과정이라는 지적이 뒤따르는 것은 흔한 공식이다. 임대식(1998) 참조.

는 경향도 생겨났다. 이러한 경향은 친미, 친서구를 넘어 숭미주의라고 해야 할 정도였다.[10]

민주주의 그리고 정당 정치의 이식

조선인은 일제 지배를 통해 공화주의적 의식을 갖게 되었지만, 식민지에서 근대국가의 민주주의적 가치와 제도를 실제로 익힐 수는 없었다. 하지만 건국 주도 세력은 그러한 현실과 무관하게 서구의 제도를 조합하여 민주주의적 제도와 질서를 규정한 제헌헌법을 만들었다.

이후 건국과 몇 차례 선거를 거치며 일반 국민들 사이에 민주주의적 제도에 관한 인식이 차츰 뿌리를 내렸다. 시민 없는 국가였지만 정당도 생겨나서 대의제 정치의 형상을 통해 민주주의 정치의 기본적인 제도들을 형식적으로나마 경험하게 되었다.

이승만과 그가 이끈 제1공화국의 집권 세력이 3선 개헌으로 장기 집권을 꾀하고 부정 선거를 자행하다가 국민적 저항을 만나 밀려나게 되었지만, 이들도 선거라는 형식만은 어쩌지 못하고 그런 절차를 반드시 따라야 하는 것으로 이해한 것은 매우 중요하다. 국민 모두에게 그것이 부정할 수 없는 민주적 절차로 각인되어 있었던 것이다. 제1공화국 시기는 주권자로서 국민의 정치 의식이 제대로 뿌리내리지 못하였던 시절이었으나, 대중은 최소한의 민주적 절차에 관해서는 예민하게 인식하고 있었다. 이러한 의식은 4.19로 연결된다.[11]

---

10 자기 전통을 부정하고 서구적 근대를 절대적으로 숭배하고 모방하려는 경향에 대해 강인철 (1999)은 오리엔탈리즘의 내면화라고 부르고 있다(p.240). 또한 임대식(1998) p.132 참조.
11 유영익(2006) 2권 3절 참조.

평등한 세상과 교육 확대

전쟁과 농지개혁 등으로 전근대적 유제, 의식은 급속도로 후퇴하였다. 유교적 반상 의식이 엷어지고, 여성의 사회적 지위도 향상되었다. 제헌헌법은 서구에서도 그즈음에야 이루어진 남녀평등을 규정하였으며, 남녀평등은 대중의 의식 속에도 점차 자리잡게 되었다. 여성의 경제적 역할이 확대되고 사회 진출도 크게 늘어났다.[12] 문화적 전통에 뿌리내린 전근대적 의식이 한순간에 변화할 수는 없지만, 이 시기를 기점으로 그러한 전통은 크게 약화된다.[13]

한편 이러한 평등화 추세에 맞춰 교육열이 고조되었다. 당시 교육열이 크게 고조된 것에 대해, 우리의 전통 속에 잠재해 있던 교육에 대한 의욕을 그 원인으로 보기도 하지만, 교육이 개인의 삶을 개선하는 결정적인 요소로 되었다는 인식 또한 중요한 원인으로 보인다. 보통교육(초등교육)은 1949년에 의무교육으로 정해졌는데, 이에 따라 1950년대 후반에는 보통교육 취학률이 거의 100%에 이르며 해당 연령층은 모두 국민학교를 다니게 되었다. 이렇게 보통교육이 완성된 데에는 그 비용의 절반 이상을 부담한 학부모의 열의가 크게 작용했다.

보통교육이 완성되자 교육에 대한 열기는 바로 상급학교로 옮아갔다. 고등교육을 받고자 하는 사람의 수가 대폭 늘어났고, 대학 진학 붐에 맞춰 많은 대학이 문을 열었다. 빈약한 국가 재정으로 인해 학교 설립은 주로 민간이 담당하였고, 자연스럽게 중등 및 고등교육 기관의 사학 의존도가 치솟았다. 전문학교와 대학교는 1952년 41개에서 1960년 63개로, 학

---

12 정성호(1999) pp.50~51.
13 현지 조사를 통해서 전후의 농촌을 살펴본 이만갑(2006)의 연구는 전쟁과 농지개혁 등의 충격으로 변화한 면모를 잘 드러내고 있다.

생 수는 3만 명에서 10만 명으로 늘어났다. 교육 기회를 향한 이러한 열망은 1960년대 이후의 양질의 노동 인력 공급의 바탕이 되었을 것이다.[14] 주로 미국을 향한 해외유학도 늘어나, 유학을 다녀온 이들은 1960년대 이후 한국의 지식 엘리트의 일각을 형성하였다.[15]

군부의 비중 확대

전쟁을 거치면서 군부는 양적으로 크게 팽창하였을 뿐만 아니라, 당시로서는 가장 근대적인 조직 운영을 경험하였다. 거대하게 팽창한 군대에 맞춰 대규모의 장교 집단이 형성되었고, 이들은 하나의 사회집단으로 부상하였다. 1960년까지 거의 만 명에 이르는 다수의 장교들이 미국 연수를 받아 서구 문명의 세례를 받은 바 있다. 이 숫자는 민간 부문의 관료나 교직자 등을 합한 수보다 훨씬 많다.

군부는 제1공화국 시기 동안에는 아직 문민 원칙에 도전하지 않았으나, 점차 국가적 전망에 관해 불만을 누적하고 있었다. 막대한 군 예산을 집행하는 과정에서 그리고 각종 선거에서 군부의 최상층 엘리트들은 정치권과 유착하였다. 반면 중하위 장교 집단은 수뇌부의 이러한 부패와 전망 없는 어려운 삶에 분개하고 있었다.[16]

14 1950년대의 교육 팽창에 관해서는 김기석·강일국(2004), 유영익(2006) pp.462~463 참조.
15 김정인(2003).
16 김세중(2004).

2

국가자본주의 국면

건국과 전쟁을 거친 뒤 신생의 국가는 1960년대 초의 일련의 정치적 격변을 겪으면서 한국의 사회 경제적 변화를 주도하는 기구로 떠오른다. 시민사회가 부재한 상태에서 국가는 무한한 권능을 가지고 한 세대 동안 한국사회를 근대화와 경제성장을 향한 동원의 회오리에 몰아넣게 된다. 1960년대 초반부터 1980년대 후반에 이르기까지 근대화와 경제성장을 향한 총력전이 펼쳐졌는데, 이 시기를 한국 현대사의 국가자본주의 국면이라 이름할 수 있다.

· 5장 ·

4.19와 5.16

전쟁을 끝으로 8년에 걸친 험난한 국가 건설 과정은 일단락되었다. 이제 신생 국가는 국민 위에 군림하는 강한 국가가 되었다. 정통성에 관한 어떤 의심도 서슬 퍼런 국가 앞에서 사그라졌다. 좌파는 뿌리뽑혀 제거되었으며, 전통적인 사회 관계가 해체되어 국민은 개별화, 파편화되었다.

전후 1950년대 내내 대다수 국민은 절박한 생계에 힘겨워하고 있었다. 민족국가를 건설함으로써 민족주의 제1의 과제는 해결된 것 같았으나, 현실의 대한민국은 구걸하는 국가였다. 국가는 경제성장을 도모하여 이를 해결하고 빈곤을 완화해나가는 과제를 체계적으로 수행하는 모습을 보여주지 못했다. 조금씩 공업화가 이루어지고 경제도 성장했지만, 당시의 긴급한 경제적 필요를 채우는 데는 한참 부족하였다. 무엇보다 1950년대 후반에 설비투자 과잉으로 과잉생산 문제가 발생하고 원조 감소에 따라 기업의 가동률이 떨어지며 도산이 증가하는 등 경제 전반이 깊은 침체에 빠지게 되었다.

이승만 정부도 나름대로 경제 자립을 꿈꾸었지만, 적극적인 경제개발 노력보다는 원조를 최대한 많이 받는 데 경제 운용의 촛점을 맞추고 이를 위한 교섭에 몰두하였다. 원조를 제공하던 해외의 기관이 주도한 경제개발계획이 제안되기도 하였으나 실행되지는 않았다.[1]

경제 침체는 가뜩이나 절대 빈곤에 고통받고 있던 대중의 삶을 더욱 어렵게 하였다. 1960년 정부통령 선거 당시 야당인 민주당의 선거 구호는 '못살겠다 갈아보자'였다.[2] 야당의 이러한 도전에 대해 이승만 정권은 부정선거로 답했다. 그것은 정치 격변을 불러왔고, 그 결과로 새로운 역사 국면, 해결되지 않고 남아있던 민족주의적 과제를 향한 제2막이 오르게 된다.

1. 4.19와 국면 전환의 시작

4.19

1960년의 이른 봄에 정부통령 선거가 실시됐다. 대다수 사람들이 불황과 실업으로 힘든 나날을 보내고 있었지만, 이를 해결하기 위한 정권의 노력은 찾아볼 수 없었다. 미래를 개선하겠다는 약속 대신 이승만 정권은 집권 연장을 위한 노골적인 부정 선거를 감행했는데, 이것은 이제까지 볼 수 없던 강한 반발을 불러일으켰다.[3]

---

1   제1공화국의 경제개발계획에 관해서는 이완범(2006a) 2장 1절, 박태균(2007) 4장, 유광호
      (1999b) 참조.
2   심지연(2013) p.34.

부정 선거 규탄 시위가 절정에 이른 4월 19일, 시위대를 향한 경찰의 발포로 많은 이가 목숨을 잃었다. 이에 분노하여 대학교수마저 시위에 나서자 결국 이승만은 4월 26일 대통령에서 물러나고 제1공화국은 붕괴하였다.[4] 많은 이들이 지적하듯이 민주주의적 가치의 훼손에 대한 반발의 이면에는 대중의 곤궁한 삶과 정경유착과 재벌에 대한 특혜 등 부당한 경제 운용에 대한 반발이 자리잡고 있었다.

시위를 주도한 것은 대학생과 고등학생을 중심으로 한 전후 세대로서, 이들의 저항은 이승만이 상징하는 건국 세대를 정치의 일선에서 밀어내는 도화선이 되었다. 이들 전후 세대 지식인들[5]은 민족주의적 반공주의를 앞세워 독재를 정당화하던 전전 세대에 대해 미국적 가치—자유민주주의—를 적극적으로 주장하면서 항거하였다.[6] 이러한 세대 간의 의식 격차와 대립이 1960년대의 시대적 전환의 주요한 바탕이 되었다.

당시 지배층은 절대 빈곤과 더불어 이들 후속 세대의 취업난 등 전망 없는 삶에 대한 답을 내놓을 준비가 되어 있지 않았다. 반면 높아진 교육열 속에 숫적으로 증가한 전후 세대 학생들은 교육을 통해 받아들인 민주주의 이상에 대한 감수성이 증폭된 상태였다. 이들 전후 세대는 실용적인 차원에서 친미주의적 태도를 가졌던 전전 세대와 달리, 미국적 가치를 전면적으로 수용하여 실제적인 친미주의를 체현하고 있었다. 이러한 젊은이들의 이상과 전전 세대가 이끄는 현실의 정치는 양립할 수 없었다.[7]

---

3 부정선거에서 이승만 대통령 하야에 이르는 전 과정에 관해서는 연시중(2001) 18장 참조.

4 시위의 전개과정과 피해 등에 대해서는 안동일(1997)『새로운 사일구』, 정근식·이호룡 편(2010) 1부 참조.

5 당시 대학을 다니는 사람이 늘고는 있었지만 희소하였고, 국민의 평균적인 학력을 고려하면 그들을 한국사회에서 지식인으로 불러도 손색이 없었다.

6 강인철(1998)에 이러한 세대 간 의식 격차가 잘 묘사되어 있다. 특히 p.241 참조.

4.19는 이승만과 건국에 참여한 전전 엘리트 세대 가운데 다수를 정치 사회의 일선에서 몰아냈다. 그들은 일제하 조선이나 해외에서 교육 받고 경험을 쌓은 세대로서, 건국기의 혼란을 뚫고 전쟁을 거치며 국가를 세우고 운영한 세대였다. 그들은 근대 문물에 대한 경험과 지식으로 신생국의 지도 세력이 될 수 있었지만, 민주적 감수성이 예민한 전후 세대에겐 부패하고 반민주적이며 새로운 경제적·사회적 전망을 제시할 능력이 없는 실망스런 집단일 따름이었다.

이렇게 하여 전전세대 지도 집단의 다수가 일선에서 밀려나게 되었으나, 근본적인 전환은 여전히 일어나지 않았다. 무엇보다 4.19는 준비된 정변 즉 혁명이 아니었다. 당대의 사회적 과제에 대한 구체적 인식이나 대책 혹은 기획을 갖지 않은 학생들의 저항과 여기에 동조한 일부 지식인 계층의 적극적인 의사 표현에서 비롯된 것이었다. 따라서 이전과는 근본적으로 다른 국가 운영의 방향이나 사회적 차원의 과제 해결을 위한 기획을 제시하고 정국을 주도하려는 생각을 가진, 정변 주도 세력이라 할 만한 집단이 없었다. 4.19를 주도한 학생들이 정치를 기존 정치 집단에 맡기고 농촌계몽운동이나 신생활운동 등 국민 계몽에 나섰던 것은 준비된 기획이 없었으며, 그래서 무엇을 해야할지 몰랐다는 것을 상징한다.[8]

---

7 강인철(1998)은 4.19를 '미국의 이념과 미국에 대한 환상적 이미지에 의지한 민주화운동'으로 규정하고 있다(p.296). 그러나 4.19가 가진 이런 특징은 대개의 역사 담론에서 전혀 부각되지 않는다. 4.19는 어쨌든 한국에서 민주주의를 표상하는 신성시되는 계기이다.

8 김은경(2010) pp.88~90 참조. 김은경은 "독재정권을 타도한 학생세력이 4.26 이후 지속적 정치 변혁에 관여하기보다 학원 문제와 계몽의 차원으로 자신의 과업을 국한시킨 것은 사회운동의 후퇴라 할 수 있다"(p.90)고 지적하고 있다. 또한 김영명(1998) pp.130~133, 오제연(2010) pp.233~247 참조. 오제연은 계몽주의의 한계가 아니라 학생의 순수성이라는 제약이 작용한 것이라고 본다. 어쨌든 연구자의 성향과 관계없이 모두 4.19를 주도한 학생 집단의 한계를 지적하고 있다.

무엇을 할 것인가?

이제 무엇을 할 것인가? 해방 국면에서 모두가 동의하고 당연시한 사회적 과제는 근대국가의 건설이었고, 모든 정치세력이 이를 주도하기 위해 치열하게 경쟁하였다. 우여곡절 끝에 만들어진 근대국가 대한민국은 전쟁을 겪고도 살아남았다. 그렇다면 4.19로 제1공화국이 붕괴된 시점에서 대다수의 국민이 고개를 끄덕일 사회적 과제는 어떤 것이었을까?

대학생과 시민들의 시위 과정에서 드러난 구호로부터는 그런 새로운 과제를 찾기 어렵다.[9] 우선적으로는 부정선거로 4.19가 촉발된 만큼 민주적 절차를 지켜 정당성 있는 새로운 정권을 만들고 다수가 긍정하는 정치 질서를 구성해내는 것이 과제였다. 하지만 그것이 전부가 될 수는 없었다. 또한 부정축재 환수, 악질재벌 타도 등 1950년대의 경제성장과 자본축적 과정에서 드러난 문제들을 비판하고 그것을 청산해야 한다고 외치는 주장들도 강하게 제기되었으나, 이 또한 과거 청산 문제이지 절박한 사회적 과제를 지적하고 대책과 전망을 제시하는 것은 아니었다. 그러나 이승만 대통령이 물러나고 개헌을 거쳐 실시된 7월 총선에서도 이 절박한 사회적 과제는 쟁점이 되지 못했다. 정권 장악을 당연시하던 민주당은 내부의 분파 문제에 사로잡혀 있었다.

한편 정변 이후 열린 공간에서 반공주의적 압박이 느슨해지자 그동안 숨죽이고 있던 소수의 잔존 좌익이 모여 자신들의 목소리를 내기 시작했다. 이들은 급조한 정당으로 참가한 7월 총선에서 참담한 실패를 맛보았다. 이들은 정당 활동과는 별개로 민족자주통일중앙협의회(민자통)라는 '통일전선적 조직'을 결성하여 움직였는데,[10] 여기에 모여든 좌파의 기본

---

9 시위 중에 나온 구호에 관해서는 조대엽(2010) pp.654~656 참조.

주장은 그 명칭이 지시하듯 '민족의 자주적 통일'이라는 구호로 요약되었다. 이러한 구호는 전쟁 직후 급진 좌파의 기본직인 정세 인식 내지 그 바탕에 있는 세계관과 민족적 정서와 관련된 것이었다. 이처럼 혁신계로 자칭하며 활동하던 다양한 좌파 그룹은 통일운동에 매진하는[11] 한편 민족해방과 식민주의 청산을 주장했다.[12] 하지만 이러한 주장과 그리고 통일이라는 숙제는 대중의 절박한 삶의 문제를 외면한 것이었고, 따라서 대중적인 호응을 전혀 받지 못했다.[13]

대다수 대중이 절대 빈곤 상태에 놓여있을 때 그 사회적 과제는 경제 개발일 수밖에 없었다. 이 과제는 그저 대중의 생계에 한정된 것은 아니었다. 미국의 원조에 의존하고 있던 당시의 경제 상황을 인식하고 독립국가에 걸맞는 자립경제를 지향하는 것은 국가적 차원에서의 과제이기도 하였다. 이제 이 과제를 누가 어떻게 실천할 것인가 하는 것이 남았다.[14]

---

10 민자통은 통일운동 관련 혁신정당과 사회단체들을 망라한 단체였다. 조대엽(2010) p.660 참조. 민자통에 관해서는 김지형(2000) 참조.

11 좌익의 이러한 활동에 대해서는 오유석 외(2011) pp.34~35, 김지형(2000), 김보영(2000) 참조.

12 미제국주의에 반대하는 민중의 민족혁명이라는 4.19에 대한 좌파의 기본 인식은 이것과 양면을 이룬다. 김은경(2010) p.93.

13 최인훈의 소설 『광장』은 이러한 점에서 특이하다. 4.19 직후 나온 이 소설은 당시 대중의 절박한 요구를 비켜가고서도 문학 사상 유례없는 평가를 받는 운을 누리고 있다. 1970년대 이래 사회 이념과 관련하여 일부 지식인의 자의식을 파고든 점, 그리하여 나중에 생겨난 반체제운동과의 접점이 보였던 점이 그런 대접을 받는 이유일 것이다.

14 이와 관련하여, 4.19 당시 학생들의 인식에는 "사회과학적 인식을 바탕으로 냉철한 현실 분석이 결여되어 있었"으며, "원조경제하에서 구조화된 경제의 대외 의존성에 대한 비판 의식도 아직 갖추어지지 않았던 것으로 보인다"는 김은경(2010)의 평가는 시사하는 바가 크다(p.87). 그런 비판의식은 굳이 따져 말한다면 올려잡아도 1960년대 중반 태생이다.

다시 읽는 한국 현대사

제2공화국 민주당 정부의 한계

4.19 이후 의원내각제로 개헌을 한 뒤 실시된 7월 26일의 총선에서 1955년 창당 이래 줄곧 야당이었던 민주당이 압승을 거두고 집권당이 되었다. 제2공화국이 출범한 것이다(8월 23일). 하지만 민주당은 정치적 쟁점이나 사회적 문제에 관해 주도적으로 정국을 이끌어가는 모습을 전혀 보여주지 못했다. 압도적인 지지로 정권을 장악하였으나, 우선 정당 내부의 분파가 발목을 잡았다. 당내의 신구新舊 두 파벌은 결코 융합될 수 없었고, 내분은 정권의 응집력을 심각하게 약화시켰다.[15]

민주당 정권도 당대의 과제가 정치 사회적 민주화와 나아가 경제개발이라는 것을 모르지는 않았다. 하지만 정책 프로그램을 개발하고 실천하는 능력은 부족했다. 그런가 하면 시민들은 남녀노소 구분 없이 시위에 나서 자신들의 욕구, 기대를 뿜어냈다. 온갖 요구를 담은 데모가 줄을 이었다. 마음껏 '스스로 자유를 쟁취한 자의 권리 행사'[16]를 한 것이다. 정권이 데모방지법을 만들고자 할 정도였고,[17] 정권의 권위와 역량은 심하게 훼손되었다.

4.19 당시 시위대에 발포한 관련자나 부정선거를 저지른 자들의 처벌 문제, 시위대에 폭력을 행사한 정치깡패 처벌 문제, 부정축재자 처리[18] 등의 문제에 있어서도 새 정권의 역량은 바닥을 드러냈다. 경제개발을 위해

---

15 당시 민주당의 분파 작용에 관해서는 많은 사람들이 지적한 바 있다. 특히 박태균(2010) 참조.

16 이용원(1999) 『제2공화국과 장면』 p.176.

17 '집회와 시위에 관한 법'과 '반공을 위한 특별법'이 그것이다. 물론 이 법들은 심한 반대에 직면해서 끝내 시행되지 못했다. 그 경위에 관해서는 김경일(2009) p.108 참조.

18 제2공화국에서 부정축재자 처리가 흐지부지되는 과정에 관해서는 공제욱(1999) pp.231~241 참조.

일본과 국교 정상화를 추진하면서도 반대하는 집단들을 제압하지 못하고 지지부진한 면모를 보였다.[19] 이러는 과정에서 시대적 과제를 향한 추진력은 실종되고 정권은 곧 붕괴되기에 이른다. 정권은 외부의 충격으로 붕괴되었지만, 그것은 시대적 과제를 향한 지도력을 갖추지 못한 정치세력의 숙명이었다.

보다 근본적으로 민주당의 문제는 기본적으로 이승만 및 제1공화국의 지배 집단과 다르지 않은, 전전 세대로 구성된 정치 집단의 일부였다는 점이었다. 즉 민주당은 건국 과정에서 이승만과 정치적으로 연합하였으나 이승만으로부터 배제 당한 후 어쩔 수 없이 야당으로 전환한 집단을 모체로 한 정당이었다. 이들은 정치적으로 극우파적 지향을 가진 채 국가 운영에서 이전 정권과 차별성을 갖는 구상이나 입장을 가지고 있지도 않았다.[20]

그리하여 장면 정권은 시대적 과제인 자립의 전망을 제시하며 정국을 안정적으로 이끄는 데 실패한다. 오히려 원조를 더 받는 데 몰두하며 미국의 요구에 굴복하는 모습을 보여 다른 정파의 비판과 반대를 불러일으켰다.[21] 결국 제2공화국 집권 세력은 새로운 구상으로 국면을 전환하려는 준비된 집단이 아니었던 것이다. 그리고 학생과 지식인 등 4.19를 주도한 집단과 정권의 결합도 허약했다. 그리하여 민주당은 새로운 전망을 담은 기획의 부재와 허약한 지도력이라는 태생적 한계를 벗어날 수 없었다. 집

---

19 제2공화국의 대일외교에 관해서는 정대성(2003) 참조. 쿠데타 이후의 그것에 비교하면서 후한 평가를 시도하고 있다.

20 민주당의 인적 구성과 정치 이념에 관해서는 강정인(2009) pp.62~65와 pp.68~69 참조.

21 집권 직후 경제개발계획을 언급한 데 이어 미국에 재정지원을 요청한 '경제개혁비망록'의 파격적인, 굴욕적인 내용이 문제가 되었다. 이용원(1999) pp.40~44 참조. 이러한 저자세에 대해 격한 반대투쟁이 일었는데, 이에 관해서는 김경일(2009) pp.106~108 참조.

권 기간 내내 정국의 혼란은 지속되었고 정파적 이해 관계에 묶여 실망스런 행보를 계속하였다.

몇몇 사람들은 장면 정부가 경제제일주의를 표방하고 경제개발계획을 세우는 등 의욕적으로 당대의 과제에 집중하고자 했으나, 집권 1년도 되기 전에 군부에 의해 좌절되었다고 주장한다.[22] 그러나 계획을 수립하고 경제제일주의를 외치는 것은 누구나 할 수 있는 일이었다. 이를 집행할 의지와 지도력이 문제의 핵심이었다. 분당으로 이어진 당내의 분열[23], 전략 부재, 4.19 주도 집단과의 허약한 결합 등으로 정권의 역량은 바닥나고 강한 지도력을 기대하던 민심은 보상받지 못하고 있었다.

2. 5.16

1961년 5월 16일, 육군 소장 박정희가 일부 장교들과 주도한 군사 쿠데타가 발생하여 민주당 정권이 붕괴하였다. 이 사건은 4.19로 시작된 과정의 마침표를 찍고 역사의 새 국면을 여는 중대 사건이었다. 이후 1960년대 중반에 걸쳐 한국에서는 새로운 기획, 그것을 집행하는 지도 집단, 그리고 이를 이행하는 경제 체제가 구성된다. 이 새 국면은 건국기를 최종적으로 마감하고 응축되어 있던 근대를 향한 욕구를 바탕으로 한국의 사회와 경제의 지형을 완전히 바꾸게 된다.

---

22 제2공화국의 집권 집단에 대해, 쿠데타로 인해 제대로 역량을 발휘하지 못한 것이라며 부정적인 평가에 반대하는 입장들도 있다. 대표적으로 조광 외(2003) 『장면총리와 제2공화국』 참조.
23 민주당 구파는 1960년 11월 탈당하여 신민당을 만들어 민주당과 아예 갈라섰다.

전쟁을 계기로 한국의 군부는 양적으로 급팽창하였으며, 당시 기준으로는 잘 훈련된, 그리고 서방 문물에 감화 받은 다수의 장교들이 있었다.[24] 전쟁과 미국이 주도한 각종 연수프로그램은 이들을 서구의 물질문명과 가치관에 본격 젖어들게 하였다. 쿠데타를 주도한 집단은 서구 사회를 모범으로 생각하고 그것을 모방하여 낙후되고 빈곤한 조국을 바꾸어 보겠다는 민족적 근대화의 열망을 가슴에 품은 집단이었다.

물론 이러한 열망은 군부의 일부 장교들에 한정된 것이 아니라 당시 전후 세대의 지식인들 거의 모두에게 해당하는 것이었다. 그 가운데 현실과 개인적인 처지에 절망하던 장교 집단 일부가 쿠데타를 주도하여 국면 전환의 새로운 계기를 만든 것이다.

이와 같은 군사 쿠데타는 당시 세계사적으로 그다지 예외적인 사건이 아니었다. 제2차 세계대전 후 아시아와 아프리카에서 독립한 다수의 신생 국가들에서는 민족주의적 '청년 장교'가 주도하는 군사 쿠데타가 빈발하였다. 식민지 시절에 식민 통치를 위한 하위 기술직을 경험한 사람들이나 식민 통치에 저항한 사람들 가운데 상당수는 민족적 자각을 거쳐 신생국의 엘리트로 거듭났다. 이들 가운데 '청년 장교' 집단은 건국과 국가 운영 혹은 체제 선택의 기로에서 미국과 소련 사이의 진영 대립에 대응하여 민족주의적 제3세계주의를 내세웠다. 반미주의나 반제국주의 혹은 반서방 정치 선동과, 때로 반소련 정치 선동을 동반한 그들의 민족주의 정치학은 신생 국가의 지식인과 대중에게 상당한 호소력을 가졌고, 냉전이란 정세에서 유용한 전략이기도 하였다.[25]

---

24 쿠데타 이전 군부의 동향 등에 관해서는 도진순·노영기(2004) 참조.

25 신생국의 민족주의 세대가 내세우는 청년의 의미에 관해서는 Anderson(1983) 7장 참조. 핵심은 청년이라는 표현이 부모세대와 달리(식민지 민족주의를 촉진하는) 유럽식 교육을

5.16 직후 민주당 정권에 실망하고 있던 한국의 많은 지식인 혹은 4.19 세대는 이 정변을 긍정적으로 평가했다.[26] 이들은 쿠데타가 불가피한 것으로 보거나, 기대를 걸거나, 최소한 침묵으로 대응하였다. 이들의 이러한 반응은 제2공화국의 혼란스런 현실 혹은 장면 정권의 무능만으로는 이해할 수 없다. 이들 가운데 상당수는 이 정변을 세계사적 맥락에서 발생한 정치 혁명으로 간주한 것이다.[27]

사실 5.16 쿠데타 주도 집단은 한동안 '민족적 민주주의'라는 표현으로 자신의 정치적 지향을 나타내기도 하였는데,[28] 이 표현은 아시아 아프리카 신생 국가의 쿠데타 주도 집단의 지향과 자신들의 그것을 동일시하려는 의도를 은연중에 드러낸 것이었다.[29] 전쟁을 거친 한국의 이념적 지

받은 첫 세대라는 점과 관련 있다는 것이다 . pp.119~120.

26 이때 대표적으로 거론되는 사람은 당시 식자층의 여론 선도 잡지 「사상계」를 주도하던 장준하이다. 그는 4.19를 혁명으로 규정한 사람으로서 2공화국의 무능과 혼란을 '심판'한 5.16 직후의 군사정권에 대해 매우 높게 평가했다. 김기승(2003)에 의하면 "장준하는 군사정권 초기 4.19혁명과 5.16혁명을 민주주의 혁명을 위한 필연적 과정이며 연속적 발전 과정으로 파악하였다"(p.134). 물론 그는 얼마 지나지 않아 군사정권에 대한 기대를 버리고 정면대결하는 자세를 취하게 된다. 1963년 10월의 「사상계」 권두언은 5.16을 입헌정부를 무너뜨린 쿠데타로 규정하였다. 5.16이 4.19를 부정한 것으로 간주한 것이다. 저간의 사정은 김기승(2003) pp.134~136, 지식인 전반의 분위기에 관해서는 정용욱(2004) p.170 및 김경일(2009) pp.109~110 참조.

27 홍석률(2002), "당시 사람들에게 쿠데타, 군부의 봉기가 갖는 현상적 이미지는 개혁적이고 민족주의적이었다는 것이다"(p.51).

28 쿠데타 직후부터 박정희는 민족주의를 내세웠고, 쿠데타를 민족혁명이라고도 하였다. 자주와 자립을 강조하면서, 민주주의를 이야기할 때도 중근동지역 민족주의 지도자들이 내세우는 교도민주주의 등이 함축하는 바를 포함하였다. 박정희는 민족적 민주주의를 1963년 대통령 선거 때에도 언급하였고, 대통령 선거 이후의 6대 국회의원 총선에서 그의 오른팔 김종필이 이를 반복하였다. 김경일(2009) 1~2장 참조.

29 박정희(1963)는 「국가와 혁명과 나」에서 터기의 케말, 이집트의 나세르 및 중근동, 중남미 지역 혁명을 언급하고 있다. 4장 참조.

형에서, 그리고 미국과의 관계 등을 생각하면 민족적 민주주의를 표명하는 것은 정치적으로 위험할 수도 있었다. 하지만 정변의 주도자들은 자신들의 지향 내지 정체성이 넓은 의미에서 이러한 흐름에 속한다고 확신하였고, 이 정변을 목도한 당시의 지식인들도 마찬가지로 인식하였다. 결국 5.16은 분단과 전쟁을 겪으면서 생겨난 한국의 특수한 상황에서 발생한, 당시 세계사적으로 여러 후진 지역에서 유행하던 민족주의적 군사쿠데타였다.

· 6장 ·
국가자본주의 국면의 형성

5.16 쿠데타는 4.19로 시작된 정치적 세대 교체를 완성한다. 이 과정에서 건국을 주도한 정치 집단은 대다수가 정치적으로 밀려났다. 이들을 대신한 것이 전후 세대의 새로운 정치적 지도 집단이다. 우선 이 새로운 지도 집단의 구성을 보자.

이 집단은 군사 쿠데타 주도 세력은 물론 그러한 세대 교체를 주도했을 뿐만 아니라 새로운 기획을 제시하고 추진하는 데 앞장 선 그룹으로 이루어져 있다. 이들은 4.19 직후의 혁신세력의 통일운동을 차단하고 반공주의를 다시 강조하면서 자신들의 기획, 곧 자립적 국민경제(이하 자립경제) 건설을 중심으로 국면 전환을 주도한다. 건국 이후에 줄곧 해결하지 못하고 있던 민족적 과제였으며, 4.19 직후 다시 부각된 주권 국가의 경제적 자주화, 곧 자립 경제를 향한 여정이 비로소 본격적으로 시작되는 것이다. 그리고 자신들이 주도하는 기획에 여타 집단의 참여도 유도한다.

대표적인 것은 1950년대 동안 성장한 산업자본가층이다. 앞에서 지적한 것처럼 이 시기의 기업가 집단은 1950년대에 원조 물자 배분이나 국유자산 배분의 특혜를 받거나 융자나 조세 혜택을 받으며 급속히 성장하여 재벌 현상마저 나타나고 있었다. 이에 따라 4.19 이후 부정축재자에 대한 처벌 요구가 제기되었지만, 제2공화국 정부는 이를 제대로 처리하지 못했다. 5.16 이후 쿠데타 주도 세력은 부정축재자 처리를 적극 추진하여 이들의 재산을 환수하려고 하였다. 이 과정에서 주요 산업자본가들은 새 정부의 정책을 적극 따르기로 하고 자립경제 달성을 위한 선봉을 자임하게 된다. 이들은 이후 한 세대 동안 정부의 통제, 지도하에 경제성장에 앞장서며 자본 축적에 몰두한다.[1]

전후 세대 지식인 내지 4.19 세대도 합류했다. 이들은 자립경제를 내걸고 민족적 민주주의를 표방한 박정희 집단에 대체로 공감하고 그것을 지지하였다. 이리하여 양자는 느슨하지만 민족적 과제인 경제적 자주화의 달성이라는 분명한 지향점을 갖는 민족민주세대라 할 수 있는 것을 구성한 셈이었다. 이들 지식인의 일부는 정책 결정 과정에 참여하기도 하였고, 나머지 다수는 민족주의적 감성으로 무장하고 1960년대에 걸쳐 행정부의 관료가 되거나 혹은 급성장하는 기업의 회사원이 되어 산업자본의 실무자로 경제성장에 주요한 역할을 하게 된다.

이 세 그룹—쿠데타 주도 세력, 전후 세대 지식인, 1950년대부터 성장해온 산업자본가—이 새로 열린 공간에서 자립경제라는 시대적 과제를 중심으로 새로운 지도집단이 되었다. 절대 빈곤, 그리고 미국 원조에 대한 절대적 의존이라는 참담하고 수치스런 상황에 대한 반테제—경제적

---

1 이에 관해서는 공제욱(1999) pp.246~250 참조.

자립이라는 시대적 당위―에 의기투합한 것이다.

이렇게 1960년대 초중반에 걸쳐 새로 형성된 지도 집단이 자립경제와 근대화를 향한 총동원체제를 구성한다. 여기에 덧붙여 정부는 1960~1970년대 동안 시대적 과제인 근대화와 자립경제 달성을 효과적으로 선전하고 동의를 확보한다. 시간이 조금 지난 뒤인 1970년에 나온 것이지만 노랫가사 '우리도 한번 잘살아보세'라는, 절박함을 그대로 드러낸 구호는 이 국면을 상징한다.

새로운 지도 집단, 대중적 동의를 동반한 자립과 근대화라는 시대적 과제 내지 그 이데올로기, 이 새로운 목표에 맞춰 구성되는 국가자본주의 축적체제 등 이 세 가지 요소를 기본으로 하는 새로운 역사적 시대, 이것이 국가자본주의 국면이다. 물론 이 새로운 시대가 순탄하게 시작된 것은 아니다. 그 반대였다. 쿠데타를 주도한 집단 내에도 미리 준비된 상세한 기획이나 치밀한 집행 계획 같은 것은 애초 없었다. 무엇보다 막연했을 기획을 현실에 투사하는 것, 즉 현실로 옮겨 실행하는 것은 많은 난관을 거칠 수밖에 없었으며, 나아가 그 과정에서 새로운 갈등이 발생했기 때문이다.

먼저 새로운 경제 통제 메커니즘과 제도들―국가자본주의 축적체제―이 어떻게 만들어졌는지를 알아 보고, 새로운 기획을 실현하려는 시도가 불러오는 어려움을 살펴보기로 한다.

1. 국가자본주의 축적체제의 형성

자립경제라는 새로운 전략적 기획을 실현하고자 하던 새 지도 집단은 이를 위해서 서둘러 정책 방안 및 필요한 법과 제도를 마련하기 시작했다. 정부에는 총괄본부격으로 경제기획원을 설치하였고,[2] 경제개발계획을 발표하였는데,[3] 경제기획원과 경제개발계획은 이전과는 달리 목표 달성을 위해 국가가 적극 개입하겠다는 의지를 공언하는 것이었다. 실제로도 그렇게 되었다.

이때 모두가 열망하던 자립경제란 어떤 것으로 상정되고 상상되었을까? 1차 경제개발계획이 목표로서 제시하는 것들과, 이후 현실의 경제개발 과정과 방식을 비판하는 당대의 반응들을 종합해보면, 1960년대에 그려진 자립경제는 대체로 아래와 같은 것이었다. 즉 자립경제란 '1,2,3차 산업 간 혹은 농업과 공업 간, 그리고 공업 내에서 경공업과 중공업 간의 높은 산업연관을 갖는 경제이며, 국내시장을 중심으로 자기 완결적인 재생산 구조를 갖는 국민경제이다. 그리하여 농업 생산물이 공업 제품의 원료가 되고, 공업 생산물이 농업을 위한 중간 투입물이 되는 구조를 갖는다.' 자립경제에 대한 이러한 구상은 1960년대를 거치며 지속적으로 변형되면서도 한동안 기본 지향점이 되었다.

이제 이 시기에 성립된 국가자본주의 축적체제의 주요 요소들을 알아보자.

경제개발계획의 입안과 집행

1962년 1월, 정부는 제1차 경제개발5개년계획을 발표하였다.[4] 돌이켜보면 경제개발계획은 제1공화국과 제2공화국 때에도 해외의 원조 제공 기

---

2   경제기획원의 설치에 관해서는 이완범(1999) pp.77~78에 잘 정리되어 있다..

3   1차경제개발계획의 내용에 관해서는 이완범(2006a) 및 유광호(1999c) pp.78~81 참조.

4   이후 경제개발계획은 5년 단위로 6차례에 걸쳐 수립·집행되었다.

구 등의 주도로 만들어진 적이 몇 차례 있다. 하지만 계획을 만드는 것 자체가 아니라 어떤 계획을 만드느냐가 문제였다. 앞에서도 지적한 것처럼, 제1공화국 때에는 지도자인 대통령이 경제를 계획적으로 운영한다는 생각을 사회주의적인 것으로 간주하여 진지하게 고려하지 않았고, 어디까지나 원조 확보를 위한 포장으로 활용했다. 제2공화국이 만든 계획도 그 점에서 다르지 않았다. 일각에서는 제1차 경제개발5개년계획이 제2공화국 정부가 만든 것을 재포장한 것에 지나지 않는다고 지적하기도 한다. 하지만 절박한 실행 의지를 담고 있다는 측면에서 기존의 경제개발계획과 전혀 달랐고,[5] 구속력 있는 경제 운용 원칙과 투자 분야 및 기준을 제시하고 있었다.

경제 운용에 있어서는, 자유기업을 원칙으로 하되 화학비료와 제철 등 기간산업 부문에 정부가 직접 관여하거나 유도 정책을 쓰도록 했고, 이를 '지도 받는 자본주의'로 표현했다. 기본 목표는 자립경제의 기반 구축이며, 그것을 위해 중화학공업 및 사회간접자본을 건설하겠다고 선언했다. 계획 기간 중 7%를 넘어서는 경제성장 목표를 설정하고, 내자를 동원하여 투자에 충당하고 수입대체공업화에 주력하며 농업을 육성하여 국내 시장을 확대하겠다는 전략 방침도 밝혔다. 이와 같은 전략적 목표나 방침들은 자립경제의 모범 이미지—일국 단위에서 자기 완결적인 재생산 구조를 갖는—를 충실히 반영한 것이다.

이와 같은 독자적인 자기 완결성을 갖는 국민경제는 미국 등 서방이

---

5 4.19 직전 제1공화국의 경제개발 3개년 계획, 그리고 제2공화국 시기의 개발계획, 제3공화국의 1차 5개년 계획의 연속성과 차이에 관해서는 이완범(1999) pp.76~77, 이완범(2006a) 4장 및 p.123 표 참조. 박태균(2007)은 제3공화국의 그것에 관해 '일사천리로 밀어붙이기'라고 표현하고 있다(p.315).

권하던 것과는 거리가 있었다. 미국은 경제개발계획의 이러한 자주화 노선을 경계하였으며, 성장률 목표와 한꺼번에 막대한 자금이 소요될 여러 기간산업 건설 계획을 비현실적이라고 보았다. 이에 성장률 목표를 낮추라고 요구하는 등 군사정부의 일방적 결정을 견제하고 계획을 수정하라고 압박하였다.[6]

그러나 제3세계의 민족주의 엘리트에게 이러한 독자적 완결성에 기반한 자립경제 모델은 낯설지 않았다. 민족민주세대 지식인들에게도 일정 정도 당위로서 간주되었다. 또한 단순한 자유사기업주의, 시장경제가 아니라 국가의 적극적인 역할, 국가의 주도성과 계획 요소를 포함하는 경제 운영은 당시에 그리 예외적인 것도 아니었다. 사실 전후 서유럽 경제의 회복 과정에서도 정부의 적극적인 개입과 조정이 중요한 역할을 하였다.

요약하자면, 새 집권층은 경제개발계획을 통해서 의욕적으로 자립경제 건설을 목표로 선언하고 그것을 위해 경제 전반에 직접 개입하겠다는 점, 경제 구조가 독자적 완결성을 갖도록 하겠다는 점, 높게 설정된 성장 목표에 맞춰 내자를 최대한 동원하겠다는 것 등을 밝혔다.

새 정부의 경제개발계획은 투자나 여타 기업 활동과 관련하여 정책의 기준선과 방향을 제시하고 실제로 이용된 작전계획서였다. 덧붙여 정부 주도를 명시하고 실제로 적극적인 개입이 지속되지만, 엄격한 구속력을 가지고 그대로 실행되었다기보다는 계획의 수립과 집행 과정에서 정부와 민간이 서로 교류·협력함으로써 민간의 입장에서 정부의 정책 의지를 확인하고 불확실성을 줄일 수 있었던 측면이 더욱 중요했다.[7]

---

6 경제개발계획을 두고서 미국과 있었던 갈등과 조정의 과정에 관해서는 이완범(1999) pp.86~105 참조.
7 계획이 가지고 있던 이러한 측면에 관해서는 김낙년(1999) p.45에 잘 정리되어 있다.

국가가 통제하는 금융시스템 구성

경제개발계획에서 제시한 목표를 이루기 위해서는 막대한 투자가 필요했다. 이에 따라 자금을 동원하여 필요한 부문에 공급할 수 있는 금융시스템을 만드는 것이 긴요했다.

첫째, 국가가 경제 활동의 주요한 축적 과정을 통제한다는 기본 구상에 맞춰 한국은행과 시중은행 모두를 정부의 직접적인 통제 아래에 두도록 금융제도를 개편하였다.

우선 부정축재자 처리 과정에서 재벌들이 가지고 있던 시중은행 주식을 몰수하여 정부 소유로 만들었다. 이렇게 하여 시중은행에 대한 정부의 지분율이 23~31%로 상승했다. 시중은행을 사실상 국유화한 것이다. 이 시중은행들은 1957년에 은행을 불하하면서 재벌들의 손으로 넘어가 있던 것이었다. 또한 1961년 '금융기관에 관한 임시조치법'을 제정하여 시중은행의 인사권 및 경영권을 장악하였다.

1962년에는 한국은행법을 개정하여 한국은행을 재무부의 직접적인 통제 아래에 두었다. 재무부는 업무 지침을 통해 한국은행 업무의 주요 사항을 협의하도록 했고, 이로써 중앙은행은 자율적인 운신이 불가능해졌다. 산업은행법도 1961년에 개정하여 자본금을 대폭 늘리고 외화 차입을 가능하게 하여 산업은행의 역할을 강화하였다. 나아가 1961년부터 특수은행들을 설립하기 시작하였다. 1961년에 농협과 중소기업은행, 1963년 국민은행, 1967년 한국외환은행과 한국주택은행을 설립했는데, 이러한 특수 은행들은 모두 국가가 직접 감독, 통제하는 은행들이었다. 1967년부터는 지방 은행도 설립했다.

이러한 과정을 거쳐 이전의 시중은행이든 새로 설립된 특수 은행이든 모든 은행들이 정부의 통제하에 있게 되었다. 정부는 이렇게 장악한 은행들을 금융기관이라 불렀는데, 이는 시중은행을 금융 기업으로 생각하기보다 정부 정책에 맞춰 경제개발에 봉사하는 준정부기구로 보는 시각을 은연중에 드러낸 것이었다. 정부가 모든 은행을 자신의 정책적 목표를 위한 장기설비투자에 자금을 공급하는 체제로 편성한 것이다. 시중은행은 그동안 주로 단기 상업금융에 치중하였던 것에서 설비자금 공급 위주로 변화하였다.

둘째, 은행의 예금금리를 대폭 현실화하여 시중의 유휴자금이 사금융권이 아닌 제도금융권으로 모여들도록 유도하였다. 인플레가 심했던 당시의 제도권 예금금리는 실질적으로는 마이너스였고, 자연히 유휴자금은 제도권 금융회사로 유입되지 않고 있었다. 정부는 1961년 대출금리보다도 높게 예금금리를 대폭 인상하고, 1965년 9월에 다시 한 번 예금금리를 크게 인상하였다.예금금리를 사금융 수준에 가깝게 올린 것이다.[8] 정부는 이렇게 저축 증대를 유도하여 확보한 자금을 낮은 대출금리로 전략적으로 중요한 산업에 배분하고자 하였다. 정부가 장악한 시중은행들은 이러한 정책금융을 위한 창구 역할을 담당하였다.

한편 원조가 감소하고 있었으므로 투자를 위한 외국 자금의 도입이 절실해졌다.[9] 1961년 정부는 1959년에 제정한 외자도입촉진법[10]을 개정하였다. 당시 한국의 저축률은 낮았기 때문에 저축과 필요한 투자 사이의 갭을 메우는 차관의 역할이 1960년대 중반 이후 경제성장에서 결정적으로 중요하였다. 개정된 법은 차관 도입에 대한 지불보증이나 장기 결제 방식에 의한 자본재 도입을 촉진하는 내용을 규정하고 있었다.

---

8   최진배(1996) 『해방 이후 한국의 금융정책』 pp.41~42 참조.
9   최진배(1996) pp.50~57 참조.
10 미국 원조 정책의 전환에 따라 외자 확보상의 공백을 메우려고 제정한 법이었다.

당시의 한국 기업들은 대외적인 인지도와 신용도가 낮아 해외에서 주식 발행이나 채권 판매로 직접 자금을 조달할 수 없었다. 이 기업들은 시중은행의 지급보증을 통해야 차관을 도입할 수 있었고, 이 상업 차관은 기업에게 유력한 자금조달 수단이 되었다. 차관 도입은 당해 기업에는 금융비용을 낮출 수 있고 해외의 생산력을 이식할 기회를 얻는 것이어서 매우 큰 특혜에 해당했다.

그런데 시중은행은 정부가 주도하는 외자도입심의회를 통과한 외자도입에 대해서만 지급보증을 했기 때문에 은행과 기업 간 관계에까지 정부의 규제력이 미쳤다. 이렇게 정부는 외자도입 관련 법률을 정비하고 국유은행을 통해 간접적으로 지불보증을 하는 방식으로 차관 도입과 배분의 전 과정을 통제할 수 있었다. 덧붙여, 예외가 있긴 했지만, 해외 자본의 국내 직접투자를 엄격하게 제한하였고, 국내기업과 합작하는 경우에도 자본금의 51% 이상 투자할 수 있는 경우를 거의 막아서 경영권 행사를 사실상 봉쇄하였다.[11]

또한 원조 물자 판매대금인 대충자금, 재정 차관 및 일반 재정 자금을 이용한 투융자 역시 당시의 산업자본의 축적에 중요했다. 국가는 이를 통해서도 개별 기업의 흥망성쇠를 좌우할 수 있었다.

이처럼 정부는 금융시스템 재편과 확대, 차관 도입 통제, 재정 투융자 등을 이용하여 자금 통제권을 장악하고 민간 자본의 성패에 직접 영향을 행사하며, 경제개발계획이나 기타 정부의 정책 방향에 민간 부문이 호응하도록 철저하게 제어할 수 있었다.

---

11 외자 도입과 관련된 다양한 법적 제도적 장치들은 1966년 외자도입법 제정으로 일원화된다. 최진배(1996) p.55.

국유기업 창출과 중화학공업 건설

정부는 귀속 기업체를 재편하거나 직접 투자를 통해 민간 기업이 하기 힘든 사회간접자본이나 중화학 기간산업 부문에 국영기업을 설립하였다. 이때 투자자금은 주로 공공차관을 이용하여 조성하였다. 농공 간 분업의 상징이 될 수 있는 화학비료(1962년 호남비료, 1965년 영남화학·진해화학 등)와 석유정제(1962년 대한석유공사), 사회간접자본(1961년 대한통운, 1962년 성업공사·대한무역진흥공사, 1963년 수산개발공사) 등이 그것이다. 이러한 기간산업에 대한 국가 투자는 포항종합제철주식회사 설립과 건설(1968~1973년)에서 절정을 이룬다.

한편 정부는 직접적인 투자와 함께 민간에도 중화학공업 투자를 강제하였다. 부정축재자 처리 과정에서 문제가 된 재벌에게 중화학공업 공장을 짓도록 강요하였던 것이다. 부정축재자로 하여금 전기, 비료, 제철, 화섬, 시멘트 등의 중화학공업 공장을 짓게 하고, 부정축재 통고액에 해당하는 주식을 국가에 헌납하도록 했다. 그러나 이들이 공장을 지을 수 있는 자금 동원 능력이 부족하여 많은 공장 건설이 취소되었다.[12]

준개방체제 확립

정부는 1964년에 그때까지의 복수환율제도를 단일변동환율제로 변경하며 외환거래제도를 정비하였다. 그리고 1961년과 1964년 두 번에 걸쳐 원화를 거의 100%씩 평가절하하였다.[13] 1950년대에 정부는 공정환율을 시장환율보다 훨씬 낮게 책정하여 달러로 되돌려받는 유엔군대여금[14] 상

---

12 자세한 내용은 박동철(1999) p.149 참조.
13 이후 1960~1970년대 동안 사실상 고정환율제로 운영되었고, 그동안 심한 국제수지 불균형 때문에 몇 차례 평가절하를 하지 않을 수 없게 된다.

환액을 최대한 많이 받고, 동시에 원조 물자로 설비나 원자재를 조달하는 가격을 낮춰 수입대체산업화에 유리한 환경을 유지하려고 하였다.[15] 복수 환율제도하에서는 공정환율이 원화를 심하게 과대평가하여 공정환율과 시장환율의 괴리가 심했다. 그래서 수입 원자재에 의존하던 대기업의 반발을 무시하고, 과대평가된 원화를 현실화하여 수출에 유리한 조건을 조성하고 외환시장을 안정화시키기 위해 단일변동환율제를 도입한 것이다. 나아가 이러한 환율제도의 변경에는 외환에 대한 통제권을 강화하고자 한 당국의 의지가 깔려있었다.[16]

1967년에는 WTO의 전신에 해당하는 GATT(관세 및 무역에 관한 일반협정)에 가입하면서 사실상의 수입허가제를 버리고 네가티브리스트 시스템을 채택하였다. 즉 수입할 수 없는 재화를 명시하고 그 이외의 것은 자유롭게 수입할 수 있게 하였다. 그리하여 수입자유화율이 크게 상승하였다.

그러나 소비재 수입은 거의 완전히 봉쇄하였다. 공업화를 위한 원자재, 자본재 등에 대해서는 수입을 허용하고 관세를 낮췄다. 하지만 식량 등 직접 소비하는 농산물의 자급과 농가 보호를 위해 농산물 시장은 개방하지 않았으며, 공산품에서도 최종 소비재에 대해서는 높은 관세로 수입을 사실상 불가능하게 하였다.[17] 이렇게 하여 1980년대 중반 소비재 수

---

14 한국전쟁 발발 초기 한국 정부 대표와 유엔군 대표 사이에 체결한 협정에 따라 정부가 유엔군에 매월 대여하던 원화를 가리킨다.

15 물론 이 당시의 환율정책이 국내산업 보호나 수입 대체 산업화를 위한 체계적인 것이라기보다는 원조 도입에 유리하게 원화를 과대평가하도록 한 데서 생긴 결과이다. 김낙년(1999) p.39.

16 장하원(1999) pp.92~94 참조.

17 이헌창(1999) p.450.

입 개방 전까지 국내 소비재 시장은 외국기업에게는 사실상 폐쇄되어 있었다. 국내 유치산업 보호를 위한 소위 '국산품 애용'의 시대였던 것이다.

농업 중시 정책

경제개발 과정의 대규모 투자는 제조업 등에 집중적으로 이루어지며 농업은 사실상 소외된다. 하지만 처음부터 그랬던 것은 아니다. 애초에 정부는 자립경제의 이미지에 맞춰 농어촌의 문제 해결에도 적극적이었다. 농업협동조합과 농업은행을 통합하여 종합농협인 농업협동조합중앙회를 출범시킨 것이 새 정부가 가장 먼저 취한 경제정책 가운데 하나였다. 자립경제의 근간으로 식량 자급을 강조하면서 농협중앙회를 통한 대출을 확대하여 농어촌 고리대를 정리하고자 한 것은 정부가 절대 빈곤 상태의 농민을 크게 의식하고 있었다는 것을 보여준다. 물론 정부의 일회적인 농업 융자 확대 조치는 농민의 사채 의존도를 줄이지 못하였고, 농협금융은 이후에도 계속 절대 빈곤하에 있던 농촌의 신용 수요를 채워주지 못했다.

한편 정부는 1962년 농촌진흥법을 제정하고 농촌진흥청을 설립한다. 농촌진흥청은 신품종 개발, 재배 기술 개선, 우량 종축 육성, 사료 개발 등의 기술 개발, 농사 기술 지도 등을 담당하는 기관이었다. 1967년에는 농산물 처리 가공을 담당하는 농어촌개발공사를 설립했다. 이렇게 경제개발의 초기에는 정부는 상당한 정도로 중농주의적 투자와 정책 지향을 보여주었다.[18]

---

18 이와 같은 박정희 정권 초기의 중농주의에 관해서는 한도현(1999) pp.126~127 참조.

국가자본주의 축적체제 즉 경제개발을 향한 국가 주도의 경제체제는 위와 같은 여러 요소들을 주요 측면으로 하여 1960년대 중반까지 어느 정도 형성되었다. 그런데 이 체제는 결코 단일한 기획에 따라 사전에 정교하게 준비된 것이 아니었다. 자칫 이 체제가 일련의 매끄러운 과정을 통해 전개된 것으로 볼 수도 있으나, 이 체제가 형성되는 과정은 실패와 갈등의 연속이었다. 즉 국가자본주의 축적체제는 계속적인 시행착오와 임기응변의 산물이었다. 1960년대 중반 그것은 체계를 갖추고 등장하였지만 이후에도 지속적인 덧칠을 겪었다. 자립을 향한 경제개발이라는 기획project을 구체적 현실에 투사projection하는 과정에서 정부는 각종 임기응변의 조치들을 다급하게 강구하지 않을 수 없었고, 이러한 임기응변의 조치들이 기획의 기본선을 따라 점철된 것이 1960~1970년대의 경제개발 과정이었던 셈이다. 이 체제는 1980년대의 변형을 거쳐 1990년대 들어 점차 개혁의 대상이 되어 후퇴하게 되는데, 특히 1997~1998년 경제위기를 겪으면서 대거 정리된다.

2. 기획과 현실 : 방향 전환 그리고 분열

새 정부의 지도집단은 시대적 과제인 자립경제의 달성을 전면에 내세우며 축적체제를 재편해가면서 경제개발계획과 정치적 선언 등에서 공언한 새로운 기획을 실행에 옮기기 시작하였다. 그런데 새 정부는 이러한 기획을 실천하는 과정에서 현실의 여건과 관련하여 중대한 난관에 직면하게 되며, 경제개발의 경로 혹은 전략을 수정하지 않을 수 없게 되었다. 이러한 수정 혹은 방향 전환은 새 기획을 추진하던 지도집단 내부로부터 반발을 불러일으켰다. 박정희 정권은 그러한 반대를 제압하고 방향 전환을 통해 고도성장의 시대로 나아간다.

민족주의 기획의 투사 과정과 현실

어떤 기획이든 현실로 투사하는 과정에서 차질과 착오가 생길 수밖에 없다. 현실의 주요한 조건이나 제약을 최대한 면밀하게 고려한 경우라 하더라도 그렇다. 하물며 의욕이 앞서서 현실의 제반 여건을 고려하기보다 달성하기 힘든 목표를 내건 경우는 두말할 필요도 없을 것이다.

경제개발은 처음부터 계획대로 되지 않았다. 야심차게 실행하려던 투자는 곧 현실에 부딪혔다. 내부의 자금을 동원하는 것이 애초 생각대로되지 않았다. 경제개발계획이 저축률과 재정 수입을 비현실적으로 추정하였음이 이내 드러났다. 재정투자지출 확대는 적자 재정으로 인한 인플레이션을 낳았고, 민간 저축을 동원하기 위해 시도한 1962년의 통화개혁도 실패하였다.[19]

그런가 하면 전후 1950년대 동안 원조를 바탕으로 소비재 산업에서축적된 민간 자본의 역량 역시 의욕적인 투자 계획을 뒷받침하기에는 크게 부족하였다. 부정축재자 처리 과정에서 건설하여 헌납하기로 한 다수의 공장이 취소되었던 것은 이를 잘 보여 준다. 또한 미국의 원조를 중심으로 한 외국 자금 도입마저도 계획대로 되지 않았다. 반면 초기의 적극적인 투자 확대로 말미암아 정부의 외환보유고가 바닥나는 외환파동

---

19 통화개혁이 실패하여 내자 동원의 꿈이 허사로 된 것을 외향적 전략으로 전환하는 실제 계기로 얘기하는 경우가 많다. 예를 들면 기미야 다다시는 내포적 공업화가 좌초하는 주요 계기로 1차계획기간 중의 종합제철공장 건설 실패와 통화개혁 실패를 들고 있다. 기미야 다다시(2008) 『박정희 정부의 선택』 4장 참조.

(1964년)마저 있었다.

결국 1962~1963년에 경제성장 목표를 달성하지 못했고, 인플레이션이 심화되고 설상가상으로 농업 흉작으로 곡가 파동마저 겹치며 경제위기에 봉착했다. 이와 같은 곤란에 직면하자 정부는 1962년 말 계획 자체의 수정을 검토했다. 개발 전략의 수정과 나아가 방향 전환이 불가피해진 것이다.[20]

1964년 3월 정부는 '제1차 5개년계획 보완계획'을 발표했다. 중화학공업을 육성하고 신규 수출산업과 수입대체산업을 보호·육성한다는 수정안의 방향은 원안과 크게 다르지 않았다. 하지만 지나치게 야심적으로 설정하였던 성장률, 총투자율 등을 하향 조정하고, 중화학공업 및 기간산업 건설 계획을 축소하였다. 또한 내자 대신 외자의 필요성을 내세우고 수출지향적 공업화로의 방향 전환을 시사하는 점이 두드러졌다.

비판과 저항

이러한 방향 수정은 자립경제를 향한 열망에 젖어 있던 일부 지식인 집단의 반발을 불렀다. 이들은 자립경제가 일국적 완결성을 중시하는 내포적 공업화로만 가능하다고 여겼다.[21] 따라서 수정된 계획이 외국 자본과

---

20 1차경제개발계획의 수정 과정에 대해서는 이완범(1999) pp.105~117, 유광호(1999c) p.87, 박태균(2007) 4장 참조.

21 이와 관련하여 1960년대의 자립화 전략의 작성 과정에 가장 적극적으로 나선 대표적인 인물로서 새 정권의 경제개발계획 입안 과정에 적극 참여한 서울대 상과대학 교수 박희범을 떠올릴 수 있다. 그의 내포적 공업화론은 '자립경제를 지향하는 자주적 공업화전략'이었다. 그가 1차경제개발계획의 작성에 깊숙이 참여하였던 것은 이완범(2006a) 4장에 자세히 설명되어 있다. 그의 논리는 박정희 정권의 개발 전략의 근거가 되었을 뿐만 아니라 이후 전개되는 반체제운동의 비판 논거가 되기도 한다. 그러나 이것은 모순되거나 이상한 것은 전혀 아니다. 홍석률(1999)에 따르면 내포적 공업화론의 요점은 외국자본을 이용하

수출시장을 강조함으로써 자립경제라는 목표에서 멀어지는 것이 아닌가 하는 의심과 비판을 제기한 것이다.[22]

이러한 비판에 따르면, 외자 도입과 수출 지향이라는 새 전략은 일국적 완결성을 해치고 대외(선진국 혹은 제국주의 국가) 의존을 심화시키는 것이었다. 민족민주세대 내부의 일부 이상주의 그룹의 이러한 비판은 물론 당시 사람들이 가지고 있던 자립경제에 대한 이미지—즉 경제적 재생산의 일국적 완결성, 농공 간 그리고 경공업과 중공업 간의 유기적인 연관과 균형 등—에 따른 것이었다.

6.3 사태와 민족주의 담론 그리고 반체제운동

이러한 반발에 더하여 결정적인 문제로 떠오른 것이 한일 국교 정상화였다. 일본과의 수교는 건국 이래 주요한 과제로 여겨졌지만, 제1공화국과 제2공화국에서는 아무런 진전이 없었다. 하지만 쿠데타 주도 세력은

고 국제분업을 수용하되 기간산업을 일으켜 나름대로 경제의 기초 토대를 구축한 바탕 위에서 능동적으로 대처하자는 것(p.221)이라고 한다. 이것은 박정희 정권이나 미국의 근대화론에 대한 근본적인 문제제기일 수 없으며(p.223), 오히려 그 기본 틀에서 양자는 일치한다(p.219). 그리하여 한국이 중공업화에 접어들게 되자 내포적 공업화론은 현실 비판적 담론으로서 의미를 상실하고 흔적도 없이 사라져 버렸다고(p.225) 평가한다. 내포적 공업화론에 대해서는 홍석률(1999) pp.216~226, 이완범(1999) pp.68~71, 이완범(2006a) 4장 참조.

22 이러한 분위기에 관해서는 1960년대 전반의 경제학자들을 거론한 정윤형(1982) pp.267~278 참조. 하지만 그 비판이 다듬어져 박정희 정권의 경제성장 전략에 대한 본격적인 비판 논리로 구성되는 것은 조금 시간이 지난 후의 일이다. 이러한 비판은 내포적 공업화론을 골간으로 하는 것이었는데, 나중에 '민족경제론'으로 종합된다. 그런데 주석 21에서 지적한 것처럼 내포적 공업화론이 박정희 정권의 개발 전략과 근본적으로 다르지 않다면, 내포적 공업화론에 따른 박정희 정권의 개발 방식 비판은 적실성이 없는 공허한 것이 되고 만다. 물론 이는 놀라운 것이 아니다. 민족민주세대의 분열은 적어도 애초에는 커다란 차이에서 생겨난 것이 아니었다.

처음부터 일본과의 수교를 강행할 의지를 갖고 있었다. 경제개발을 위해 일본으로부터 자금을 도입할 가능성을 적극적으로 고려하고 있었던 것이다.[23]

그러나 일본과의 국교 수립은 대학생을 중심으로 젊은 민족주의 지식인 그룹의 격렬한 반발을 불러왔다. 이들의 민족주의적 정서는 경제개발에 필요한 자금을 해외 그것도 일본에서 들여오기 위해 일본과 국교를 수립하고 협상을 한다는 것을 전혀 용납할 수 없었다. 이들은 일본과의 국교 정상화 협상을 식민 지배에 대해 값싼 면죄부를 주려는 굴욕 외교로 규정하고, 이것이 일제에 대한 재식민화를 낳을 것이라고 격하게 비판하였다.

일본으로부터의 자본 도입은 당시의 절박한 상황에서는 뿌리치기 힘든 유혹이었다. 미국도 자신들의 동아시아 구상에 필요하다는 이유로 일본과의 국교 정상화를 계속 재촉했다.[24] 하지만 앞선 정권들은 이를 감행할 수 없었다.[25] 해방 후 정치적 혼란과 전쟁을 겪으며 세계 최빈국 가운데 하나가 된 한국과 달리, 일본은 한국전쟁을 계기로 전후 부흥을 이루고 빠른 경제성장을 계속하였다. 그 결과 1960년경에는 자본을 해외에 제공할 수 있을 만큼 여유를 갖고 있었다. 이러한 상황에서 박정희 정권은 쿠데타 직후부터 일본으로부터 자금을 공여받아 개발에 투입하겠다는 구상을 하고 있었다. 즉 다급한 현실 앞에서 민족주의적 이상 대신에

---

23 이도성(1995) 『실록 박정희와 한일회담』 1장 참조.
24 쿠데타 이후 미국이 이를 적극적으로 압박하고 재촉했다는 주장과 증거들은 이도성(1995) pp.33~41 참조. 미국의 구상에 관해서는 같은 책 p.45 참조.
25 건국 후 국교 정상화에 이르기까지의 경과에 관해서는 다카사키 소우지(1998) 참조. 이 책은 건국 후에 시작된 일본과의 국교 정상화 과정의 시기별 쟁점과 양국 입장을 간결하게 보여주고 있다.

현실적이고 실용적인 선택을 한 것이다. 1961년 10월부터 시작된 공식적인 접촉과 막후 교섭은 1964년 들어 타결을 눈앞에 두고 있었다.[26]

이러한 정부의 움직임에 대응하여 1964년 1월부터 국교정상화 협상을 반대하는 주장이 나오기 시작했다. 3월 초에는 야당 및 각계 인사들이 '대일 굴욕외교 반대 전국투쟁위원회'라는 기구를 만들었고, 같은 달 하순에는 5.16 이후 잠잠했던 학생 시위가 시작되었다. 굴욕적인 한일회담을 반대한다는 학생 시위는 6월 3일 절정을 이루었고, 박정희 정권은 서울 일원에 계엄령을 선포하여 반대 시위를 제압하였다.

1964년 봄의 이러한 반대 시위 과정에서 가장 상징적이었던 것은 5월 20일에 있었던 '민족적 민주주의 장례식'이다.[27] 3월 시위에서 '이것이 민족적 민주주의더냐?'라는 구호가 제시되었고,[28] 뒤이어 상징적인 장례식이 열린 것이다. 이것은 5.16 이후 긴장 속에서도 유지되던, 즉 자립경제를 향한 절박한 몸짓에 공감하던 민족주의 지도 집단—쿠데타 주도 집단과 민족주의 지식인 그룹, 곧 민족민주 세대—의 내부 분열이 시작되었다는 것을 의미했다. 민족주의 기획의 현실화 과정에서 그 방안을 둘러싸고 생겨난 대립이 한일 수교 과정에서 격화되었고, 그 일부가 반대 세력으로 전화한 것이다.[29] 민족적 민주주의는 앞에서 지적한 것처럼 쿠데타 직후 새로 결성된 지도 집단 핵심부가 자신들의 정치적 정체성을 가리키는 용어였는데, 그것의 장례식은 박정희와 그 측근들이 이를 결정적으로

---

26 교섭 과정에 관해서는 이도성(1995)에 잘 설명되어 있다. 또한 유병용(1999) 참조.
27 김기선(2005) pp.80~82, 이창언(2014) pp.32~56 참조.
28 김기선(2005) p.64.
29 김기선(2005)을 인용하자면, "5.20 시위를 기점으로 한일회담 반대투쟁은 경제적인 문제, 정치적 억압, 외세 의존에 대한 근본적인 변화를 목표로 하는 반정부운동으로 전환되었다" (p.82).

배신했다는 것을 표현한 것이었다.

이로써 전쟁 이후 이념적 무풍지대였던 한국에서 반체제운동이 시작되었다.[30] 계엄령 날짜를 따서 '6.3 사태' 혹은 '6.3 한일수교반대운동'으로 부르는 이때의 시위가 그 출발점이었다. 이후 반체제운동에서는 박정희 정권이 내세우는 민족주의를 정면으로 부인하였다.[31] 박정희 정권은 민족을 배반한 매국적이고, 친일적이며, 제국주의에 종속된 신식민지적인 정권으로서, 일본의 이익을 위해 복무하는 제국주의의 앞잡이로 비판받기 시작했다.

이렇게 등장한 반체제운동 집단[32]은 이제 막 시작된 경제개발이 자립경제를 가져오는 것이 아니라 경제의 대외 의존을 심화시킬 것이라고 비판하고 나섰다. 그러나 그러한 비판조차 국가자본주의 국면의 유기적인 일부였음을 부인할 수는 없다. 이처럼 외자에 의존하고 수출 위주의 외연적 성장에 주력하는 전략이 대외 의존적 경제구조를 낳고 자립에서 멀어지게 한다는 비판은 당연히 자립을 향한 기획에서 항상 의식하던 문제를 지적한 것일 따름이었다. 정권 내부에서 이런 우려를 몰랐거나 외면한 것이 아니라, 다만 그런 우려를 이유로 현실에서는 그러한 전략을 포기할

---

30 시인 신동엽은 1967년 초에 발표한 시에서 이러한 분열을 두고, 그 '배신자들'에 대해 '껍데기는 가라'라고 부르짖고 있다. 민족적 민주주의의 옥석을 가르는 절규였을 것이다.

31 한일굴욕회담 반대 학생총연합회의 이름으로 발표된 선언서 '민족적 민주주의를 장례한다'에 따르면, "국제 협력이라는 미명 아래 우리 민족의 치떨리는 원수 일본 제국주의를 수입, 대미 의존적 반신불수인 한국경제를 2중 예속의 철쇄로 속박"하는 반민족적 음모가 박정희 정권의 민족적 민주주의였다.

32 박정희 정권기나 전두환 정권기 혹은 그 이후에 반정부 활동에 종사한 집단의 구성 혹은 분포는 복잡하다. 의회주의 정치 집단인 야당, 자유민주주의자, 급진민족주의자 등으로 이루어진 집단이었는데, 민주화운동세력이라 할 경우는 이 모든 집단을 포괄한다. 야당이나 자유민주주의자 그룹을 제외하고 급진 그룹만을 이를 경우, 맥락에 따라 민족민주운동, 급진민족주의 등으로 표기하였다.

수 없다는 것 정도가 정부의 입장이었던 것이다.

실제로 이러한 대립에서 반외세적 언설과 급진 사고를 학습한 집단은 항상 지속적으로 지배 엘리트 내부로 충원되어갔으며 '민족자본'의 축적에 복무하였다. 대학 등에서 이러한 비판을 학습한 사람들은 사회에 진출하여 급성장을 시작한 한국의 독점 재벌에 헌신하게 되었던 것이다.[33] 대외 의존을 경계하는 자립을 향한 이러한 비판적 정서는 지속적인 편입을 통해서 국가자본주의 국면에서 실무 기술관료들—행정부의 공무원이든 재벌의 손발이든—로 변신하는 사람들의 기본 교양이 된다.[34]

3. 4.19와 5.16 그리고 역사전쟁

4.19와 5.16, 이 두 역사적 사건 및 그 둘의 관계에 관해서는 건국 이후 지금까지의 그 어떤 사건보다도 심하게 평가가 엇갈린다. 시간적으로 불과 1년 남짓한 간격을 두고 발생했다는 점에서 그리고 새로운 역사 국면인 국가자본주의 국면을 성립시켰다는 점에서, 이 두 사건을 분리해서 생각하기 어렵다. 4.19를 계기로 수립된 합헌 민주정부를 전복한 5.16이지만, 위에서 보았듯이 처음에는 4.19 주도 집단이나 일반 시민 사이에서 5.16을 비판하거나 부정하는 생각은 드물었다. 박정희 정권이 애초에 4.19의

---

33 외자에 의존해서 성장하는 독점 재벌은 당연히 매판자본, 즉 외국자본의 앞잡이라고 반체제운동은 비판했다. 대학에서 반체제운동에 대한 관심을 통해서 이러한 관점을 흡수한 이들이 사회에 나가서는 세계시장에서 외국자본의 앞잡이 노릇을 하는 것이 아니라 나름대로 열심히 경쟁하는 재벌의 모습을 보고서는 진정 민족적이라고 느끼게 되었던 것이다.

34 시인 김광규는 1979년에 쓴 「희미한 옛사랑의 그림자」라는 시에서 "혁명이 두려운 기성세대"가 된 이들을 묘사하고 있다. 김광규(1995) p.41.

계승자임을 내세웠을 때에도 곧바로 부정적인 반응이 있지는 않았다.

그런데 6.3 사태를 분수령으로 하여 두 사건의 관련성에 긴장이 발생한다. '민족적 민주주의 장례식'이 상징하듯 민족민주세대 내부에 균열이 생겨 반체제운동 그룹이 형성되었고, 이들은 숭고한 4.19를 사악한 5.16이 부정하였다고 인식하게 되었다. 1960년대 중반을 지나 이윽고 한국사회의 갈등 구조가 독재―반독재(혹은 민주―반민주)의 구도로 확정되어감에 따라 두 사건을 정면으로 대립하는 계기들로 해석하는 것이 세상한켠에 뿌리내리게 되는 것이다.

4.19는 1960년대 이래 일관되게 한국 민주주의의 기원으로 간주되어왔다. 분명 뚜렷한 한계에도 불구하고, 때로는 '미완의'라는 한정어와 함께, 4.19는 민주주의 혁명으로 승격되어 기억되었다.

한편 5.16은 경제성장과 근대화의 결정적 계기로 대체로 받아들여지고 있지만, 동시에 이후의 권위주의적 독재정권의 출범을 낳은 사건으로도 간주된다. 박정희 정권은 1960~1970년대에 5.16을 근대화와 민족 중흥을 지향한 혁명으로 공식 규정하였지만, 반체제운동이 5.16을 부정적으로 평가한 이래 상반된 평가가 지속되었다.

반체제운동 집단은 5.16을 독재와 억압의 암울한 시대를 낳은, 혹은 (신)식민지의 길로 나라를 이끈, 그리하여 잘못된 현대사의 출발점 혹은 주요 원인으로 간주한다. 곧 '4.19의 부정으로서의 5.16'으로 보는 것이다. 원래 5.16 주도 세력이 한동안 '4.19의 계승으로서의 5.16'을 표방한 것을 정면으로 거부, 반박하는 것이다.[35]

---

35 다음 인용문은 그 전형을 보여주고 있다. "4.19의 민주적 변혁은 5.16에 의해 부정된다. 그러나 5.16은 4.19에 의해 이미 민중의 거대한 흐름으로 등장한 민중의 민족주의적 요구를 말살할 수 없었다. 여기에 5.16은 4.19 혁명의 계승을 말하고 정권적 차원에서 민중의

결국 1960년대 중반에 일어난 민족민주세대의 분열이 애초에는 자립을 향한 연속된 두 계기였던 것을 선과 악, 긍정과 부정의 계기로 대립시키게 만든 것이다. 이렇게 두 역사적 계기의 역사적 위상은 1960년대 초 이래 민족민주세력의 결집과 분열의 궤적을 따라갔다.[36] 5.16에 대한 이러한 상반된 평가는 이후에도 지속되었고, 1987년 민주화를 향한 장정이 시작된 이후 정치세력의 재편이 이루어질 때 이 두 계기의 관계는 다시 복잡한 양상을 띠게 된다.[37]

권위주의 정권이 후퇴하고 정치권력을 향한 의회주의적 경쟁이 자리 잡자 좌우 정파들에게 정치적 정당성을 구성하는 노력은 초미의 관심사가 되었다. 1990년대 중반에 본격적으로 시작된 역사 바로세우기는 이러한 맥락에서 나온 민주화운동 집단의 새 용비어천가 작업이었다. 이것은 두 역사적 계기를 다시 한번 불러내어 대립하게 만들었다. 그때부터 불붙은 역사전쟁에서 좌우 양쪽 모두 진실 찾기 혹은 진리 수호라는 기치를 들고 나름의 관점을 역사적 진리로 판매하려고 노력하고 있다.

민족주의적 저항에 편승하여 이것을 수단화한다." 박현채(1983) p.54.

36 이후 박정희 정권 그룹의 민족민주세대는 근대화와 경제성장이라는 민족적 과제에 몰입하면서 정권의 권위주의화를 불사했던 반면, 반대편으로 갈라져나간 그룹은 점차 급진주의로 무장하여 민족민주운동으로 스스로의 정체성을 확정하고, 이윽고 보수야당 정파와 연합하여 박정희 정권에 저항하고 그것을 전복하고자 하였다. 이러한 분열과 뒤틀림은 제대로 조명되지 않은 어두운 구석이다.

37 이와 관련하여 헌법 전문이 겪은 변화를 지적해둔다. 제헌헌법에서 기미삼일운동을 언급한 이래 1960년의 4차 개정에 이르기까지 변화가 없었다가 5.16 이후에 이루어진 1962년의 5차 개정에서 "3.1운동의 숭고한 독립정신을 계승하고 4.19의거와 5.16혁명의 이념에 입각하여..."라고 4.19를 의거로, 5.16을 혁명으로 부르며 두 사건을 연호하고 있다. 1972년 6차 개정 헌법, 즉 유신헌법에서도 이 표현은 존치되었다. 하지만 1980년 7차 개정에서 3.1운동만 남고 4.19와 5.16은 탈락하였다. 마지막으로 1987년에 만들어진 현행 헌법은 "불의에 항거한 4.19민주이념을 계승하고..."라 하여 4.19만을 부활시킴으로써 제정 당시의 5.16에 대한 평가를 간접적으로 보여주고 있다.

보수세력의 헤게모니적 해석에 도전해온 진보세력의 기획자들은 역사전쟁의 일환으로 5.16을 4.19의 숭고함을 부정한 찬탈의 사건으로 격하시키려 다시 한 번 분투하고 있다. 두 계기는 여전히 선과 악의 대결장에 불려나와 있는 것이다. 여기서 꼭 하나의 입장을 선택해야 하는가? 그럴 필요는 없을 것이다.

이러한 선악의 구도에서 벗어나 필자는 이 두 역사적 사건을 국면 전환을 가져온 연속된, 그리하여 하나의 통합된 계기로 인식한다.[38] 그것은 두 사건을 주도한 각각의 집단이 당대의 국면 전환을 꿈꾸던 민족민주세대의 부분집합에 해당하고, 또한 이들이 이후의 근대화와 경제성장을 향한 새 국면을 역동적으로 주도하는 과정에서 연합하였기 때문에 그렇다. 또 나중에 그 내부에서 대립이 생기고 갈등하였더라도 자립을 향한 시대적 문제의식을 공유하였던 집단이었기 때문에 그러하다.

전후세대 지식인과 군의 청년 장교 집단 모두 건국을 주도한 전전 세대와 그들이 주도한 미래 없는 현실에 절망하고 분노하던 존재들이었다. 이들은 또한 근대화 내지 서구화를 통해 암담한 한국 현실을 극복하고자 하는 감수성을 키워왔다. 당대의 상황에 대한 민족주의적 극복 의지 또한

---

38 한편 이영훈(2013)은 이 두 계기에 대해 "4.19와 5.16은 겉으로는 대립적이었으나 속에서는 연속적인 사건이었다"라며 "4.19와 5.16은 나라만들기 제2단계 과제를 수행하기 위한 새로운 정치세력이 등장하는 연속하는 두 혁명에 다름 아니었다"(p.307)라고 주장한다. 이러한 생각에는 주요한 역사적 사건들이 모두 1987년을 향하는, 건국과 부국을 모두 이루는 시점을 향한다는 목적론적 해석이 깔려 있다. '이승만의 건국 유업'과 '박정희의 근대화 혁명'을 신화화하려는 입장에서는 이 두 계기가 그저 근대화 혁명을 위한 새로운 세대의 등장 계기로 보일 것이다. 하지만 이러한 해석은 민족민주세대의 형성과 대립으로 이어지는 곡절을 전혀 고려하지 않는다. 건국세대와 그 후계세대 간의 갈등과 대립, 그리고 민족민주세대가 주도하는 국가자본주의 국면의 동학을 제대로 인식하지 못하고 있는 것이다.

유사하였던 것이다. 그리하여 마침내 전전 세대가 민주주의적 가치를 노골적으로 훼손하며 부정 축재 등 온갖 문제를 드러내는 반면 당대의 절망을 넘어설 비전을 제대로 제시하지 못하자 그들의 지도력에 저항하고 그것을 전복하기에 이르렀다. 그리하여 1960년대의 문턱에서 국면 전환이 발생한 것이다.

이 역사적 사건들을 이렇게 국면 전환을 향한 연속된 몸부림으로 보아야만 두 집단 간의 연대만이 아니라 그 이후의 대립과 충돌에 관하여 보다 구체적으로 인식할 수 있다. 이것은 1960년대 이후의 세상 변화, 그 주도 집단의 이합 집산, 대립의 내용 등을 고려할 경우에 당연히 내리게 되는 결론이다. 현재의 역사전쟁은 이러한 뿌리를 살펴보고 반성하는 데에는 이르지 못하고 있다. 한국의 근대에 관한 보다 투명한 자기 이해에 이르게 되면 이러한 부정 혹은 계승 논란은 자연 사그라들 것이다.

· 7장 ·

박정희 시대의 산업화

외자도입과 수출을 주축으로 삼는 전략적 수정을 거치면서 경제개발은 손에 잡히는 성과를 내기 시작했다. 처음에는 경제개발계획의 수정을 포함해서 여러 가지 시행착오를 반복하지만, 산업자본의 성장을 위한 각종 제도와 수단들이 고안되면서 경제성장을 향한 바닥다지기가 시작되었다. 이와 함께 투자 자금을 확보하기 위해 정부는 사활을 건 노력을 기울였다. 정권 출범 초기인 1963년 미국과의 긴장으로 외화 자금 경색의 기미가 있자 독일(당시 서독)에까지 도움을 요청하기도 하였다.[1] 1960년대 중반 일본과의 수교와 베트남 파병 등을 계기로 외자 조달이 원활해지고 수출시장을 활용할 수 있게 되자 고도 성장이 시작되었다.[2]

---

1   미국은 이때 공공(1963년) 및 상업(1964~1966년) 차관을 대폭 줄여 박정희 정권을 견제하였다. 당시의 공공 및 상업차관 도입 현황에 관해서는 윤용선(2014) p.55, p.57 표 참조.

1. 1960년대의 경제성장

외향적 성장 전략의 정착

1960년대 초반의 혼란을 거치면서 결국 방향 전환은 이루어졌다. 애초의 거칠고 순진한 구상에서 현실적인 대안으로 전환하는 과정에서 정치적 갈등도 빚어졌지만, 박정희 정권에게 다른 길은 없었다. 필요한 자금은 외국 자본에서, 상품시장은 해외, 곧 수출에서 찾도록 경제성장 전략을 수정한 것은 바른 선택이었다기보다 불가피한 선택이었다. 곧 그것은 절박한 현실이 강제한 선택이었다. 이러한 절박함은 한일 수교를 강행한 것이라든가, 베트남 파병을 추진하고, 인력 수출—광부와 간호사를 서독에 파견하던—까지 서두르던 데서 잘 드러났다.[3] 모두 미국을 비롯한 서방 세계의 신뢰를 얻고 경제개발을 위한 외화와 시장을 확보하려는 필사적인 몸짓이었다.

박정희 정권은 반대 운동을 힘으로 제압하면서 일본과의 수교를 위한 회담을 계속하였다. 1965년 6월 한일기본조약이 정식으로 체결되고, 8월 14일 여당 단독으로 열린 국회에서 조약을 비준하였으며, 1965년 12월에 양국 정부가 만나 비준서를 교환함으로써 국교는 정상화되었다. 한국 측이 핵심 이슈로 제기한 식민 지배와 관련한 청구권 문제에 대해서는 배상이나 보상에 관한 명분은 관철하지 못한 채[4] 포괄적인 액수로 합의하

---

2   당시의 극히 낮은 저축률에도 불구하고 높은 투자율을 유지하면서도 (공업화 기자재 수입으로 인한) 외환보유고 부실로 연결되는 악순환에 빠지지 않은 것은 외자 도입과 외환 유입에 의한 것이었다. 윤용선(2014) pp.54~60 참조.

3   서독으로 광부와 간호사를 파견한 일에 대한 다양한 분석으로는 노명환 외(2014) 『독일로 간 광부 간호사-경제개발과 이주 사이에서』 참조.

여 10년간 무상으로 3억 달러를 받게 되었고(소위 청구권 자금), 이밖에 공공차관 2억 달러 및 상업차관 3억 달러를 확보했다.[5] 청구권 자금은 후에 포항종합제철 건설 등 광공업과 사회간접자본에 사용되었다.[6]

한일 수교로 일본 자금이 유입되기 시작했다. 특히 1967년 이후 많은 일본 상업차관이 들어와 일본 기업과 한국 재벌 사이의 협력이 본격 시작되었다. 수교를 기점으로 일본으로부터 자본재와 중간재를 수입하는 수직적인 분업구조가 만들어지고, 대일 무역적자가 지속되는 구조가 고착되기 시작했다.

쿠데타 주도 세력은 일찍부터 미국에 베트남 파병을 제안했다. 베트남 전쟁에 휘말려 있던 미국으로서는 반가운 제의였고, 1964년부터 파병이 시작되었다.[7] 한때는 군단급 전투 병력이 파병될 정도로 파병 규모가 커지기도 했다. 그 댓가로 박정희 정권은 자신들에 대한 미국의 정치적 지지와 군 장비 현대화와 같은 이득을 확보했다. 하지만 파병은 무엇보다 경제 및 군사 원조 증액, 차관 도입, 그리고 상품과 용역의 베트남 수출과

---

4 그리하여 두고 두고 졸속 협상이라 비난 받았다. 국교 정상화의 전 과정을 소개하는 다카사키 소우지(1998)의 말미에서는 국교 정상화 이후의 민간 청구권 문제를 간략하게나마 소개하고 한국 정부의 소홀한 처리를 지적하고 있다.

5 2005년, 과거사 정화 시도의 일환으로 '한일협정 재협상'을 내건 운동이 등장했다. '한일협정 재협상 국민행동'이란 이름의 단체가 대표적이다. 이들은 박정희 정권에 의한 수교가 반민족적 행위이며 실익의 면에서도 여러 가지를 양보 혹은 포기한 극히 잘못된 협상이었으므로 재협상을 통해 바로잡아야 한다고 주장했다. 강제 징용, 위안부 문제, 자원 수탈 등을 엄정하게 반영하는 새로운 협상이 필요하다는 것이다.

6 1976년 경제기획원이 발간한 『청구권자금 백서』에 의하면, 청구권 자금의 55.6%는 포항제철 등 제조업에 투입되었다. 18%는 경부고속도로, 소양강댐 등 사회 인프라 구축에 쓰였다고 한다. 『청구권자금 백서』는 1965년 한일협정으로 한국 정부가 일본 정부로부터 10년에 걸쳐 받은 무상 3억 달러와 유상 2억 달러 등 총 5억 달러의 사용 내역을 구체적으로 담은 정부 기록이다.

7 파병 결정 과정에 관해서는 홍규덕(1999) 참조.

같은 경제적 이익을 위한 것이었다. 덧붙여 미국 시장에 대한 접근성도 높이는 간접적인 이익도 거둘 수 있었다. 1960년대 후반에 베트남 수출과 파병 군인의 송금을 통해서 확보한 외화는 매년 외화 수입의 10~20%에 이르렀다.[8]

일본과의 수교와 베트남 파병으로 1965년부터는 외환 사정이 크게 호전되었고, 개발계획의 목표를 넘어서는 수준으로 투자가 활성화되었다. 이렇게 하여 제1차 경제개발계획은 초기의 어려움에도 불구하고 성공적으로 목표를 달성하였으며, 수출 지향적 경제개발 전략이 뿌리를 내렸다. 이렇게 수출 지향적 경제개발전략이 현실에서 확립되자, 1967년부터 시작된 제2차 경제개발계획 기간부터는 아예 수출입국을 구호로 한 총력 수출체제를 갖추었다. 이제 외자 도입과 수출을 통해 성장한다는 전략은 피할 수 없는 선택이 되었다.[9]

경제성장과 자립경제

무엇보다 GNP와 1인당 국민소득의 성장이 눈부셨다. 제1차 경제개발계획 기간인 1962~1966년에 매년 7.7%, 제2차 계획 기간인 1967~1971년에 10.5%의 GNP 성장이 이루어졌다. 1967~1971년의 경우, 1인당 소득은 매년 8.5% 성장했다.[10] 누구나 놀랄 만한 고속 성장이었다.

제조업 중심의 성장에 따라 산업구조에도 변화가 생겼다. 제조업은 제

---

8 국군의 베트남전 참전의 다양한 면모는 최용호(2004)에 자세히 소개되어 있다.
9 수출 지상주의로의 정책 전환에 관해서는 이완범(1999) pp.117~134, 이완범(2006a) 6장, 박태균(2007) pp.336~339 참조.
10 경제성장의 지표로 사용되던 GNP 개념은 1995년부터 GDP 개념으로 바뀌었다. 국민경제론에 맞춘 개념을 자본과 노동의 국경을 넘나드는 이동이 한층 두드러진 현실, 곧 경제의 글로벌화에 맞추어 바꾼 것이다. 미국, 일본 등은 한국보다 좀 더 전에 바꾸었다.

2차 계획 기간 동안 매년 21.5%라는 빠른 속도록 성장하였다. 경공업은 수입 대체를 넘어 주력 수출 산업이 되었으며, 중화학공업에서는 수입대체산업화가 이루어졌다. 정유공장을 건설하여 1965년부터 생산을 시작했고, 비료 및 시멘트공장도 건설, 증설하여 원조 물자에 의존하던 이들 물품을 자급할 수 있게 되었다. 이와 함께, 종합제철공장, 특수강공장, 합금강공장, 알루미늄과 아연 제련 공장도 건설하였다.

그리고 이러한 산업화에 맞춰 각 산업별로 성장을 지원하는 법률 및 제도의 정비가 이루어졌다. 이를테면 기계공업진흥법(1967년), 석유화학육성법(1969년), 자동차공업육성계획(1969년), 조선공업진흥기본계획(1970년) 등이 그런 것들이다.[11]

그렇다면 자립경제에 관한 애초의 기획과 이렇게 수출산업화를 중심으로 성장하는 경제는 얼마나 다른 것인가? 1960년대 중반 자립경제를 위한 방략을 두고 새 지도집단이 분열하면서 형성된 반체제운동은 이러한 산업화 과정 전반을 자립에서 멀어지고 대외 종속 혹은 예속이 심화되는 과정으로 간주해왔다. 이들은 박정희 정권이 민족적 염원이던 자립적 국민경제 대신 수출과 외자로 대외 의존하는 배신의 길을 선택했다고 비난했다. 이러한 생각은 반체제운동권을 중심으로 1990년대 초에 이르기까지 지속적으로 확대 가공되었다.

내포적 공업화를 통한 일국적 완결성을 중심으로 상상되었던 애초의 자립경제와, 수출산업으로 급속히 확장하는 경공업 및 수입 대체를 지나 수출을 지향하는 중화학공업을 갖추어 나간 실제의 한국경제는 분명 매우 다르다. 그러나 그렇다고 하여 현실의 한국경제가 자립경제로부터 멀

---

11 이러한 법률 내지 지원책들은 1986년 공업발전법으로 통합된다.

어졌다고 곧바로 단정할 수는 없다. 자립경제의 이상을 현실화하는 과정에서 임기응변의 방식으로 밟아나간 길은 분명 상당 기간 대외 의존을 확대했다. 즉 부족한 투하 자금을 계속하여 해외에서 차관으로 조달하고 생산품을 수출하려고 필사적으로 노력하는 한편, 필요한 자본재와 원자재 등을 일본 등에서 수입하는 구조는 국가자본주의 국면 수십 년에 걸쳐 확대되어갔다. 이런 경로가 당시의 정세에서 현실적으로 자립을 달성하는 사실상 유일한, 그러나 사전에 정해져 있었던 것은 아닌, 길이었다.

무역 의존도가 상승하고 대일 무역수지 적자폭이 확대되는 현상은 분명 자립경제를 통해 꿈꾸던 이상과는 거리가 멀다. 그러나 애초의 자립경제의 이상은 말 그대로 이상 또는 상상된 것일 뿐, '진짜' 자립경제는 아니다. 왜냐하면 상상된 모델로서의 자립경제는 지향이자 지침일 수는 있지만, 그 자체가 실존하였던 역사적 모델이 아니며 19세기 이래의 역사적 경험을 바탕으로 상상해 본 하나의 전형일 뿐이기 때문이다.

1960년대 중반 이후의 성장 과정에 대한 이러한 논리—즉 대외 의존적이며 종속을 심화시키는, 자립경제와 멀어지는 경제성장—는 반체제 운동이 박정희 정권의 성장전략에 가하는 주된 비판이었지만, 성장을 통해 자립을 지향하는 현실에 대한 적절한 대응이었는지는 의문이다.

한편 농업 부문에서도 공업 부문과의 유기적 연관을 높이지도 못했고, 식량 자급을 달성하지도 못했다. 농업 부분에서도 자립경제에서의 농업의 역할과 위상에 대한 애초의 기획과 현실 사이에 괴리가 발생한 것이다. 처음부터 농업 부문 투자는 여타 부문에 비할 수 없이 적었으며, 1960년대 내내 식량자급률은 지속적으로 저하했다. 1970년대 초 연 50만 톤 정도의 쌀을 수입해야 했으며, 정부는 쌀 소비를 줄이기 위해 혼식을 전국적으로 장려하는 등 주곡 수입으로 인한 외화 부담을 줄이려 하였다.

이런 현실에 대해 정부는 1968년부터 주곡 자급을 향한 주곡증산정책을 전개한다. 정부 수매가격을 올리고 농민을 위해 곡식 매입가를 시중가보다 높게 하는 이중곡가제를 도입(1969년)한 것이다.[12] 주곡을 자급하고 농가의 소득 증대를 도모한 이러한 정책도 애초에 상정된 농업의 위상과는 거리가 있는 정책이었다. 이렇게 현실에서 자립경제를 향한 몸부림은 당초의 구상에서 멀리 표류하게 된다.

국가와 시장

자립경제를 향한 기획이 실행되기 시작한 이래 국가는 그 과정 전반을 통제했다. 국가는 실행계획으로서의 개발계획을 가지고 거시적 사회적 총동원을 주도하는 한편 미시적으로 개별 기업의 투자 행위까지 간섭하는 전면적인 통제를 실행했다. 이것은 시장 실패의 보완과는 차원이 다른 개입이었다. 기업 경영 자체를 사실상 정부와 민간이 사실상 공동으로 행하는 권위주의적 자본주의였다. 다만 이러한 국가 개입은 전략적인 산업 분야에 한정되었으며, 이외의 부문에서는 주로 중소기업이 정부의 지원 혹은 개입 없이 자생적인 성장의 경로를 밟아나갔다.

국가는 자립경제를 향한 경로를 모색하는 과정에서 시행착오를 범한 후 곧바로 외자에 의거하는 수출주도형 전략으로 전환했는데, 이것은 제2차 세계대전 후 서방 선진국 경제의 안정적인 성장과 자유무역으로 확장된 세계시장을 적극 활용하는 전략이었다. 그리하여 국내시장만으로는 지지할 수 없는 대량 생산 체제를 구축할 수 있었다. 이와 함께 직접 혹은 간접적인 보증을 통해 외자 도입을 적극적으로 지원하는 한편, 외국으

---

12 이중곡가제 실시와 관련해서는 김한곤(1990) pp.125~128.

로부터의 직접투자를 제한하여 국내 산업자본의 성장을 후원하였다. 강력한 수출 독려, 수입 통제 등을 고려한다면 국가가 사실상 경제성장을 위한 총지휘부로서 군사작전을 방불케하는 총력전을 주도한 것이다.[13] 국가는 전쟁을 거치면서 극적으로 강한 권능을 갖게 되었고, 이 권능을 5.16 쿠데타를 전환점으로 하여 경제개발을 향한 전 사회적 동원에 발휘하였다.

한편 당시의 사회주의 국가의 경제 운용 방식을 그대로 따라하고 있던 북한의 경우는 곡절 끝에 자력갱생을 슬로건으로 하는 극단의 국가주의에 매진하였고, 그 결과는 우리 모두가 알고 있다. 남북한의 국가주의는 외관상 조금은 유사했으나, 그것을 펼친 공간이나 직면한 제약은 사뭇 달랐으며 시장에 대한 자세 내지 방법의 차이는 정반대의 결과를 가져왔다. 시장을 거부하고 반제국주의, 반세계시장을 공언하며 때로는 글자 그대로 자력갱생과 자기완결을 추진하려 했던 (혹은 그렇게 하지 않을 수 없는 상황에 몰려 있었던) 북한의 파국이 처음부터 예정된 것은 아니었을 것이다. 그러나 북한의 선택은 전략적 운신의 범위를 크게 제약하여 주위 여건을 활용하는 것을 불가능하게 하였고 그런 결과를 피할 수는 없었다.

---

13 슈워츠(2015) pp.493~496 참조. 그는 이러한 국가의 역할에 대해, 후발산업화에서 국가의 역할에 주목한 알렉산더 거셴크론의 이론을 빌려와 "대만과 한국의 국가는 …… 거셴크론적 역할을 떠맡았다"(p.492)고 말한다. 이것은 국가가 직접 다수의 기간산업을 건설하고 민간투자를 유인하였으며 수입을 차단하여 국내시장에 대한 접근을 통제하고 노동을 체계적으로 억압하는 등의 역할을 한 것을 가리킨다.

2. 중화학공업화와 1970년대의 경제성장

1960년대 중반에 시작된 경제성장 추세는 여러 가지 난관과 시행착오에도 불구하고 꺾이지 않았다. 1960년대 말 차관으로 건설한 기업 다수가 한꺼번에 부실해져 지급보증 은행이 대신 지급을 해야하는 사태가 벌어지기도 하였고, 기업의 폭발적 성장세를 뒷받침하지 못하는 금융시스템으로 인해 대통령 긴급명령에 따른 사채 동결[14]과 같은 일도 있었다. 1973년 말 오일쇼크라는 외부적 충격으로 1974~1975년에는 극심한 인플레이션과 성장 둔화를 겪기도 하였다. 하지만 이러한 어려움은 일시적인 것이었고 고성장 추세는 계속되었다.

이러한 경제성장 추세 속에서 다시 한 번 국가적 기획에 의한 대규모 투자로 경제성장을 더욱 채찍질하고 산업구조의 커다란 변화를 가져온 것이 1973년부터 국가 주도로 진행된 중화학공업화였다.

중화학공업화

2000년대 이후 한국의 주력 산업은 전자, 자동차, 조선 등 모두 중화학 산업이다. 이들 산업은 1970년대 중반부터 집중적으로 건설되기 시작했다. 물론 중화학 산업 모두가 이때부터 건설되기 시작한 것은 아니다. 제1차 및 제2차 경제개발계획도 기간산업과 중화학공업 건설을 주요 목표에 포함하고 있었다. 그것은 자립경제를 향한 정권의 일관된 의지의 표현이었다.

---

14 1972년 8월 3일의 '경제의 안정과 성장에 관한 대통령의 긴급명령 15호'. 흔히 8.3 조치라고 한다. 그 맥락과 효과 등에 관해서는 최진배(1996) pp.85~88, 이헌창(1999) pp.438~439 참조. 8.3 긴급조치의 주요 내용은 기업의 사채를 동결하고, 대출금리를 낮추고 은행을 동원하여 저금리 자금으로 위기에 처했던 기업의 부담을 덜어주는 것이었다.

실제로도 제1차 및 제2차 계획 기간에 제조업에 투입된 외자의 과반을 중화학공업에 투자하였다. 그리하여 1970년대 초 중화학공업 생산물의 비중이 경공업의 그것에 근접하기 시작하였다. 하지만 중화학공업 생산물이 수출에서 차지하는 비중은 여전히 낮았다. 처음에는 경공업처럼 수출 지향산업으로 육성된 것이 아니라 국내시장을 향한 수입 대체를 목적으로 하였던 것이다.

이러한 상황에서 국가는 기왕의 섬유, 의복 등 경공업이 주도하는 성장을 계속하면서 새로운 단계의 성장 전략으로서 중화학공업을 집중 육성하고, 나아가 중화학공업을 수출산업화 하려는 목표를 수립했다. 이러한 방향 전환은 1972년부터의 제3차 경제개발계획에 반영되었다. 하지만 정부는 그러한 계획을 넘어 중화학공업을 집중 육성하고자 하였다.

1973년 1월에 대통령이 중화학공업화를 전격 선언했다.[15] 민간 산업자본가 집단과의 사전 조율을 거치지 않고 소수의 '참모'만 참여한 또 하나의 유사 '군사작전'이었다. 국가 전략적 목표로서 중화학공업 육성을 내걸고 다시 한 번 국가 주도의 산업화를 선언한 것이다. 국가는 철강, 기계, 조선, 전자, 비철금속, 석유화학 등 6개의 전략 산업을 선정하고. 투자 자금 조달이나 조세상의 특혜를 약속하며 민간자본의 진출을 독려하였다. 그동안 정부나 학계에서는 중화학공업을 자기 완결적 재생산 구조의 자립경제를 위한 기초산업이라는 맥락에서 중요시하였다면, 이번에는 지속적 성장을 위한 새로운 돌파구라는 의미를 갖는 것이었다.

중화학공업화를 이렇게 새로운 의미에서 전면적으로 추진하게 된 것은 다음을 고려한 때문이었다. 첫째, 경공업을 통한 성장이 점차 한계에

---

15 오원철(2006) 『박정희는 어떻게 경제강국을 만들었나』 pp.209~211.

봉착하기 시작했다. 둘째, 경공업 성장에 따라 중화학공업 제품인 시설재 수입이 급증하여, 중화학공업 육성이 시급해졌다. 셋째, 자주국방의 필요성에 따라 군수공업적 능력 확보가 중요해졌다. 즉 기존의 경공업 위주 자본 축적의 한계를 돌파하고, 생산재의 수입 대체와 새로운 수출산업 육성, 그리고 군사장비를 자급할 수 있는 능력을 육성하는 등의 복합적인 목적이 그 계기가 되었다고 볼 수 있다.[16]

제1차 오일쇼크의 충격으로 경기침체를 경험한 1974년을 지나 1975년부터 중화학공업에 대한 투자가 본격적으로 이루어졌다. 막대한 자본이 필요한 중화학공업 공장 건설에 주저하던 재벌들은 전략 업종에 대한 정부의 대폭적인 지원을 믿고 자동차, 조선, 전기기계와 정밀기계, 반도체나 가전, 통신기기 등 전자 등의 산업에 앞다퉈 진출하였다. 이렇게 하여 1970년대 후반에는 경공업과 중화학공업의 비중이 역전되었고, 1980년대 초반에는 수출 비중에서도 경공업을 추월하였다.

이러한 과정이 순탄하지만은 않았다. 우선 중화학공업 공장을 건설할 만한 기술적 역량을 갖추지 못해 선진 기업으로부터 기존의 완제품 생산 라인을 넘겨받아야 했다. 소재나 부품도 국내 생산 기반이 갖추어져 있지 않아 거의 모든 주요 부품을 수입해야 하는 형편이었다. 기술이나 자본 동원 모든 면에서 중화학공업을 일으킬 준비가 되어 있지 않았던 것이다. 이에 따라 중화학공업 제품을 수출해도 되려 수입이 늘어나 상당기간 동안 국제수지를 악화시켰다.

재벌 대기업도 대규모 투자를 감당할 만큼의 자본을 축적하지 못한 상

---

16 당시 중화학공업화의 실무 책임자로 일했던 오원철이 그것을 논의할 당시 "수출과 방위산업과 중화학공업 건설이 동시에 해결되니 일석삼조라고 생각합니다"라고 말했다고 한다. 오원철(2006) p.146.

태였기 때문에, 결국 국가의 집중적인 투자 유인, 즉 조세와 금융상의 특혜를 보고서야 투자에 앞다투어 나섰다. 곧 국가가 다시 한번 전면에 나서서 중화학공업화를 이끈 셈이었다.[17] 이러한 집중 투자는 여타 부분에 대한 투자 부족 문제를 낳고 시장 상황에 따라 적절한 수익을 내지 못하는 과잉투자가 될 위험이 높았다.

고도의 경제성장

국가 주도의 경제개발계획에 주력한 지 채 20년도 지나지 않은 1970년대 후반 무렵, 한국경제의 면모는 크게 달라져 있었다. 그 사이에 소득은 15배 이상 늘어났고, 제조업은 현저히 성장하여 국내총생산의 30%에 육박하게 되었다. 반면 농림어업의 경우, 1960년대 초에는 국내총생산의 거의 40%를 차지하였지만 1970년대 말에는 15% 미만으로 비중이 급격히 하락하였다. 이렇게 유례 없는 속도로 한국경제는 기계제 대공업 중심의 산업구조로 급속하게 바뀌었다.

산업별로 몇 가지 두드러진 특징을 살펴보자. 우선 섬유의복과 음식품은 1960~1970년대에 걸쳐 최대 산업이었다. 다만 경제성장이 본격화하면서 1960년대 중반부터 절대 비중은 줄어들었다. 특히 섬유의복업은 1970년대 내내 생산과 수출에서 가장 비중이 큰 산업이었다. 그중에서도 화학섬유 생산이 빠르게 성장하여 1970년대에 면방직업을 추월했다. 화학섬유의 성장은 그 원료를 생산하는 석유화학산업의 성장과 연계되어 있었다. 1970년대에 석유화학산업이 발전하면서 화학섬유의 원료를 거

---

17 이를 '크게 밀어부치기Big Push'라는 표현으로 요약하는 사람도 있다. 예컨대 Amsden (1989) 서문.

의 국내에서 자급할 수 있게 되었다.

1973년 포항종합제철의 완공과 함께 철강업은 급성장하는 조선, 자동차, 건설 등의 수요를 충족시키며 크게 성장했다. 포항제철은 계속 설비를 증설하며 경제성장의 상징적 지표가 되었다.

기계산업은 1970년대 초까지 자본재를 제대로 공급할 수 없을 정도로 기술 수준이 낮았다. 1973년 중화학공업 육성책에 따라 성장하기 시작하였으나, 1970년대 내내 고급 기계류에서는 자급 능력이 현격히 부족하여 일본에 의존하였다. 차후에 크게 성장한 자동차와 조선과 같은 수송기계류도 1970년대에는 기술 격차를 극복하지 못하여 최종 생산물을 단순 조립하거나 혹은 주요 기술적 과제를 해외에 의존했다.[18]

이처럼 제조업을 중심으로 2차산업은 급성장하며 1970년대 후반에는 중화학공업이 경공업을 추월하고, 기계제 대공업이 경제의 주도적 범주가 되었다. 하지만 서비스 부문 및 1차산업의 현실은 그렇지 못하였다. 대표적으로 당시 여전히 비중이 적지 않았던 농업에서는 1960년대 이후 자립경제를 향한 농공병진을 기치로 내걸었으나, 수출산업에 전략적으로 투자를 집중하던 상황에서 농업 투자는 항상 저조할 수밖에 없었다.

그러나 정부는 농업을 포기하지 않고 1960년대 후반부터 식량증산을 위한 농산물 이중곡가제를 실시하고, 1972년에는 다수확 품종 통일벼를 보급하여 1976년에는 염원하던 주곡 자급을 달성하였다.[19] 이 무렵 주곡을 중심으로 하는 집약농법—농약과 비료 그리고 인력을 최대한 집중적으로 투입하는 농법—이 절정에 이르렀고, 농가소득과 도시근로자 가계

---

18 이런 현실은 반체제운동권이 박정희 정권의 개발 전략을 지속적으로 대외 의존적 성장 전략으로 비판하고 부정하는 근거가 되었다.

19 다수확품종과 생산량에 관해서는 김한곤(1990) pp.122~124 참조.

소득의 격차 역시 크게 줄일 수 있었다.[20] 집약농업으로 농업 부문의 노동 생산성이 크게 증가하였던 것이 소득 향상으로 이어질 수 있었다.

이와 나란히 농촌 새마을운동이 시행되었다. 1972년경 본격화한 새마을운동은 전기와 도로 등 농촌 사회의 물적 기반을 정비하는 한편, 정신운동으로서 근면, 자조, 협동과 같은 근대적 가치를 강조하여 근대화를 확산시키는 통로로 역할하였다. 경제개발 전략을 근대화와 연결하여 전국적으로 확산시키려는 이 새로운 계몽 전략은 이후 도시/공장 새마을운동으로 확대되었다.[21]

전체적으로 보아 1970년대는 1974년의 오일쇼크로 위기를 겪지만 이전의 고도성장이 지속되는 시기이다. 1974~1975년 주춤거리며 오일쇼크의 충격을 흡수, 조정해낸 후,[22] 1976~1978년에는 매년 10%를 훌쩍 넘는 경이적인 경제성장을 이루어냈다. 나아가 일시적으로 국제수지 적자가 크게 줄면서 자립경제에 대한 열망이 현실이 될 수도 있다는 성급한 평가마저 나오기도 하였다.

박정희 시대 경제성장의 주요 측면들

5.16 쿠데타 이후 국가는 자립경제와 근대화를 위한 총력전을 지휘하고

---

20 도농 간 소득 격차는 1970년대 중반에 가장 축소되어 역전될 법한 정도까지 갔지만, 1970년대 후반에 다시 격차가 벌어지게 된다. 이헌창(1999) p.476.

21 새마을운동을 박정희 정권의 강제적인 대중동원으로 보는 입장과, 이와 대조적으로 농민의 입장에서 자발적으로 참여한 것으로 보는 입장이 존재한다. 물론 동원과 참여가 유기적으로 얽혀있는 것이어서 이를 참여적 동원이라 부르는 한도현(2006)같은 연구도 있다.

22 오일쇼크를 오히려 기회로 이용한 측면도 있었다. 중동의 산유국들을 새로운 상품 수출시장으로 주목하였고, 오일머니를 사회 인프라 등에 집중 투자하려는 산유국의 추세에 대응하여 산유국 건설시장에 재벌의 건설사들이 대거 진출하였다.

군림하는 국가였다. 국가는 한국전쟁을 거치면서 역량을 대폭 강화했고, 순응하는 국민 위에 군림하며 국가적 목표를 향해 모든 자원을 동원할 수 있었다. 많은 반대와 비판에도 불구하고 수출지향적 공업화라는 방향을 확정한 이후 흔들림 없이 일관된 정책을 이끌었다.

정부는 전략적 선택과 맞물린 각종 제도와 기구 등을 임기응변으로 만들어내면서 국가자본주의 축적체제를 형성하였고, 산업자본의 성장을 통한 국가적 목표의 달성에 모든 것을 희생시켰다. 내외의 자금을 동원하고, 법 제도 혹은 조세상의 편의를 제공하고, 산업공단 등 사회간접자본을 조성 제공하고, 해외 자본의 직접투자를 제어하고 경영권을 확고히 해주며, 수입을 통제하여 내수시장을 보호해주는 등 산업자본의 축적을 원활하게 하기 위해 가능한 모든 것을 하였다.

그런가 하면 빈곤 속에서 전망 없는 삶을 살던 국민들이 국가적 목표에 헌신하는 자아정체성을 갖도록 불러세웠다. 즉 그들을 조국 근대화의 기수 혹은 산업전사이자 수출역군으로 호명하여 국가적 목표에 복무하게 하는 데 성공하였다.[23] 열사의 사막 중동에서, 지하 갱도의 막장에서 혹은 철야의 생산 현장에서 분투하며 국가적 목표에 적극적으로 호응하는 국민으로 만들었다. 건국기를 거치며 전통적인 관계에서 벗어나 시장경제의 주변에 머물러 있던 국민이 근대를 주목하고 근대화를 열망하는 국민으로 재조직한 것이다.[24]

한편 급속한 산업화는 재벌 현상을 강화하였다. 1950년대에 시작된 재벌 현상은 1960년대 이후의 경제성장 과정에서 극적으로 규모를 키워

---

23 박정희 시대 전반의 지배와 대중의 동의 문제 논란에 관해서는 임지현·김용우(2005) 『대중독재』 2권 3부의 논문들 참조.
24 김원(2006a) 『여공, 그녀들의 反역사』 3장 및 5장, 황병주(2004) 3장 2절 참조.

갔다. 전환기에 재벌은 국가적 목표에 복무하는 산업 현장 담당자로서 자신을 위치짓고 적극적으로 국가의 산업정책 목표에 호응하였다. 이러한 재벌 집단은 국가가 제공하는 금융, 조세 혹은 인허가상의 각종 특혜 속에서 고속 성장할 수 있었다. 중화학공업화는 이러한 특혜들의 결정판을 제공하였고, 다수의 재벌은 다시 한번 그 규모를 폭발적으로 확장할 수 있는 기회를 맞았다. 재벌은 막대한 자본이 드는 중화학공업에 정부가 차관과 국유은행 체제를 통해 동원해준 자금으로 거대한 설비투자를 할 수 있었던 것이다. 이 과정은 차입자본에 크게 의존하는 구조를 심화시켜, 부채 의존형 재무구조를 초래했다. 이것은 나중에 재무구조 악화와 부실화를 초래하는 족쇄로 작용하게 된다.

· 8장 ·

반체제운동과 박정희 시대

1. 반체제운동의 등장

건국기 좌우파 간의 사생결단의 대결 이후, 한동안 국가에 저항하는 것은 상상조차 하기 어려웠다. 4.19마저도 자유민주주의라는 헌법적 가치를 수호하려는 것이었으니, 반체제를 상상하고 집단적으로 저항하는 것은 불가능했다. 그런데 1960년대 중반 들어 아주 약간의 변화가 생긴다. 자립경제를 어떻게 달성할 것인가 하는 방법을 둘러싸고 대립이 빚어진 것이다. 이 대립은 결국에는 반체제운동의 등장을 가져왔다.

경제개발이 궤도에 오르며 경공업 부문 임금노동자 수가 급속히 늘어나기 시작했고, 자본주의적 노사관계가 낳는 갈등의 여지도 점차 커졌다. 노동3법 등 법률은 갖추어져 있었지만, 여전히 이것을 다룰 제도나 관행 등은 준비되어 있지 않았다.

박정희 정권의 개발 전략에 반대하는 민족주의적 반체제운동과 노동
운동은 대체로 별개의 저항운동으로 나타났다. 전자가 주로 주요 대학에
뿌리내린 학생운동의 형태로 정치 사회적 사안에 따라 시위를 통해 반정
부적 메시지를 표현하는 식이었다면, 후자는 노동조합을 조직하여 노동
자의 권리를 최소한으로나마 확보해보려는 노력으로 나타났다.

노동운동의 태동

한국전쟁이 끝난 뒤 모든 저항의 가능성은 소거됐다. 건국기에 좌파 노동
운동에 대항하는 단체였던, 노동조합의 중앙 조직인 대한독립촉성전국노
동총동맹(1954년 이후 대한노총)은 제1공화국 시기에 관변 단체가 되었다.
1960년 11월 한국노동조합총연맹으로 이름을 바꾼 뒤에도 그런 측면은
그다지 달라지지 않았다. 1960년대에는 산업화의 진전으로 경공업을 중
심으로 노동자의 수가 급속하게 늘어났고, 이들의 임금, 근로시간 등 기
본적인 근로조건이 매우 좋지 않았다. 그러나 이러한 문제는 사회 문제로
거의 부각되지 못했다.

　　1960년대에 노동조합 활동이 전혀 없었던 것은 아니지만, 노동 문제
를 잠시나마 세상에 노출시킨 것은 1970년 11월 13일에 중소 봉제공장
이 몰려 있던 서울 평화시장에서 발생한 전태일의 분신이었다.[1] 이 사건
으로 노동 문제가 산업화와 나란히 확산되는 문제라는 점이 드러났다. 주
로 섬유, 의복 등 경공업 부문 여성 노동자들이 형편없는 근로조건하에
있었지만, 이들이 자기의 목소리를 내고 근로기준법 등이 규정한 법적 권
리의 일부라도 확보할 수 있도록 해줄 노동조합을 조직하기는 사실상 불

1　조영래(1983)『전태일 평전』참조.

가능했다. 1970년대 내내 이들 가운데 일부는 노동조합을 만들고 노동자의 권리를 찾는 일에 헌신하였다. 이들은 급성장하는 경제는 열악한 환경에서 장시간 일하는 저임금 노동력에 기반한 것이라는 점을 고발하고, 온갖 어려움을 무릅쓰고 이러한 상황을 개선하고자 노력하였다.

이러한 활동은 그러나 반체제적이라기보다 노동자의 기본적인 권리를 확보하기 위한 것이었고, 1970년대 동안 체제를 직접 동요시키는 역할을 하지는 않았다. 그것은 산업화와 함께 대규모 노동자층이 형성되었지만, 1970년대의 노동자들은 계급적 자의식보다 산업전사로서 호명되는 것을 긍정하는 자의식을 가지고 있었기 때문이었다.[2]

학생운동

앞에서 지적한 대로 일본과의 수교 추진을 계기로 자립경제 건설이라는 시대적 과제에 공감하여 5.16 직후 형성되었던 민족민주세대의 지도 집단 내부에 균열이 발생했다. 박정희 정권과 긴장 속에서 협력을 모색하던 4.19 세대와 그 후속 세대의 일부가 수교를 강행하는 박정희 정권을 비판하면서 갈라선 것이다.

학생운동의 형식으로 한국전쟁 이후 처음 등장한 반체제운동은 박정희 정권의 경제개발 전략, 나아가 정권 그 자체가 반민족적이라고 규정했다. 1960년대 말 박정희 정권이 3선 개헌을 거쳐 집권 연장을 도모하자 반체제운동은 몇몇 대학가에 확고히 뿌리내리게 된다. 이후 학생운동은

---

2 이 당시 노조 활동에 적극적이었던 노동자에 대해서조차 민주화담론이 그리는 상, 즉 정권과 자본의 탄압에 대항하여 투사로 성장하는 노동자라는 단순한 상은 기각된다. 김원(2006a) 5장 및 김준(2006) 참조. 1970년대 노동자들이 국가적 동원에 동의 혹은 묵수하는 면모나 남성 노동자의 보수성을 지적하는 논의로는 신광영(2006) 참조.

지속적으로 반정부 시위를 조직하고 후속세대를 형성하고자 하였고, 학생운동 출신으로 이루어진 반체제운동 집단을 낳게 된다. 스스로를 민족민주운동이라 부르는 반체제운동이 생겨난 것이다.[3]

이러한 학생운동 내지 민족주의적 반체제운동, 곧 민족민주운동은 나란히 가고 있던 노동운동 혹은 노동자 권리 확보 운동과 별다른 관련을 갖지는 못했다. 반체제운동은 주로 정권의 개발전략이나 권위주의에 대항하여 민족주의적 문제의식을 가졌을 뿐, 급진운동의 근본적인 바탕이 될 수 있는 노동계급의 대두에 대해서는 특별한 주의를 기울이지 않았다. 1970년의 전태일 분신은 상당한 충격을 주고 노동자의 열악한 근로조건을 새삼 환기시켰으나, 학생운동 등 민족민주운동 세력 전반의 반체제운동은 여전히 노동 문제를 자신들의 주요한 문제의식 속으로 끌어들이지 않았다.[4] 다만 일부 학생운동 출신 활동가들은 사회 변혁을 위한 노동 대중의 역량에 주목하며 노동운동에 주의를 기울였다. 그리하여 이들 중 노동운동에 개인적인 결단으로 뛰어들거나[5] 종교조직을 통해서 지원하는

---

3   민족민주세대의 이러한 분열 이후, 1960년대 후반으로 가면서 반체제운동의 도전이 점점 뚜렷해지자 '민족혁명'을 말하던 박정희 정권 스스로 민족적 민주주의를 더 이상 언급하지 않았다(김일영(2006b) p.181). 반대로 반체제운동집단은 민족적 민주주의를 자기정체성으로 독점하고 스스로를 민족민주운동으로 칭하며, 지속적으로 박정희 정권 혹은 경제개발전략 등을 반민족적으로 묘사하고 비판하였다. 이후 대중의 중요성을 강조하는 흐름이 대두하면서 민중운동 혹은 민중민주운동 등으로 종종 달리 불리기도 하였지만 민족민주운동이 급진 반체제운동의 정식 이름이다. 한편 구 소련은 신생국의 민족주의 정권의 성격을 민족민주주의로, 그 국가를 민족민주국가로 부르며 비자본주의적 발전을 통해 사회주의로 나아가는 진보적인 실체로 보았다. 한국의 민족민주운동은 이러한 구 소련의 규정을 자신의 정체성으로 삼았다. 구 소련의 이러한 개념화에 대해서는 송주명(1989) pp.119~125 참조.

4   "1970년대 전반에 걸쳐 학생운동이 노동운동과 '조직적 연계'를 가진 경우는 거의 없었으며 …… 또한 당시 학생운동은 노동자운동과 민중운동을 이념적 조직적으로 지도할 만한 수준이 아니었다." 김원(2006a) p.442.

활동이 나타나게 된다.[6]

혁신세력의 반체제운동

4.19 직후 이완된 정세에서 정치 활동을 재개했던 좌익계들은 곧이은 5.16으로 모든 활동을 중단해야 했다. 5.16은 다시 한번 반공주의를 확인하고 좌익의 활동에 족쇄를 채웠고, 좌익은 여전한 반공주의를 극복하지 못했다.[7]

공개적인 활동이 좌절된 좌익은 1960~1970년대에 지하 전위당 건설을 시도한다. 이들은 해방 정국 이래의 민주기지 노선, 즉 북한을 민주기지로 하고 남한을 북한의 지원하에 해방시킨다는 꿈을 꾸고 있었다.[8] 하지만 이들의 시도는 반공주의의 벽을 전혀 넘지 못한 채 끝나고 만다. 통일혁명당(1968년)과 남조선민족해방전선(1979년) 등 몇 차례의 공안사건이 그것이다.[9]

이 가운데 통일혁명당 사건은 북한과 명시적으로 연계된 지하 활동이었다. 말하자면 종북주의 그룹에 의한 조직 활동이었다.[10] 이들은 북한의 주체사상을 지도 이념으로 삼았고, 주도자 일부는 북한을 다녀왔으며, 북한의 인식을 따라 반봉건민주주의혁명과 민족통일을 목표로 무장투쟁까지 고려하였다.

---

5 그런 삶의 한 전형을 보여 주는 것으로 정윤광(2005) 『저항의 삶, 내가 살아온 역사』 참조.
6 이러한 학생운동의 실천에 관해서는 김원(2006a) p.441 참조.
7 오유석 외(2010) 참조.
8 민주기지론에 관해서는 김연각(1999) 참조.
9 이 두 사건들에 관해서는 최문성(1991) 참조. 이 연구는 이러한 지하혁명당 조직들의 특징, 면모 등을 다각도로 정교하게 분석하고 있다.
10 이창언(2011) p.124 참조.

반면 1964년의 인민혁명당(인혁당) 사건과 1975년의 인혁당 재건위 사건은 북한과 연계되지 않은 사안으로 파악된다. 2000년대 들어 진행된 재심에서 재판부는 이에 연루된 사람들에게 무죄를 선고했다. 사건이 조작된 것으로 인정한 것이다.[11] 한국전쟁 이후에도 잔존했던 좌파 가운데 상당수의 인물이 4.19 직후 민족민주청년동맹과 통일민주청년동맹 등을 거쳐 민자통과 같은 혁신계 활동에 나섰다가 5.16 이후 인혁당 사건에 연루되어 크게 피해를 입었다.[12] 인혁당 사건은 잔존 구 좌익과 새로이 등장하던 반체제운동의 연계에 대해 국가가 과민하게 반응하여 폭력적으로 탄압한 것이었다. 이처럼 1960~1970년대에 좌익 인사들에 의한 전위조직 활동은 체제의 단속을 넘어설 수 없었다.[13]

통상 좌파의 역사학은 이 시기의 민족민주운동을 이야기할 때 독재정권의 탄압을 받았다는 것을 제외하고는 이러한 잔존 좌파의 조직 활동에 대해서는 전혀 언급하지 않는다. 아마도 이러한 시도가 대개 고립된 것이었고, 이들과 인적 혹은 사상적 연계를 내세우는 후계 그룹이 없었던 데다가, 무엇보다 1970년대의 대중과 유리된 채 자신들만의 의지로 변혁을 꿈꾸었던 탓일 것이다.[14]

---

11 재심 판결과는 달리 이 사건의 실체에 관해 다른 증언들이 없는 것은 아니다. 이에 관해서는 한기홍(2012) 2부(인혁당 사건), 안병직(2011) 참조. 안병직은 체험을 증언하는 형식으로 인혁당 사건, 통혁당 사건, 인혁당 재건위 사건의 경위를 기술하고 있다.

12 민족민주청년동맹과 통일민주청년동맹(결성준비위원회)에 관해서는 박태순 외(1991) 4장 참조. 여기에 모인 사람들은 전쟁 당시 인민군이 진입하지 못한 부산 및 대구 지역 출신으로서, 전쟁 동안 노출되지 않았기에 잔존할 수 있었던 구 좌파 인물들이었다.

13 이러한 공안사건들의 내용에 관해서는 세계 편집부(1986) 『공안사건기록』 참조.

14 이와 대조적인 것으로는 1970년대 말에 드러난 '크리스찬 아카데미 사건'이나 1980년에 조직된 '전국민주노동자연맹 사건'을 들 수 있다. 저항운동의 중간지도층을 양성하고자 한 전자와, 지식인 노동운동가 출신이 모여 마르크스주의적 발상에 의거한 노동운동과 사회운동의 조직을 꿈꾼 후자는 대중성을 지향하는, 1980년대 저항운동의 지향을 미리 보여준

다시 읽는 한국 현대사

2. 유신체제

1972년 말의 유신헌법 제정을 전후로 박정희 정권을 나누어 생각해 볼 수 있다. 정권의 전반적인 지향과 국가 경영의 메커니즘에는 큰 변화는 없지만, 정치적 갈등의 차원이 달라지는 변화가 있기 때문이다. 무엇이 그런 변화를 강제하고 결국 정권을 파국으로 치닫게 했는가는 그다지 어렵지 않게 확인할 수 있다.[15]

　1960년대에 시작된 근대화와 경제성장을 향한 박정희 정권의 총동원체제는 시간이 흐르면서 점점 더 강한 저항과 어려움에 직면하였다. 1960년대 중반 이후 한편으로는 간헐적이지만 학생운동과 학생운동 출신 직업 운동가들의 저항과 비판이 지속되었다. 학생운동과 재야[16] 반체제운동세력, 즉 민족민주운동은 박정희 정권의 성장 전략이 대외 의존적이고 왜곡된 성장을 초래해 자립경제를 불가능하게 만들 것이라고 주장했다. 또한 저임금, 국제수지 악화 등은 그러한 성장 전략의 결과라고 비난하며 정권과 체제를 공격하였다.[17] 5.16으로 정권에서 밀려나 야당의 길을 걷게된 집단도 도전에 나섰다. 박정희 정권은 주기적인 선거를 거쳐야 하는 민주주의 제도의 틀 안에서 상대 정당의 성가신 도전에도 직면했던 것이다.

것으로 평가된다. 이에 관해서는 이광일(2010) 『박정희체제, 자유주의적 비판 뛰어넘기』 pp.273~281 참조.

15　이 시기의 전반적인 정세 및 박정희 정권의 정세 인식에 관해서는 배긍찬(1999), 정영국(1999) 참조.

16　이때의 재야란 민주화운동에 전념하던, 주로 학생운동 출신의 반체제운동 집단 혹은 개인을 가리키던 말이다. 이들은 1970~1980년대 민족민주운동의 중추를 이루었다.

17　이러한 비판들은 1970년대 말 민족경제론이라는 이름으로 총괄된다. 민족경제론에 관해서는 정윤형(1995) pp.13~14, 박현채(1978) 『민족경제론』 참조.

그런가 하면 한반도 주변 정세 또한 급격하게 변화하고 있었다. 한국 전쟁의 두 당사자인 미국과 중국이 1971년 이래 관계 정상화에 나서고, 1972년에는 중국과 일본이 국교를 정상화 하는 등 박정희 정권이 생각하지 못한 방향으로 국제정세가 격변하면서 안보가 정권의 초미의 관심사가 되었다.[18] 미국은 1971년 주한미군 규모를 축소하였다. 덧붙여 그동안 북한과 적대 일변도였다가 남북공동성명(1972년 7월)에 이르게 되는 과정 또한 안보 문제를 더욱 환기했을 것이다. 안보 위기에 대한 이러한 인식을 바탕으로 박정희 정권은 대외적 위기에 대처하기 위해 대내적 통제를 강화하였다.[19]

한편 1960년대 중반부터 폭발적인 경제성장을 시작했으나, 갑작스런 성장에 따른 문제들도 드러났다. 앞서 지적한 대로 차관으로 건설한 기업 상당수가 부실하다는 것이 밝혀지는가 하면(1969년), 사채동결조치(1972년)를 불러온 금융시장의 구조적 후진성 등이 그것이다. 노동운동의 태동과 함께 광주대단지사건(1971년)[20]과 같이 급격한 개발에 삶의 뿌리가 흔들린 사람들의 문제도 드러났다. 늘어나는 수출 이상으로 수입이 급증하여 국제수지 적자가 심화되고 경기침체의 조짐도 나타났다.

1970년대 초반의 이러한 문제들, 즉 국제정세 급변, 안보 이슈 부각, 심화되는 경제 불안정성, 거세지는 정치적 도전 등에 대해 박정희 정권은 정치 그 자체를 정지시키는 시도를 하기에 이른다. 그리고 경제개발과 근대화라는 과제를 위해 대통령과 그의 밀실에 포진한 행정기술 관료, 소수의 거대 산업자본가 등 일부 친위 집단만으로 통치를 지속하려고 하였다.[21]

---

18 당시의 한미관계 및 국제정세에 관해서는 마상윤(2014) pp.212~216.
19 마상윤(2014) pp.213~214.
20 광주대단지 사건에 관해서는 신광영(1999) p.249 참조.

다시 읽는 한국 현대사

이것이 소위 유신체제였다.

체제 전환의 조짐은 1969년 3선 개헌에서 이미 드러나고 있었다. 박정희 정권은 3선 개헌으로 장기 집권을 도모했다.[22] 뒤이어 1972년 10월 비상사태를 선포하고 국민투표를 통해 개헌을 단행하여 제4공화국, 소위 유신체제가 출범했다. 유신체제는 권위주의를 통해서 국회와 정당의 권능을 축소하고 행정적 자율성을 극대화하여 박정희 정권이 구상하는 자립경제 전략을 극한까지 밀고 나가려 했던 것이다.

새 헌법은 간선제로 선출하는 대통령의 권한을 크게 확대하여 국회의원 1/3을 지명하게 하고 필요할 경우 긴급조치를 발동할 수 있게 하였다. 긴급조치는 새 헌법에 의거한 대통령의 특별조치로서, 헌법과 동일한 권한을 가졌다.[23] 유신헌법 이전과 이후의 헌법도 대통령의 긴급명령권을 규정하고 있지만, 모두 법률과 동등한 효력을 가질 뿐이었다. 박정희 정권은 1974~1975년에 걸쳐 모두 9차례의 긴급조치를 발동했는데, 주로 야당의 정치적 도전이나 학생운동 등 반체제운동의 저항을 봉쇄하기 위한 것이었다. 특히 네 차례의 긴급조치(1,2,4,9호)가 그러하였다.[24]

유신헌법과 그에 따른 긴급조치는 반체제운동을 일시적으로 위축시켰다. 3선개헌 이후 시작된 민주화운동—학생과 재야의 반체제운동 및 야

---

21 중화학공업화도 이러한 체제의 권위주의화와 관련된 것으로 지적하는 연구도 보인다. 김형아(2005)는 중화학공업화와 병기산업 육성, 그리고 유신체제가 서로 뗄 수 없는 관련을 맺은 것으로 평가하고 있다. 중화학공업화에 대한 정치적 간섭이나 반대 없이 집행할 국가를 창출하고 정부를 통제하는 것이 필요했다는 것이다.
22 정치로부터 자립한 국가를 만들고자 한 것이다. 이에 관해서는 김일영(2010) 8장 참조.
23 긴급조치가 헌법적 권한을 갖는다는 것은 입법부의 사후 의결조차 필요 없었고, 사법심사의 대상이 되지도 않았기 때문이다.
24 긴급조치에 관해서는 마인섭(1999) 참조.

당의 민주회복운동—은 유신체제에서 한층 강한 탄압을 받았다. 하지만 그것은 반체제운동의 명분을 강화시켰다. 이러한 정세는 학생운동 등 반체제운동의 급진화[25]를 부추기는 한편 이들과 보수야당[26]의 연대를 촉진했다. 민족민주운동과 보수야당은 유신체제 반대, 민주 회복이라는 단일 목표 아래 연대하기 시작하였다. 극심한 탄압 속에서도 이들의 대정부 투쟁은 계속되었고 정치적 긴장은 고조되었다. 권위주의 정치로부터 비롯된 이러한 상황은 한미 관계를 악화시키고 정치적 긴장을 심화시켜 정권의 수명을 단축시키게 된다.

3. 박정희 시대의 끝

경제위기

1970년대 후반에는 공전의 대호황 속에 폭발적인 경제성장을 기록하였다. 그러나 이러한 고성장과 호황 이면에 여러 문제들이 누적되고 있었다. 오일쇼크에 따른 인플레이션, 부동산 투기 등 구조적 취약성을 드러내는 문

---

25 유신체제하의 반체제운동은 한층 심한 탄압을 받았다. 저항운동에 나서려면 큰 결단이 필요했다. 극심한 탄압은 이때부터 반체제운동의 뚜렷한 급진화를 낳았다. 반체제운동을 대표하던 이 시기 학생운동의 급진화에 대해서는 이창언(2014) 3~4장 참조.

26 1970~1980년대 동안 권위주의 정권에 대항하여 민주 회복을 지향하며 민족민주운동과 연대하곤 하였던 의회주의 정치 집단이다. 이 집단이 1950년대 이래 정통 보수를 자임하였고 자유민주주의를 지향하였기 때문에 민족민주운동권은 이들을 보수야당이라 불렀다. 이 집단과 연대하여 민주화운동에 함께 나서지만 정체성은 엄연히 다르다는 정도의 의미였을 것이다. 1980년대 후반 민주화 이후 민족민주운동의 주요 인사들이 이러한 정당에 흡수 통합되는데, 이때쯤 해서 보수야당이라는 표현은 소멸한다. 이 책에서도 여기에 맞춰 이 표현을 사용하였다. 즉 민족민주운동과 연대하여 민주화운동에 나서던 맥락에서는 보수야당으로, 기타의 맥락에서는 의회주의 정치 집단으로 표현한다.

제들과 함께 중화학공업에 대한 집중적인 투자의 문제가 드러나기 시작했다.

처음에는 중화학공업 투자를 꺼리던 재벌계 산업자본들은 정부의 전면적인 지원 속에 경쟁적으로 투자와 건설에 나섰다. 그 결과 불과 몇 년 사이에 경공업과 중화학공업의 비중이 역전되었다. 그런데 완공된 중화학공업 설비들 중 상당수는 제대로 가동되지도 못했다. 1979년 원유 가격이 다시 폭등하여 제2차 오일쇼크가 발생하였다. 오일쇼크는 주요 수출 시장이던 선진국 경제를 침체시켜 수출에 제동이 걸렸다. 제조업 전체의 가동률이 떨어졌고, 특히 중화학공업이 심각한 타격을 받았다. 수년간의 집중적인 중화학 투자는 일거에 과잉 투자가 되었다. 중화학공업 기업의 45%가 적자를 기록했고, 중화학공업 투자에 소요된 외자와 수출 부진으로 국제수지는 악화되고 외채가 급격히 늘어났다.[27]

중화학공업을 위한 기술 및 인력이 부족한 문제도 드러났다. 중화학공업을 위한 설비는 갖추었으나 이를 가동할 기반이 준비되지 않았던 것이다. 또한 중화학공업에 과도하게 쏠린 투자는 자연히 경공업 투자 부족을 낳았고 경제성장 둔화와 인플레이션을 부채질하였다.

이렇게 하여 급성장하던 한국경제는 1979~1980년 위기에 직면하였다. 이 위기는 박정희 정권의 종말을 재촉하고 일부 기술 관료들이 국가주도적 개발체제를 반성하는 계기가 되었다. 이것은 1980년대 초부터 '민간 주도'라는 이름으로 시작되는 경제 시스템 변화의 출발점이 되었다.[28]

---

27 중화학공업 투자의 이러한 실정에 관해서는 이헌창(1999) p.471.

28 김흥기(1999) 『비사 경제기획원 33년 ― 영욕의 한국경제』 p.268.

정치위기와 봉합

박정희 정권의 강압 통치는 정권 주도의 국가주의·민족주의와 저항 민족주의 사이의 갈등을 고조시켰다. 유신이라는 강권 억압 체제하에서도 저항은 계속되었는데, 소수의 대학에서였지만 학생들의 반정부 시위와 민주화운동 그룹—일부 보수야당 정치인과 그들의 민주 회복 요구에 연대한 재야 민족민주운동 그룹—의 저항이 이어졌다. 이들은 독재와 대외 의존적 경제개발 전략을 비난하면서 민주 회복을 주장했다. 이러한 요인들은 경제위기 조짐과 함께 1979년의 정치위기를 가져왔다.

1979년 봄, 체제 도전을 엄격하게 탄압하던 유신체제하에서 김영삼, 김대중 등 보수야당의 명망가들이 개헌을 주장하며 박정희 정권에 정면 도전하였다. 이미 1970년대 초반 박정희의 정적으로 떠오른 두 사람이 1979년에 이르러 유신체제에 맞부딪혀 간 것이다. 이들의 시도는 견고하게만 보였던 체제에 균열을 일으켰고, 이어진 탄압은 마침내 대중적인 저항을 불러왔다. 김영삼이 탄압 받자[29] 그의 지역적 기반인 부산 및 마산 지역에서 이에 항의하는 대중적 시위가 발생하였다. 유신체제하에서 후퇴한 민주주의에 의문을 가지면서도 침묵하던 대중이 학생들의 시위에 호응하는 모습을 보였던 것이다. 이러한 저항과 시위는 정권 핵심부의 분열과 대립을 야기하였고, 박정희는 1979년 10월 26일 부하 김재규에게 피살당한다.

이 정변으로 많은 사람들은 후퇴한 민주주의가 복원될 것으로 기대하였으나 그렇게 되지는 않았다. 박정희의 사망으로 생겨난 공백 상태에서

---

29 당시 제1야당 신민당의 총재이던 김영삼을 정치공작을 통해 총재직에서 끌어내리고, 그가 외신과 한 기자회견을 문제 삼아 여당이 주도하여 국회의원직에서 제명하였다.

다시 읽는 한국 현대사

권력을 손에 넣은 것은 정권에 계속 도전했던 정치가와 정당이 아니라 전두환이 이끄는 일부 군인 집단이였다. 1979년 12월 12일 군부를 숙정하는 기회를 잡을 수 있었던 전두환의 신군부[30] 세력은 이를 권력을 장악하는 출발점으로 삼았다.

민주화운동을 주도하던 정당인이나 학생운동 출신의 재야 민주화운동가 모두 이러한 사태 진전을 불안하게 바라보았으나 저지할 방법을 찾지 못하였다. 박정희 정권에 저항하던 집단이나 박정희 정권의 주변 집단이 소망했던 헌법 개정과 이에 기반한 민주적인 정부 수립에는 뚜렷한 진척이 없었다.

그런 가운데 1980년 봄에 민주화 일정의 진전을 요구하는 시위가 이어지던 '서울의 봄'이 있었다. 서울의 주요 대학에서는 민주화를 촉구하는 학생 집회와 시위가 지속되었다. 집권을 향한 정당과 정치인의 이합집산과 경쟁 속에 민주화 일정이 불투명한 상황이 이어졌다. 학생들은 교내에서 집회를 하고 가두시위를 자제하고 있었으나, 5월 중순이 되면서 거리로 나가게 된다. 신군부의 집권 의도가 가시화되는 것을 보고 그동안 빌미를 제공하지 않기 위해 자제하던 가두시위를 시작한 것이다.[31]

신군부는 이를 기다렸다는 듯 5월 17일 계엄령을 확대 선포한 후 시위 지도부를 체포하고 유력 정치인들을 체포 또는 연금하기 시작하였다. 이렇게 하여 서울의 시위는 소강상태로 들어가고 신군부는 집권의 장애물을 거의 제거할 수 있었다. 이러한 상황 반전에는 여러 이유가 있을 수 있겠으나, 무엇보다 일반 시민들이 가두시위에 동조하지 않은 점이 가장 컸다.[32]

---

30 신군부란 당시 전두환 중심의 군부 후속세대를 가리키던 말로서, 6.25를 경험한 군부의 선배 장교집단에 대비하여 부르던 명칭이다.

31 서울의 봄 당시의 정세에 관해서는 김형철(2010) p.105 참조.

하지만 광주에서는 상황이 달랐다. 호남의 명망 정치인 김대중이 신군부에 의해 구금되자 이번에는 광주, 전남 지역의 대중들이 불복하는 상황이 되었다. 계엄 선포에 저항하는 시위가 광주에서 일어났고, 이를 진압하려는 계엄군의 폭력에 분노한 시민들이 함께하였다. 계엄군은 무력으로 이를 제압하였다. 비록 참혹한 희생을 치르며 광주민주화운동은 진압되었지만 이후 민주화운동의 명분을 한층 강화하고, 덧붙여 반체제운동에 반미주의를 환기하는 계기가 되었다.[33]

1980년의 민주화운동은 지역의 유력 정치 지도자가 탄압받은 광주 인근 지역을 제외하고는 시민의 동참을 이끌어내는 데 실패했다. 학생운동과 일부 지역의 시민 저항에도 불구하고 전두환이 중심이 된 신군부가 무력으로 집권에 성공했다. 계엄령을 확대했을 때 서울과 수도권에서는 대중적인 저항이 일어나지 않고 광주 전남 지방에서만 국지적으로 저항이 있었기 때문에 무력으로 이를 봉쇄할 수 있었던 것이다.

학생운동이나 정치인의 저항 외에도 1980년 봄에는 노동운동이 부분적으로 활성화되기도 하였으나,[34] 이 모든 것이 민주주의를 향한 일반 시민의 의식을 자극하고 동원하는 데는 이르지 못하였다. 한국에서 민주화운동이 전 사회적 차원의 반향을 낳는 내실을 갖추는 데는 약간의 세월이 더 필요했다. 물론 이 시기의 경험과 좌절이 불과 7년 뒤인 1987년 민주화를 낳는 거대한 흐름의 밑거름이 된 것은 말할 필요도 없을 것이다.

---

32 서울의 봄과 그 좌절의 경과에 관해서는 정상용 외(1990) 2부와 김영명(1999) 『고쳐쓴 한국 현대 정치사』 pp.231~238 참조.

33 광주민주화운동을 통해 비로소 제국주의로서의 미국의 본질, 미국의 식민지로서의 한국의 현실을 자각하게 되었다는 것이 민주운동 담론에서 제시하는 기본적인 줄거리이다. 예를 들자면 박미경(1990) pp.251~253.

34 이에 관해서는 정상용 외(1990) pp.104~109 참조.

전두환과 신군부 일당이 권력을 장악함으로써 국가 주도로 경제개발을 지속하는 체제 혹은 그런 시대의 수명은 연장되었다. 신군부는 권력 장악에는 성공했지만 시민들의 민주적 의식이 성숙한 것을 무시하지는 못했다. 그들은 장기 집권을 배제한다는 주장을 반복하며 새 헌법에서 대통령 임기를 7년 단임으로 하였다. 이것은 정권을 장악한 명분이 취약하다는 것을 의식한 데다가 더 이상의 장기 집권을 허용하지 않으려는 시민 의식이 어느 정도 확산되어 있다고 판단한 데 따른 것으로 생각할 수 있다.

박정희 시대

1979년 10월 26일 그의 죽음으로 박정희 시대는 물리적으로는 끝났다. 그는 불행한 죽음을 맞았고, 그가 구축한 정치체제나 경제체제는 모두 과거의 것이 되었다. 1987년 이후 한국사회의 민주화는 거스를 수 없는 시대적 대세가 되었고, 그가 중심이 되어 구축한 국가자본주의 축적체제의 주요 요소들은 1990년대 말의 경제위기와 개혁을 거치며 최종적으로 해체되었다. 박정희의 등장과 족적 그리고 죽음은 이제 상당한 과거의 일이 되었다. 그러나 그에 관한 논란은 현재진행형이다. 역사 바로세우기 혹은 역사 전쟁이 시작된 이후 그를 둘러싼 논의는 오히려 그를 현재로 불러내고 있다.

박정희에 대해 상반된 평가를 하는 두 입장 간에는 넘을 수 없는 간극이 있다. 한쪽에서는 독재자, 친일파, 민족 반역자이자 민주주의를 말살하여 암흑의 시대를 연출한 자이지만, 다른 한쪽에서는 기적의 경제성장을 이끌며 한국을 빈곤의 늪에서 건져 단번에 근대화한 강한 국가로 건설한 위대한 인물로 묘사한다. 한편은 그를 모든 악의 근원이자 악의 실제 집행자로 간주하지만, 다른 한편에서는 그가 오늘의 한국의 물질적 풍요나 국력 등을 가능케한 세기의 지도자라고 인정하는 것이다. 이렇게 대립하는 두 입장은 평행선만 달릴 뿐 수렴의 가능성은 전혀 볼 수 없다.

두 입장이 이렇게 극단적으로 다른 이유는 그것이 역사의 문제이기 이전에 권력의 문제이기 때문이다. 권력을 다투는 보수 진보 각 정치집단은 과거의 여러 일들을 편집, 부각, 윤색, 혹은 삭제하여 자신들만의 현대사를 가공하며 정치적 정당성을 입증하고자 애쓴다. 이러한 역사전쟁의 현장에서 박정희는 선 혹은 악의 화신으로 거듭나고 있는 것이다.

이러한 평행선은 2016년 현재에도 여전히 진행 중인 극복 불가능한 의사 내전 상태를 나타내는 것일까? 그 어느 쪽이든 과거를 지나치게 단순화하여 악의 화신 혹은 불세출의 영웅으로 묘사하는 것은 모두 이데올로기적 구성물이다. 이렇게 평행하는 두 입장이 물러서지 않고 대립하는 것은 권력을 향한 날선 대치관계를 반영한다. 그리고 그것은 보수와 진보 양 정치세력의 정치적 수용 역량의 한계를 드러낸다. 곧 상대를 용인하고 수용하지 못하는 한계, 현재의 한국사회가 요구하는 정치역량을 갖지 못한 채, 혹은 갖지 못하였으나 지배를 향한 욕구에 충실해야 하는 정파들의 한계가 노골적으로 드러나고 있는 것이다. 상대의 공을 인정하고 상대의 존재를 수용하는 역량, 그리하여 상대방을 포용함으로써 시대를 지도할 수 있는 역량은 어디에서도 찾을 수 없다.

그러면 무엇을 기대해야 하는가? 분명한 것은 새로운 전략적 비전과 세상을 지도할 자신감을 가지고 상대의 과거를 포용 혹은 수용할 수 있는, 그리하여 상대에 대한 비방을 통해 정당성을 확보하는 것이 아니라 현재의 과제에 대한 실질적인 대안을 통해 지지를 받는 정치적 역량의 도래를 기다려야 한다는 것이다. 결국 한국이 박정희와 그의 시대를 긍정할 힘을 갖게 되는 것은 그만큼 성숙한 사회로 변한다는 것을 의미한다.

· 9장 ·
자립경제와 국면 전환

1. 1979~1980년의 경제위기와 자본의 재편성

전두환의 신군부는 민주화를 지향하던 여러 정치세력을 제압하고 집권에 성공한다. 집권 이후에도 전두환 정권은 학생운동과 민주화운동 세력의 활동을 철저히 단속하였다. 하지만 이러한 억압과는 별도로 위기에 처한 경제의 회복이 초미의 과제였다.

　1979년부터 한국경제는 한동안 성장이 둔화되는 경기침체를 경험했다. 2차 오일쇼크의 충격으로 서방의 경제성장이 둔화되자 1980년 들어 경제위기는 현실이 되었다. 제조업 부진과 더불어 농업마저 흉작이 들어 1960년대 이래 처음으로 마이너스 경제성장을 기록했다.

　1980년의 경제위기는 한국경제가 경제개발 전략을 실행에 옮긴 후 처음 마주친 본격적인 위기였다. 대규모 중화학공업 기업 상당수가 부실 기업으로 변하였고 2차 오일쇼크의 충격으로 인플레이션도 극심하게 일어났다. 중대한 경제 문제들이 한번에 터져나온 것이다. 무엇보다 수출 시장인 선진국 경제의 침체로 인한 충격과 중화학공업 집중 투자로 인한 문제 등은 그동안의 성장 전략과 연관되어 있었다.

이에 따라 새로 권력을 장악한 전두환 정권은 축적체제의 정상화를 위해 구조 개혁을 목표로 하는 여러 가지 정책을 펴지 않을 수 없었다. 이런 과정에서 박정희 정권의 유산인 국가자본주의 체제의 전환 문제에 직면하게 된다. 위기에 빠진 중화학공업 기업들을 살려내는 문제, 누적된 외채의 압박 해소, 인플레이션 억제, 그리고 국가 주도에 대한 반성과 대책 등이 긴급한 과제이자 또한 중장기적인 과제이기도 하였다.

중화학공업 구조조정과 성장

무엇보다 중화학공업 과잉 투자 문제를 시급히 해결해야 했다. 앞서 언급한 것처럼 중화학공업은 재벌들이 금융 및 조세상의 특혜 속에 투자에 나서 1970년대 후반에 급격하게 성장했다. 야심찬 기획이었던 중화학공업 육성은 그러나 곧 과실이 아닌 위기를 가져왔다.

전두환 정권은 경쟁력이 없어 가동률이 크게 떨어진 중화학공업 기업들을 두 차례에 걸쳐 강제로 구조조정하였다. 동일한 업종과 분야별로 둘 이상의 기업이 있는 경우 중복 투자로 간주하여, 이를 하나 혹은 두 개의 기업으로 강제 통합한 것이다. 자동차, 발전 설비, 디젤 엔진, 동 제련, 전자교환기, 중전기기 등의 분야에서 그러한 구조조정이 이루어졌다. 중복 투자를 조정한다는 것은 사실 특정 기업에게 독점의 지위를 부여한 것이었다. 여기에는 물론 후속 특혜 조치가 뒤따랐다. 구제금융을 제공하고 채무상환을 늦춰주는 등이 그것이다.

다시 읽는 한국 현대사

당시 어느 정도 성장해 있던 자본이 강압적인 구조조정을 거부하는 경우도 있었다(예컨대 1981년 연초의 2차 구조조정의 일환이었던 '자동차공업합리화조치'는 기아자동차와 동아자동차—현 쌍용자동차—의 합병을 규정하고 있었으나 기아자동차의 반발로 결국 1982년 이 조치는 백지화되었다). 이러한 강제 구조조정은 그러나 시간이 흐르면서 그 의미가 축소된다. 몇 년 뒤 경제 상황이 호전되면서 구조조정의 경계가 사실상 소멸했기 때문이다. 예컨대 1980년 8월의 '자동차부분 투자조정 조치' 이후 승용차 생산을 할 수 없게 되었던 기아자동차는, 그것이 부분적으로 해제된 1987년부터는 다시 승용차 생산을 시작할 수 있었다.

그러나 중화학공업의 문제는 그런 응급 처방만으로는 해결될 수 없는 성질의 것이었다. 근본적으로는 중화학공업 기업이 세계시장에서의 경쟁력을 키워야 했다. 그리하여 기술적 능력을 높이고 소재와 부품 부문을 확장하여 경쟁력을 기르는 방향으로 나아가야 했는데, 이는 시간을 필요로 하는 일이었다. 이를 위해서는 기업 간, 산업 간 유기적 분업 관련성을 높이는 방향으로 경제구조를 재구축해야 했다. 곧 중화학공업 대기업만이 아니라 중소기업이 널리 참여하는 산업구조 변화를 필요로 하는 것이었다. 중화학공업화는 대기업과 중소기업이 동일한 분야에서 같은 시장을 두고 경쟁하는 상황을 벗어나 분업 관련을 맺을 수 있는 가능성을 크게 열어주었다. 중화학공업 소재나 부품 관련 중소기업을 육성하여 대자본과 연계를 촉진하는 정책이 기왕의 약자보호론에 따른 중소기업 정책을 대신하게 되었다. 중소기업을 '근대화'하고 대기업과 연계를 맺게하는 것이다. 즉 최종제품을 조립하는 생산 설비를 갖추고 있는 대기업과 전문화된 중소기업을 유기적 관계—하청계열화—로 연결하는 것이다. 이와 함께 재벌계 대자본의 내부 구조에도 변화가 생겨난다. 계열기업 간 유기

적 생산, 분업 관련성이 증대하는 것이다. 이리하여 수직적 통합생산체제
가 실현되기 시작하였다.[1]

이러한 변화와 함께 해외자본의 국내 진출이 늘어났다. 애초 중화학공
업화를 시작하던 때는 한국에 직접 진출하는 것에 소극적이었던 해외의
대기업이 합작과 기술 공여 형태로 대거 국내로 진출한 것이다.[2] 대량생
산체제를 합리화하여 경쟁력을 높이려던 대기업의 이해와 부합하는 변
화였다. 이렇게 하여 중화학공업 특히 중공업 가공조립산업에서 조립 부
문과 소재 부품 부문 간 통합생산체제가 형성된다. 이것은 1980년대 초
를 지나 중화학공업이 중심이 되어 폭발적인 경제성장을 다시 달성하는
바탕이 되었다.

축적체제의 재정비

1980년의 경제위기 상황은 그동안 형성된 국가자본주의 축적체제를 손
보아야 하는 과제도 제기했다. 경제위기는 언제나 그렇듯 기존의 성장 전
략에 대한 반성을 촉구하는 역할을 한다. 1980년의 경제위기 역시 기존
의 전략을 부정하는 것은 아니었다 하더라도 상당한 수정을 요구하였다.

중화학공업화를 추진하는 과정에서 절정에 이른 국가 주도성은 경제
성장이 지속되면서 산업구조가 고도화되고 민간 산업자본이 급격하게
팽창하는 등의 변화된 상황에 맞춰 재조정되어야 했다. 이러한 체제 재정
비와 관련된 중요한 변화를 정리해보면 다음 두 가지로 묶을 수 있다. 재
벌의 합리화를 도모하는 제도의 도입과 국가 역할 변화와 직접 관련되어

---

1   이헌창(1999) pp.488~489.
2   홍장표(1991) pp.105~106.

있는 정책적 전환이 그것이다. 전자에는 여신관리제도와 공정거래법 도입이, 후자에는 '민간 주도'라는 이름의 시장경제화와 개방경제화를 추진하는 정책들이 해당한다.

① 여신관리제도와 공정거래법

1960~1970년대의 경제성장 과정에서 재벌은 폭발적으로 덩치를 불려왔다. 국가의 성장 전략에 순응함으로써 국가가 제공하는 각종 선별적 산업 지원, 금융 특혜 등을 고스란히 받아 단기간에 크게 성장할 수 있었던 것이다. 이에 따라 국가는 재벌을 계속 직접적으로 통제하기는 어렵다고 판단하고, 그 대신 제도를 통한 통제를 시도한다.

재벌에 대한 제도적 규제로서 먼저 등장한 것이 여신관리제도이다.[3] 사실 이 제도는 1974년에 도입되었다. 이미 재벌은 국가가 통제하는 제도금융의 자금을 독식하고 있었으며, 채무에 과하게 의존하여 재무구조가 악화된 상태에서도 계열사를 확대하는 행태를 보이고 있었다. 이에 정부는 재무구조 개선을 압박하고 과다한 계열사 확장을 제어하고자 금융단 협정 형식으로 여신관리제도를 도입했다. 이 제도는 1984년 개정된 은행법에 따라 금융기관 여신운용기준에 흡수되어 그 시행세칙으로 본격적으로 적용되게 되었다. 이 시행세칙은 대기업의 재무구조 악화를 방지하고, 무분별한 계열사 확장과 비업무용 부동산 취득을 규제하는 방식으로 대자본의 합리화를 강제하고자 하는 것이었다.[4]

한편 '독점 및 공정거래에 관한 법률'이 1980년 말에 제정되어 이듬해

---

3   여신관리제도에 관해서는 최진배(1996) 3장 및 4장 참조.
4   이 제도는 1998년 폐지되고 대신 1999년 4월부터 주채무계열제도가 이를 승계하고 있다.

부터 시행되었다. 공정거래법은 독과점 규제, 경제력 집중 억제, 불공정행위 금지, 부당한 공동행위 제한 등을 목표로 하였다. 이 법은 1986년 1차 개정을 통해서 재벌의 계열기업 간 상호출자 금지, 출자총액제한 등을 도입하여 재벌에 대한 유의미한 규제로 작용하기 시작하였다.[5]

그런데 이러한 여신관리제도와 공정거래법으로 재벌을 효과적으로 제어하거나 제제를 가하여 재벌을 '합리화'하지는 못했다. 1997년의 경제위기에 이르기까지 재벌의 행태가 기본적으로 변화하지 않은 것에서 드러나듯 이러한 제도와 법으로는 재벌의 행동 양태를 변화시킬 수 없었다. 이러한 제도와 법이 재벌들의 운신 범위를 다소 제한할 수는 있었겠지만, 자체적으로 개혁의 필요성을 그다지 느끼지 못하고 있던 재벌의 저항을 이겨낼 수 없었다.

② 자율화와 민간 주도

앞에서 지적한 대로 1979년에 경제위기의 조짐이 있자 경제 부처의 관료들 사이에서 국가 주도의 중화학공업 중복 투자에 대한 반성의 분위기가 형성되었다. 경제개발계획을 강력하게 집행하는 실무 역할을 했고, 특히 중화학공업 투자를 적극적으로 유도한 관료 집단 내부에서 자기비판이 나온 것이다. 이와 함께 이들은 그동안의 국가 주도에서 민간 주도로의 방향 전환을 제기하기 시작하였다.

이것은 국가 주도의 시대를 열었던 박정희의 죽음과는 별개로, 1980년의 경제위기로 인해 관료들의 인식이 바뀐 것이라 할 수 있다. 그것은 곧 특정 산업을 선별하여 육성하려 할 때 거기에 호응하는 산업자본에게 각

---

5   공정거래법 제정과 개정에 관해서는 박헌주(2002) 참조.

종 금융·세제상의 특혜와 지원을 집중하는 불균형 성장 전략에 대한 회의가 생겼고, 그 한계에 대한 자각이 싹튼 것이라 할 수 있다. 민간 산업자본이 거대하게 성장하여 더 이상의 국가 주도가 필요하지 않고, 국가개입은 계속 정경유착의 문제를 낳았으며, 군사 작전을 방불하는 총동원체제가 민간의 자율성을 크게 억제하고 다양한 휴유증을 낳았다는 것 등이 그동안의 성장 과정에 대한 진단이었다.[6]

이러한 반성에 따라 전두환 정권은 집권 초기부터 경제 안정화 정책과 함께 시장 기능을 중시하고 민간 부문의 자율성을 확대하는 방향 전환을 도모하는 정책을 병행했다.[7]

그 대표적인 정책이 시중은행 민영화였다. 5.16 직후 시중은행은 국유은행으로 재편되었다. 준 국가기구로 바뀐 금융시스템은 국가자본주의 축적체제의 신경망으로 혹은 혈관으로 기능하였다. 국가 산업정책의 목표에 따라 자금을 모아 배분하던 국유은행은 은행 본연의 대출 심사 기능을 하지 못했고, 정책적 결정에 따른 대출로 생긴 기업의 부실을 떠안아 부실화하였다. 관치금융이라는 표현이 당시의 이런 현상을 요약하여 보여준다. 금융자율화는 이에 대한 개혁안이었다.

이러한 개혁안에 따라 국유은행의 주식을 1981~1983년에 걸쳐 민간에게 매각하고, 민간 주주의 의결권을 제한하고 정부가 은행의 인사권을 갖도록 한 금융기관 임시조치법을 폐지함으로써 시중은행이 민영화되었다.[8] 하지만 이러한 조치에도 불구하고 은행의 민영화는 형식적인 수준

---

6 이러한 진단과 반성에 관해서는 강호진(1991) pp.268~269 참조.
7 전두환 정권 초기의 이러한 정책 이행 시도, 즉 국가 주도에서 시장 내지 민간 주도로 옮겨가는 전환의 변곡점에 있으면서 이를 주도하였던 인물은 고 김재익이다. 고승철·이완배 (2013)『김재익 평전』참조.

에 머물렀다. 그것은 그때까지의 성장 과정에서 부실화한 산업자본을 정리하는 과정이 몇 차례 반복되었고, 그때마다 은행이 그 부실을 떠안느라 자율적인 경영을 할 수가 없었기 때문이다. 결국 중앙은행을 통한 국가적 지원이 불가피했고, 1990년대 말의 경제위기에 이르기까지 실질적인 자율 경영을 할 수 있을 만한 역량을 제대로 갖출 수 없었다.[9]

시장 기능 활성화를 향한 방향 전환은 심지어 농업 부문에도 나타난다. 양정糧政(식량정책) 전환론이 등장한 것이다. 양정 전환론은 1970년대의 가격지지 정책에서 벗어나 정부 개입을 축소하고 시장 기능을 활성화해야 한다는 주장이었다.[10] 가격지지 정책을 바탕으로 1970년대 중반에 주곡 자급을 달성할 수 있었는데, 이제는 공업 원료가 아닌 식탁으로 바로 가는 농산물에 대해서도 수입을 허용해야 한다는, 당시로서는 파격적인 주장이었다.

규제 완화에 관한 논의도 쏟아져 나왔다. 박정희 정권 시기의 강력한 국가 개입은 광범위한 행정 규제를 누적시켰다. 이러한 규제가 경쟁을 제한하고 시장 효율을 저해한다는 정부 실패의 문제를 거론하는 목소리가 높아짐에 따라 규제 완화를 경제의 구조 개혁에서 주요한 실행 과제로 삼고 민간과 정부가 함께 이를 계속 추진하게 되었다.

이렇듯 이 시기에 사실상 같은 의미를 갖는 여러 표현들, 즉 시장경제 활성화, 규제 완화, 민간 주도의 경제 운용 등이 본격적으로 나타났다. 하지만 1980년대 동안 현실에 적용된 정책은 많지 않았다. 1980년대 초의 조정을 거친 뒤 곧바로 다시 강력한 경제성장이 이어지면서 근본적인 방

---

8 이에 관해서는 최진배(1996) p.194 표 참조.
9 김상조(1991) p.265.
10 김홍기(1999) pp.287~289.

향 전환을 도모할 계기를 이어가지 못했기 때문이다. 이에 따라 1980년대 동안 국가자본주의 축적체제의 기본 골격에는 큰 변화가 없었다.

③ 경제 개방

시장경제 활성화라는 정책 방향은 무역의 면에서도 변화를 가져왔다. '경제 체질'을 개선해야 한다는 논리를 앞세워 시장개방을 일정에 올리게 된 것이다. 사실 그동안 국내시장, 특히 소비재 시장은 강한 보호주의 장막 속에 있었다. 당시에는 국산품 애용이라는 구호가 사람들의 뇌리를 지배하고 있었다.

이 당시, 즉 1980년대 초까지는 아직 시장개방 압력이 본격화하기 전이었다. 하지만 정부는 나름의 일정으로 시장개방을 준비하기 시작하였다. 1984년부터 예시 계획(수입자유화 5개년 프로그램)을 통해 독자적으로 수입자유화와 관세율 인하를 추진하기도 했다.[11]

이와 함께 자본과 금융의 자유화도 일정에 올려 검토하기 시작하였으며, 1980년대 후반으로 가면서 조금씩 시행된다. 1980년대 초까지는 확대된 경상수지 적자와 누적된 외채로 인해 엄격하게 외환 관리를 시행하지만, 1980년대 후반에는 경상수지 흑자를 바탕으로 점차 완화해 간 것이다. 또한 민간 자본의 축적을 보호하느라 해외로부터의 직접투자를 규제해왔으나 1984년을 기점으로 직접투자 허용 업종을 크게 늘린다든가 합작투자 제한을 완화하는 등 직접투자 도입 규제를 완화해갔다. 1981년에는 자본시장 국제화 장기계획을 발표하였는데, 이러한 방향에서 증권시장도 무역흑자 기조가 안착된 1980년대 후반이 되면서 개방되기 시작한다.[12]

---

11 김흥기(1999) pp.331~334.

한편 1980년대 중반이 되자 미국 등으로부터 시장개방 압력이 거세졌다. 그 배경에는 미국의 신자유주의적 정책, 성장한 한국경제는 더 이상 국내시장을 보호받아야 하는 존재가 아니라는 미국의 판단, 미국 기업의 한국시장 진출 욕구 등이 중첩되어 있었다.

그런데 한국의 독자적인 시장개방 일정은 당연히 미국의 그것과 어긋날 수밖에 없었고, 수입 개방을 둘러싼 한미 간의 갈등이 때로는 한국 정부에 의해 의도적으로 부각되기도 하였다. 당시 민족주의 정서에 기반했던 학생운동 등 민족민주운동은 이를 제국주의 미국의 식민지 수탈 의도가 노골화하는 것으로 파악하고 거세게 반대하였다.[13]

이렇게 하여 상품시장 보호를 위해 소비재 수입을 제한하던 정책, 내국인 자본의 성장과 경영권 보호를 위해 직접투자를 제한하던 정책, 외국 자본의 금융시장 지배를 저지하기 위해 외국 금융기업의 진출과 영업을 제한하던 정책 등 1960~1970년대의 주요한 산업정책들이 1980년대를 거치면서 조금씩 느슨해지는 방향으로 전환되었다. 이처럼 1980년대 초중반에 걸쳐 축적체제에 대한 정비를 진행하면서 자율화와 민간 주도 혹은 개방화 같은 시장 주도의 경제구조를 정착시키려는 시도가 시작은 되었지만, 이때만 해도 이러한 정책 전환은 매우 점진적인 방식으로 일어났으며 1990년대에 이르도록 전면적인 전환은 일어나지 않았다.

---

12 최진배(1996) pp.247~250 참조.
13 민족민주운동의 이러한 정서는 21세기까지 이어져 한미 FTA 반대운동, 미국산 소고기 수입 반대운동 등으로 재현되었다.

2. 지속되는 경제성장과 자립경제

전두환 정권 성립과 함께 시작된 강권 통치는 한동안 반체제운동을 봉쇄하고 질서를 강제할 수 있었다. 전두환 정권은 자연히 노동운동에 대해서도 선제적인 봉쇄를 시도하였다. 1980년 잠시 활성화된 노동운동을 탄압하고 노동관계 법률을 개정하여 기업별 노동조합체제를 강제하였던 것이다.[14] 이렇게 탄압과 봉쇄로 정치사회적 안정을 도모하는 한편 경제의 구조조정과 안정화를 위한 정책을 집행하여 나가자, 대외 여건이 개선되면서 침체를 극복하고 성장을 계속 이어갈 수 있었다.

1980년대 초를 지나면서 한국경제는 다시 지속적인 성장의 경로로 진입하였다. 게다가 인플레이션을 극적으로 통제할 수 있게 되어 안정적인 성장을 지속하였다.[15] 이렇게 하여 1983년부터 1980년대 말까지 다시 한번 고도성장을 하는데, 특히 1986~1988년 3년간은 유례없이 높은 성장률을 기록하였다. 이와 나란히 재벌계 대기업을 중심으로 산업자본의 거대한 팽창이 일어났으며, 빠른 소득 증가, 큰 폭의 고용 증가 등 여러 분야에서 긍정적인 변화가 드러나기 시작했다.

특히 만성적인 국제수지 적자가 개선되며 1986년 이후 막대한 흑자를 기록하였다. 1960년대 이래 외채를 동원한 성장 과정에서는 성장이 순조로운 경우에도 더 많은 외채를 동원하는 일이 계속되었다. 특히 중화학공업화를 추진하며 설비와 중간재 원자재 수입 수요가 늘어나 경상수지 적자의 폭이 더욱 커졌었다. 결국 1980년대 초반 누적 외채가 급증하여 '외

---

14 김장한 외(1989) 『80년대 한국노동운동사』 pp.37~41 참조.
15 전두환 정권 초기의 물가 안정과 관련된 뒷얘기는 김흥기(1999) 4편 1장 참조.

채망국론'이 한동안 유행되기도 하였다.

반체제운동권은 줄곧 대외 의존적 성장 전략의 파탄을 예언해왔다. 이들에게 차관에 의존하는 투자 전략과 해외시장에 의존하는 성장 전략은 원조 경제와 마찬가지로 자립경제화와는 거리가 먼 것이며, 외채의 누적은 이를 확증하는 것으로 받아들여졌다.[16]

그러나 1985년까지 누적 외채가 늘어가면서도 국제수지 적자는 극적으로 줄었고, 1986년 흑자 반전 이후 흑자 규모가 급격하게 늘면서 이와 관련된 논란은 조용히 사라졌다. 이것은 그동안 중화학공업을 합리화하고 산업연관을 심화시켜 경쟁력 향상이 이루어진 결과였다.

이러한 상황은 이제 한국경제가 구조적으로 내실을 상당히 갖추어 그동안 염원하던 자립에 근접했다는 것을 의미했다. 마침내 자립경제를 지향하는 국가자본주의 국면을 마감할 물질적 근거가 확보되기 시작한 것이다. 1960년대 초 이후 1980년대 중후반까지 거의 한 세대 동안 지속된 고도 성장으로 한국경제는 애초의 문제 설정, 즉 자립적 국민경제의 달성이라는 시대적 과제를 과거의 것으로 만들기에 충분할 정도로 변화하였다.

이것은 실로 놀라운 변화였다. 그러나 이를 어떻게 받아들일 것인지는 전혀 별개의 문제였다. 무엇이 자립인지를 어떤 고정된 지표 혹은 지표들의 집합으로 측정할 수는 없다. 따라서 자립경제화를 어떤 가시적인 증거를 가지고 확증할 수는 없었다. 그렇지만 지속적인 경제성장의 결과, 1980년대 후반이 되어서는 많은 사람들이 나아진 물질적 여건을 확연하

---

16 정부는 이에 대응하여 1985년 『경제백서』의 부록으로 『외채백서』까지 발간(1986년 2월)하며 비판에 대응하고 불안감을 잠재우려 하였다. 김흥기(1999) p.340.

게 느끼게 되고 더 이상 한국을 빈곤한 개발도상국이라고 여기지 않게 되었다. 많은 사람들이 변화된 경제 현실을 실감하고 한국경제의 자립경제화를 의심할 수 없는 사실로 여기게 된 것이다. 마침내 자립경제의 달성이라는 시대적 과제가 사실상 해결된 셈이었다.

반면 반체제운동에 헌신했던 사람들은 이러한 현실을 수용할 수 없었다. 그동안 이들은 자립경제 혹은 '좋은 자본주의'에 관한 나름의 희망사항—진정한 혹은 민족적이란 수식어로 함축하려 했던—을 기준으로 줄곧 한국경제를 비판해왔다. 이들은 1960년대 이래 수출 주도의 성장전략이 대외 의존적 경제구조 혹은 경제적 종속을 낳는다고 항상 비판하였으며, 1980년대에 이르러 한층 체계를 갖추어 경제성장의 결과가 그러한 종속성의 완화·해소를 결코 가져올 수 없다고 강조하였다. 상상된 자립경제의 모델에 비추어 거기에 부합하지 않는 경제 현실, 곧 외채 의존, 기술 종속, 저임금 장시간 노동 등을 대외 의존 전략의 결과로서 계속 거론하였다. 대외 의존 전략에 따른 성장은 자립을 향한 진정한 성장이 아니라 왜곡된 성장이라는 1960년대 이래의 공식이 반복되어온 것이다. 곧 민족민주운동은 박정희 정권과 전두환 정권으로 이어지는 권위주의 독재가 주도한 수출 주도형 성장 전략이 자립경제를 낳을 수 있을 가능성을 원천적으로 부인해온 셈이다.

하지만 그러한 상상된 자립경제에 기반한 반복된 비판에도 불구하고 1980년대 중반을 지나면서 성장한 한국경제의 현실, 견고해진 한국 자본주의의 실상은 그동안 줄곧 사람들의 뇌리를 지배하고 있던 시대적 과제를 흔적으로 만드는 데 충분했다. 이에 따라 사회적 과제로서 자립을 위한 헌신을 설득하고 대중을 동원하는 것이 점점 곤란해지고 그러한 호소를 일상에서 점차 찾아볼 수 없게 되었다. 반면 학계에서는 절대 빈곤을 벗어난 세상, 혹은 자가용 승용차를 구매하기 시작하고 아파트라는 새 주거공간에 몰리는 대중을 두고 서구식의 대중소비사회 개념이나, 혹은 중산층 개념 등을 적용하여 분석하고 거론하기 시작하였다.

3. 대중과 저항

전두환 정권은 1980년 '서울의 봄'과 광주민주화운동을 폭력적으로 진압함으로써 정권을 장악하였으나 정치적 정당성에 심각한 훼손을 입었다. 반면 반체제운동의 정당성은 대폭 강화되었다. 전두환 정권은 집권 초기에는 힘으로 민주화운동을 봉쇄할 수 있었고 강력한 압박을 통해서 저항이 줄어든 것처럼 만들 수 있었다. 하지만 탄압에도 불구하고 반체제운동의 생명력을 끊을 수는 없었으며, 오히려 저항을 부추겨 반체제운동의 급진화를 재촉하였다.

더우기 1980년대의 대중은 권위주의 정권의 폭압이 주는 공포를 서서히 떨쳐내며 점차 반체제운동의 민주주의 혹은 민중주의 계몽에 동조하기 시작하였다. 반면 허리띠를 졸라매고 열심히 일하여 조국근대화와 민족중흥에 이바지하자는 경제성장과 자립에 관한 담론은 더 이상 예전과 같은 대중의 동의를 구할 수 없었다. 이렇게 하여 반체제운동은 1980년대 중반에 접어들며 대중적인 저항의 가능성을 감지하였다. 바야흐로 시민의 등장이라는 역사적 현상이 목전에 다가온 것이다.

전두환 정권 초기의 폭압을 버텨낸 반체제운동은 다시 1983년을 기점으로 저항의지를 드러내기 시작했다. 그런데 이즈음 반체제운동은 예전에 비해 이념상 뚜렷한 급진화 경향을 보였다. 유신체제하의 탄압 속에서 학생운동 등의 급진화는 시작되었지만 1980년의 좌절을 겪고 1970년대의 민주화운동에 대한 반성을 거치면서 불과 몇 년 사이에 전면적으로 급진화된 것이다.[17] 반체제운동은 맑스주의 또는 북한의 주체사상에 바탕을 둔 사회주의 내지 공산주의 이념으로 무장하고, 그 지향이나 목표를 더 이상 단순한 민주주의 회복에 한정하지 않았다. 게다가 1980년대 중반을 지나면서 반미주의 또한 널리 확산되기 시작하였다. 그리고 이러한 생각을 전혀 감추려 하지 않았다. 한국전쟁 이후 한국사회에서 금성철벽을 구축하고 있던 친미 반공주의에 금이 간 것이다. 국가는 그동안 전쟁의 기억을 이용하여 반공주의와 자유민주주의에 대한 절대적 동의를 구축하고 있었고, 1960~1970년대에는 여기에 전혀 흔들림이 없었다. 두어 차례의 공안사건으로 드러난 좌익의 존재는 그야말로 한 줌에 지나지 않았고 동조자들을 형성하기가 지극히 곤란하였다. 반체제운동권에서도 반미주의는 금기의 용어였으며, 이를 반제국주의라는 표현으로 막연하게 뭉뚱그리고 있을 따름이었다. 그러나 1980년 전두환 정권의 폭력적인 권력 장악을 계기로 민족민주운동은 단순한 민주회복이 아니라 체제를 근본적으로 뒤집는 것을 확고한 목표로 삼게 되었다.

반미주의는 세계사적으로는 어쩌면 철지난 유행이었을 수도 있다. 그것은 제2차 세계대전 후 서방 세계의 헤게모니 국가인 미국의 정책을 제국주의로 규탄하고 거부하는 정치 운동이자 이념으로, 1950~1960년대에 신생국에서 다수의 민족주의 정권 혹은 민족주의 운동단체의 기본(혹은 외관상의) 성향이자 유행이었다. 그러나 한국에서 반미주의가 확산되던

---

17 1980년 이전의 운동이 민주주의 회복 운동이었다면 '1980년 광주'를 겪은 후 변혁을 위한 민중항쟁으로 변화되었다는 것이 그 요지이다. 김형철(2010) pp.112~114.

1980년대에는 세계적으로는 그 흐름이 점차 약화되고 있었으며, 북한과
같이 매우 제한된 지역 혹은 국가에서나 여전히 체제를 결속하는 적극적
인 면모를 띠고 있을 따름이었다.

이러한 정세에서 반공주의의 금성철벽이던 한국에서 1980년대 중반
이후에야 반미주의가 등장한 것에는 남다른 의미가 있었다. 그것은 오랜
친미주의를 거부하며, 이제 더 이상 후견이 필요한 2등 국가의 시민이 아
님을 밝히는 일종의 성년선언이었다. 또한 친미 반공주의 세대를 대신하
는 새로운 세대의 등장을 알리는 것이기도 하였다.[18]

나아가 북한의 주체사상을 추종하는 반체제운동 그룹(이하 주사파)이
대두하여 민족민주운동의 일각을 장악하기 시작하였던 것도 1980년대
후반이었다. 마침내 '올 것이 온' 것이었다. 남한의 독재 정권은 정통성
없는 미제의 괴뢰에 불과하고 북한의 김일성 정권이 정통성 있는 유일
한 정권으로서, 민주기지 북한을 근거로 남한 혁명을 도모해야 한다는 북
한의 지도 방침을 따르는 집단이 나타난 것이다.[19] 건국기 이래 북한이라

---

18 앞에서도 언급한 것처럼 대개 반미주의의 등장과 관련하여 많은 사람들이 광주민주화운
동과 미국의 책임론을 거론한다. 전두환의 12.12쿠데타와 5월 광주 시민 학살에 대한 미
국의 책임을 지적하면서 반미주의가 확산되기 시작하였다는 것이다. 그런데 광주와 관련
하여 제기된 반미주의와 1980년대 후반의 민족해방파가 교의로 삼은 반미주의는 구별되
어야 한다는 주장도 존재한다. 그러한 주장에 따르면 1982년의 부산 미문화원 방화사건,
1985년의 서울 미문화원 점거농성사건 등에서 드러난 것은 반미주의라기보다는 미국이
독재정권을 지원한다는 것에 대한 비판이었고 오히려 자유와 민주주의를 사랑하는 미국
국민들에게 호소하는 것이었다. 즉 이러한 비판이 미국에 대한 기왕의 인식 내지 환상을
여전히 유지하는 것을 보면 광주민주화운동의 책임론에 의거한 미국 비판은 1980년대 후
반 민족해방파라는 정파의 등장과 함께 운동권 전반에 확산되는 반미주의와는 거리가 있
는 것이었다. 전재호(2014) pp.251~256 참조.
19 이러한 주사파의 등장과 확산에 관해서는 방인혁(2009) 4장, 이명준(2012), 우태영(2005)
참조.

다시 읽는 한국 현대사

는 국가적 실체의 존재가 항상 이러한 방향을 지시하고 유인하고 있었다. 1980년대 중반 반공주의를 넘어선 남한의 민족민주운동의 후계 집단 가운데 다수가 이를 적극적으로 수용하였다.

이리하여 1980년의 '좌절'을 반성하면서 더 이상 민주주의만을 지향해서는 그 자체도 이룰 수 없으며, 한국사회의 혁명적 전복을 통해서만 군사독재를 물리치고 민주주의를 이룰 수 있고 나아가 자본주의를 극복할 수 있다는 생각이 반체제운동의 기본 인식이 되었다. 이렇게 소련(혹은 상상의 사회주의 국가)이나 북한식의 사회를 지향하는 강한 흐름이 급속하게 확장되며 급진 민족주의와 사회주의는 1980년대의 젊은 세대 반체제운동권의 기본 정서가 되었다. 1980년대의 소위 386세대가 대학에서 받은 세례가 거기에 해당한다.

이러한 입장 내지 이념적 지향은 독재 정권의 극심한 억압을 견뎌내고 운동을 계속하는 신념으로 작용했겠지만, 당대의 사회가 보여주던 변화에 대응하는 데에는 매우 큰 제약이자 한계로 작용했다. 이 즈음 한국경제의 지속적인 성장으로 자립화 경향이 명백해지기 시작했음에도 민족민주운동은 이를 있는 그대로 인지하지 못했다. 마찬가지로 곧이어 드러나던 사회주의 국가의 실상에 대해서도 제대로 대응할 수 없었다. 한국경제의 자립화 경향은 민족민주운동의 기본 인식에 정면으로 배치되는 것이었고, 실존하던 사회주의 국가는 대안사회로서 민족민주운동의 주요 기반이었기 때문에 그것이 와해되는 것을 상상할 수 없었다. 이 이중의 실패는 이후의 민족민주운동에 상당한 영향을 미칠 수밖에 없었다.

이제 1987년으로 나아가는 이러한 반체제운동의 동향을 부문별로 간단히 살펴보자.

학생운동

1970년대까지 학생운동은 비교적 소수 엘리트 중심적이자 실존주의적인 저항 운동이었다. 유신체제의 강한 억압하에서 몇 개의 주요 대학에 한정하여 반체제를 지향하는 운동 그룹이 뿌리를 내리고 있었다. 당시로서는 정권에 대한 저항은 상당한 용기와 결단을 필요로 하는 일이었다. 그리하여 유신체제하의 학생운동은 다수의 학생들이 참가하는 대중적인 형태로 전개되기가 거의 불가능하였다.

하지만 전두환 정권 시기에는 상황이 달라졌다. 전두환 정권의 취약한 정치적 정당성은 학생들이 학생운동에 동조하게 만들었고, 거의 모든 대학에서 많은 학생들이 참여하는 교내 집회와 시위가 이어졌다. 학생운동은 스스로를 혁명의 '전위'로 간주하였으며 캠퍼스를 진지로 삼고 정치적 실습을 상설화하였다. 당시의 학생들은 '80년 광주'의 효과로 인해 이전 세대와 달리 별다른 실존적 고민 없이 반체제를 선택하고 자명한 적에 대한 강렬한 적의 또한 쉽게 가지게 되었다. 그 결과 1980년대 중반 학생운동은 전국 대부분의 대학으로 확산되었다. 또한 아래에서 지적하듯 이념적 급진화와 함께 일부는 학교를 떠나 맑스주의 이론에 따라 혁명의 주력이 될 노동자 속으로 들어가 노동운동에 투신하기도 하였다.[20]

학생운동이 대중화되는 가운데 학생운동 집단에서는 이념적인 급진화가 진행되어, 맑스주의 지향의 그룹과 주체사상을 수용한 그룹이 학생운동을 양분하였다. 이러한 학생운동 세력에게 1980년대 한국의 현실은 다음과 같았다. 한국사회는 (미제의 괴뢰인)독재자 지배하에 있는 (신)식민지

---

20 공안당국은 이를 '위장취업'이라 하였다. 오하나(2010) 『학출: 80년대 공장으로 간 대학생들』은 이러한 대학생들의 노동현장 진출 경험을 조사하여 보고하고 있다.

로서 사실상 미국의 지배하에 있는 반민족적 상황이며, 그 속에서 미제국주의의 앞잡이인 매판 재벌이 민중을 수탈하는 참담하기 그지 없는 상황이라는 것이다. 물론 이들의 이러한 인식이 1980년대 중반 일반 대중의 현실 인식에 부합한 것이었는지는 별개의 문제이다.

노동운동

1970년대까지의 노동운동은 개별 작업장에서 민주적인 노동조합을 만들어 법이 보장하는 최소한의 권리를 확보하고자 하는 것이었다. 당시에는 엄연히 노동관계법이 존재함에도 불구하고 근로조건 등이 사용자의 자의적인 결정에 달려있는 경우가 대부분이었다. 권위주의 정권 아래에서 노동조합을 조직하는 것 자체가 쉽지 않았고, 그나마 대부분의 노동조합이 기업주의 비위를 거스르지 않는 사실상의 어용 노조였다. 따라서 이 시기에는 민주 노조를 조직하고 지켜내는 것이 노동운동의 목표였다. 물론 그 목표를 달성하는 경우는 흔치 않았다.[21]

그런데 1970년대에 시작된 중화학공업화는 노동운동에도 변화를 가져왔다. 그때까지 생산직 노동자는 주로 경공업 부문의 여성 노동자였는데, 1980년대가 되면 중화학공업 부문의 대기업 남성 노동자의 비중이 크게 확대된다. 경공업 부문의 여성 노동자들의 경우, 10대 중후반에 일을 시작하여 20대의 어느 시점에 결혼하며 직장을 그만두는 경우가 대부분이었다. 이에 반해 중화학공업 부문의 남성 노동자들은 평생 직장이라는 생각을 가졌기 때문에 노동운동을 대하는 자세에 차이가 있을 수밖에 없었다.

---

21 1970년대 민주노조운동에 관해서는 이원보(2005) 6장 참조.

덧붙여 노동자를 의식적으로 조직하려는 움직임이 강력해졌다. 이념적으로 급진화한 학생운동 출신의 활동가들이 노동운동에 대거 유입되었고, 이들은 마르크스주의적 정식에 따라 노동자를 자본주의 사회 전복의 주역으로 간주하고 목적의식적으로 계몽하고 조직하려 하였다. 노동운동을 혁명의 중추세력으로 간주하고 자신은 그러한 운동의 전위로서 활동하려는 것이었다. 이들은 학력이나 경력 등을 숨기고 '위장취업'해서라도 노동 현장에 가서 노동자를 조직하고 반체제운동으로 연결하고자 하였다.

이러한 과정에서 산업전사로서 그리고 수출역군으로서의 자아 정체성을 벗어던지고 노동계급의 일원으로 자신의 정체성을 확고하게 가지고 계급투쟁과 혁명을 꿈꾸는 노동자들도 생겨났다. 1980년대의 중반이 되면 노동운동이 수도권의 공단지역을 중심으로 확산되었는데, 이러한 활동의 연장선상에서 혁명을 지향하는 비합법 노동운동 조직들도 등장하였다. 대표적으로 서울노동운동연합(1985년 8월 결성), 1980년대 말 전국적 조직을 갖추어 가던 인천지역민주노동자연맹[22](1987년 6월 결성) 등이 있었다. 이러한 조직들은 반체제운동이 정점을 향해 달리던 1980년대 중반에 결성되어 다른 민주화운동, 혹은 반체제운동과 나란히 활동하면서 체제의 전복을 꿈꾸었다.

농민운동

앞에서 지적한 바 있지만 농지개혁과 전쟁으로 농민은 흔히 탈정치화되

---

22 이 조직에 관해서는 노회찬·구명식(2014) pp.58~69 참조. 또한 남시욱(2009) pp.355~361 참조.

었다고 말한다. 실제로 1950년대부터 1970년대에 이르기까지 농민이 정부의 정책이나 조치에 저항하거나 정치적 의사표시를 한 경우를 찾기 힘들다.

물론 1970년대 이전에도 단발적인 갈등이 전혀 없지는 않았고, 농민을 계몽시켜 조직화하려는 움직임도 있있다. 주로 가톨릭농민회나 기독교농민회와 같은, 국가의 폭력 기구인 경찰 등으로부터 조금은 자유로운 종교 기반 계몽운동 조직이 그런 활동에 나섰으며, 크리스찬아카데미와 같이 농민의 의식화를 시도하는 기구도 있었다.[23] 하지만 기독교 계통의 이러한 계몽 및 의식화 활동의 영향은 매우 제한적이었다. 농민은 대체로 반체제운동에 공감하지 않았다. 1970년대 중반 농민의 삶은 그다지 비관적이지 않았던 것으로 보인다. 주곡 중심의 집약농법과 가격 지지 정책으로 소득이 어느 정도 향상되어 도시 근로자에 비해서도 크게 뒤지지 않았다. 분명 고도 성장의 과실이 도시에 집중되고 농업 투자는 부족하였지만, 농촌을 떠난 가족의 취업 기회 확대 등을 통해 간접적인 혜택을 누리는 측면도 있었다. 결과적으로 농민이 정부의 통제와 시혜를 거부하고 반체제 운동의 계몽에 공감하여 저항에 나서는 것은 생각하기 어려웠다.

반면 1980년대 농촌의 현실은 농민들이 정치적인 활동에 관심을 갖도록 만들었다. 주곡 위주의 집약농법에 따른 소득 향상이 한계에 직면하고, 그것을 보완하고자 한 농업정책마저 실패하면서 비교적 안정적이었던 농민의 삶에 어두운 그림자가 끼기 시작했다. 1970년대 후반이 되자 벼농사로는 더 이상 생산성을 높이고 소득을 키우기 어렵다는 것이 분명해졌다. 정부는 이에 복합영농과 농촌공업화를 그 대안으로 내놓았다. 복

---

23 가톨릭농민회 및 크리스찬아카데미에 관해서는 각각 김태일(2005), 이임하(2005) 참조.

합영농은 벼농사와 함께 다른 작물을 경작하는 것이고, 농촌공업화는 농촌에 거주하면서 농한기에 공장에 취업하여 농외소득을 올리게 하려는 전략이었다. 그러나 이런 방향 전환은 그다지 성공적이지 못했다. 특정 작물의 과잉생산과 가격 폭락이 반복되면서 농업정책의 실패가 두드러졌다. 덧붙여 1970년대까지와 달리 식탁에 오르는 농산물마저 시장개방의 대상이 됨으로써 농민의 삶의 조건은 더욱 위협받게 되었다.

이에 그때까지 체제 순응적이던 농민들이 정부의 정책에 반발하고 저항하기 시작했다. 이왕의 농민운동 조직들의 계몽의 영향과 다른 사회운동의 영향이 더해져 농민의 저항도 차츰 조직적으로 전개되기 시작하였다. 정권의 주요한 대중적 지지 기반이었던 농민이 조직적인 저항에 나서기 시작했다는 것은 국가자본주의 국면의 기반 일각이 허물어지기 시작했다는 것을 의미했다.[24]

도시빈민운동

1980년대에는 대도시 주변에서 노점 등 영세 상인이나 산업화의 와중에 불안정한 일자리를 전전하던 하층민의 삶을 뒤흔들고 위협하는 일들이 자주 벌어졌다. 1971년 광주대단지사건을 떠올리게 하는 재개발 현장의 철거민 저항이나, 도시 미관을 이유로 한 단속에 대한 노점상들의 저항 등이 심심찮게 벌어졌다. 이들의 저항이 반체제운동의 일원으로 합류하는 것도 1980년대 중후반이다. 빈민운동이라는 새로운 저항 운동이 생겨난 것이다.[25]

---

24 당시의 농민운동에 관해서는 이우재(1991) 『한국농민운동사연구』 pp.288~291, 한국농어촌사회연구소 편(1989) 18장 및 좌담 참조.

민주화운동

흔히 재야 운동권으로 불리던 민족민주운동의 직업운동가 집단과 여타 반체제 그룹들은 폭압의 1980년대 초를 견뎌낸 후 적극적으로 반체제운동에 나섰다. 이들 직업운동가들의 저항은 잠깐씩 중단되었던 시기를 빼면 1960년대 중반 이래 거의 20년 동안 지속되어 왔다. 이들에게 반정부 투쟁은 나름의 역사 의식에 따른 신념에 찬 활동이자, 어쩌면 생존권 투쟁에 해당하는 것이기도 하였을 것이다. 학생운동 등 여타 사회운동이 고조되자 이들은 정당 정치인들과 연대하거나 학생운동을 포함한 여타 대중운동에 영향력을 행사하면서 적극적으로 민주화운동을 벌였다.

이렇게 하여 국가에 순응하던 국민 대신에 저항에 동참하는 시민이 등장하고 민주화운동이 지속되면서 1980년대 중반은 전환의 조짐을 드러내고 있었다. 특히, 공권력을 두려워하며 단체 행동을 주저하던, 국가에 투항한 국민이 점차 사라져 가고 그 자리에 새로운 국민상, 즉 정치적 입장을 표현하고 경제적 이해관계에 적극 반응하는 시민이 대두하기 시작한 것은 놀라운 변화였다. 국면 전환의 핵이 될 새로운 시민의 싹이 마침내 나타난 것이다.

이처럼 대중적인 저항과 반체제운동이 확산된 것은 한국사회가 더 이상 근대화와 자립경제의 달성이라는 시대적 과제를 중심으로 뭉친 사회일 수 없다는 것을 의미했다. 또한 그러한 시대적 과제를 달성하기 위해 사용된 사회적 동원체제도 와해되기 시작했음을 의미하기도 했다.

---

25 도시빈민운동의 역사 내지 흐름에 관해서는 양연수(1992) 『여기 새땅 만들때까지 — 노점상 철거민들의 삶과 투쟁』 참조.

덧붙여 1980년 '서울의 봄'이라는 정치적 기회를 전두환 정권에게 강탈당했다고 믿는 보수야당 정치인들이 움직이기 시작했다. 이들은 1985년 무렵부터 대중적인 저항이 확산되자 이에 편승하여 민주 회복을 요구하는 노골적인 반정부 활동을 벌이기 시작하였다. 정세가 다시 한 번 그들에게 유리하게 조성되고 있다고 판단하고 전두환 정권을 압박하는 데 나선 것이다. 이들은 급진 운동권과 때로는 연대하면서 정치적 압박을 더해 나갔다. 물론 이들은 한편으로는 전두환 정권과의 타협 가능성을 엿보면서 학생이나 다른 급진 민주화운동의 과격 행동을 경계하며 선긋기를 시도하기도 하였다.

가뜩이나 취약한 정당성으로 고심하던 전두환 정권은 1980년대 중반으로 가면서 점차 사면으로 포위된 채 위기에 처하게 되었다. 전두환 정권은 강력한 억압을 바탕으로 한동안 경제를 안정시키고 자립경제를 마침내 가져올 성장도 이루어냈다. 그러나 폭력을 동원한 억압은 곧 더 강한 반발을 가져왔고 민주화운동에 대해 자각한 시민의 지지가 확산되는 것을 막을 도리가 없었다.

·10장·
1987년

1. 6월 민주화대투쟁

전두환 정권이 들어선 이후 불과 몇 년 사이에 학생운동은 물론이고 노
동운동과 다른 반체제운동도 크게 활성화되었다.[1] 1970년대 후반과 비교
하면 이것은 매우 짧은 시간 사이에 생긴 실로 큰 변화였다. 1970년대 후
반에도 사회 일각의 반체제운동이 있었으나, 박정희 정권의 강권 통치를
견제하거나 전두환 정권의 등장을 저지할 수 없었다. 여전히 일반 대중이
국가적 목표에 동의하거나 혹은 공권력을 두려워하던 상태에서 반체제
운동이 대중의 마음을 움직일 수 없었기 때문이다.

---

1 1980년대 중반에서 1987년 6월에 이르기까지의 정치적 기동전의 진행 과정에 관해서는
   이영제(2010) pp.134~147 참조.

1985년부터 반체제 민주화운동은 거세게 타오르기 시작했다. 전두환 정권이 이를 탄압하는 과정에서 1987년 1월에 '박종철 고문치사사건'이 터졌다.[2] 이 사건이 폭로되자 민심은 크게 동요했고, 민주화운동 세력은 드디어 대중적인 시위를 조직할 수 있게 되었다. 마침 1987년은 대통령 선거가 예정된 해였다. 전두환 정권은 4월, 1년 전부터 진행되던 여야 간 개헌 논의를 중단시키고 기존 헌법에 근거한 선거를 통해, 즉 대통령을 다시 간선제로 선출하도록 하겠다는 입장을 밝혔다. 이에 대해 민주화운동 진영은 강력하게 반발하였다. 이때 반체제운동의 다양한 분파들은 나름의 논리에 따라 여러 가지 투쟁 대안을 놓고 치열한 논쟁을 벌였으나, 결국 대통령을 국민이 직접 투표하여 선출하는 '직선제 개헌' 노선으로 수렴하였다. 전두환 정권이 기존 헌법에 근거한 정권의 평화적 교체를 내세운 것에 반대하여 호헌 철폐와 대통령 직선제 개헌을 내세운 것이다.

당시 민주화운동 진영으로서는 여러 세력을 결집하여 힘을 극대화시킬 필요가 있었다. 이를 위해서는 조직이나 인지도 면에서 다른 반체제운동 조직을 압도했던 보수야당의 참여가 결정적이었다. 그래서 보수야당의 요구가 곧 민주화운동 전체의 구호이자 목표로 된 것이다. 일부 급진 세력은 보수야당을 배제하자고 주장하기도 하였으나, 민주화를 요구하는 모든 세력이 합쳐야 한다는 입장이 우세하였다. 급진 정파는 이를 대중노선으로 치부하고 수용했다.[3]

대통령을 자기 손으로 직접 뽑자는 슬로건은 결과적으로 다른 어떤 혁명적 구호보다 대중들의 민주주의 인식에 가장 부합했다. 기존 헌법으로

2   이영제(2010) p.146.
3   이영제(2010) pp.148~149.

평화로운 정권 교체를 이루겠다는 전두환 정권의 입장에 대해, 호헌 철폐와 직선제 개헌 슬로건은 매우 효과적인 대응책이었다. 한국노총이나 재벌의 모임인 전국경제인연합회 등 소수의 집단만이 정권의 호헌 결정을 지지하였다. 개헌을 요구하는 대중적인 시위 앞에 호헌을 내세운 전두환 정권은 수세에 몰릴 수밖에 없었다.

1987년 6월은 이를 전 사회적 차원에서 확인하는 순간이었다. 전국의 크고 작은 거의 모든 도시에서 민주화를 요구하는 시위가 벌어졌다. 학생운동, 재야 민주화운동이나 혹은 정당의 그들만의 시위가 더 이상 아닌 말 그대로 대중적 시위가 시작되었다. 이것은 한국사회에서 마침내 시민이 등장했음을 알리는 사건이었다.

그동안 대한민국은 사실 시민사회 없는 근대국가였다.[4] 근대 서구사회나 정치학 교과서가 자명하게 여기는 모습과 달리, 한국사회는 여전히 위로부터 시민을 창출해야 하는 과제를 가지고 있었다. 그러다가 마침내 1987년에 이르러 일반 대중이 자신의 정치적 의사를 분명하게 표현함으로써 시민으로서 거듭남을 겪고 있었던 것이다. 시위에 참여한 회사원들을 '넥타이 부대'라고 불렀는데,[5] 이들을 포함한 당시 시위의 주요 참가자들은 급진 운동권의 동원에 의해서가 아니라 최소한의 민주주의를 요구하는 자기 내면의 목소리에 따라 거리에 나선, 그럼으로써 비로소 시민이 된 사람들이었다.[6] 그것은 1970년대부터 이어진 권위주의적 국가가 아니라 민주주의적 국가를 원한 보통 사람들의 자발적인 목소리였다.

민주화를 요구하는 시위에 압박 받은 전두환 정권은 어쩔 수 없이 이

---

4 권태준(2006) 1장 참조.
5 이러한 '중산층'에 대해서는 이영제(2010) pp.139~140 참조.
6 이영제(2010) p.152.

른바 '6.29 선언'을 내놓고 정면 돌파를 시도했다. '6.29 선언'은 대통령 직선제 개헌을 받아들이고 정치 활동이 금지된 사람들을 해금하기로 약속했다. 이에 따라 연말로 예정된 대통령 선거는 개헌 후 국민의 직접선거로 치르고, 김영삼과 김대중 등 보수야당을 대표하는 유력 정치인들이 선거에 나설 수 있게 되었다.

시민으로 다시 태어난 일반 대중들의 민주화 요구를 전두환 정권이 6.29 선언으로 전폭적으로 받아들임으로써 6월 민주화대투쟁은 평화롭게 그리고 축제 분위기 속에서 끝을 맺었다. 사람들은 민주화를 향한 결정적인 계기를 자신의 의지와 참여로 확보하는 과정에서 시민으로서의 커다란 자부심과 긍지를 가지게 되었다. 그동안 민주화운동의 계몽이나 시민적 자의식 등이 권력의 공포를 극복한 시민을 낳았고, 그들의 의지가 권력을 압박하여 민주화의 전기를 확보하게 된 것이다. 민주화운동은 시민을 불러냈으나, 그들을 지도할 수도 없었고 그럴 필요도 없었다. 시민 의식이 성숙하기까지는 민주화운동의 계몽이 필요했겠으나, 성숙한 시민들은 권력의 폭력적인 민낯[7]을 목격하면서 더 이상 묵종하던 과거로 돌아갈 수 없었다.

이렇게 하여 국가자본주의 국면의 주요 특징이었던 권위주의 지배—자원의 국가적 동원과 자의적 배분을 위해서는 필수적이었던—는 역사의 뒤안길로 사라졌다. 민주화를 향한 정치적 타협이 순조롭게 달성되자 쌓여있던 정치적 변화에 대한 대중의 요구는 눈녹듯 소멸해갔다.

이러한 정치적 변화는 어떤 의미를 갖는가? 한 세대 이전 1961년의

---

7 멀게는 '1980년 광주'를, 가깝게는 1987년 6월 9일 시위 도중 최루탄에 맞아 절명한 대학생 이한열을 생각할 수 있다.

5.16은 쿠데타를 통한 세대 교체였다. 그것은 건국을 주도한 민족주의 우파의 전전 세대, 특히 귀족적 전통을 가진 세대를 밀어내고 그 자리를 절박한 시대적 과제를 위해 헌신할 서민적 배경을 가진 전후 세대가 대신한 것이었다.

그렇다면 1987년의 민주화는 어떤 전환의 계기였을까? 민주화운동을 해온 보수야당 정치인에게 그것은 민주 회복의 출발점이자 자신들의 집권을 위한 길이 열린 순간이었다. 그리하여 6.29 직후 집권을 위해 의회주의 정치 집단 간의 합종연횡과 경쟁이 시작되었다. 이 집단들은 특정 정치인을 중심으로 뭉친 임협집단[8]으로서의 성격을 벗어나지 못한 채 외관만 근대법적 정당을 표방한 정치 결사였고, 예전에도 그랬듯이 이후 끊임없이 이합집산을 반복한다.[9] 임협집단답게 내부의 인적인 유대는 견고한 반면 권위주의 이후의 사회를 무엇으로 채울 것인가에 관해서는 나중에 드러나듯이 거의 준비되어 있지 않았다.

한편 반체제운동을 지속해온 직업운동가 집단은 이제 새로운 선택의 기로에 서게 되었다. 그동안 민주화운동의 전위로 자부하였으며 그렇게 인정도 받았으나, 정작 정치적 대타협 이후의 재편 과정을 주도하지는 못했다. 정치적 재편의 순간을 주도한 것은 보수야당과 권위주의 정권 양자였다. 헌법을 개정하고 대통령 선거를 준비하는 동안 민주민주운동세력은 그 다음 행보를 두고 분열하게 된다.

일반 대중들에게 1987년 여름은 해방감 혹은 커다란 성취감을 가져다

---

8 임협집단이란 개인적인 이해보다는 자신들이 대의라고 믿는 명분의 실천을 위하여 개인적 친소관계를 중심으로 결합된 결사를 가리킨다.

9 정치학에서는 이에 대해 한국의 정당이 제도화 혹은 체계화 수준이 낮다고 에둘러 말한다. 예컨대 임현진(2009) 『한국의 사회운동과 진보정당』 2장 3절 참조.

주었다. 그들이 민주화를 적극적으로 지지하며 직접 시위에까지 나서며 보여준 결의와 호응은 무엇보다 교육을 통해 각인된 근대국가의 기본 원칙에 반하는 현실—권위주의 독재체제—로 인해 상처받은 자신들의 자부심을 회복하는 주요한 계기가 되었다. 고도의 경제성장으로 삶의 물질적인 조건은 꾸준하게 개선되었지만 정치적 현실은 부끄럽다고 여기던 그들이 민주화를 외치며 몸소 시위에 참가하여 그 의지를 표현함으로써 마침내 이러한 수치를 떨쳐버릴 수 있었다.

경제성장과 민주화라는 두 가지 어려운 숙제를 한꺼번에 그리고 비교적 평화롭게 성취한 한국의 사례는 전무후무한 것이었다. 정치적 불안정과 쿠데타 그리고 경제위기가 빈발하던 라틴아메리카, 아프리카 그리고 동남아시아 국가들과 뚜렷하게 구분되는 성취는 사람들의 무한한 자부심의 원천이 되었다. 근대화를 절박하게 서두르던 데서 자주 드러나던 쌓인 열등감을 한꺼번에 덜어버릴 수 있었던 것이다.

저 먼 곳에 있어서 한국 사람들에게 닿을 수 없는 곳이던 선진국이 이제 더 이상 막연한 이상향이 아니라 한국사회의 가까운 미래로 바뀌어 보였다. 이렇게 갑작스럽게 한국은 지난한 과제를 성취한 채 밝은 미래로 나아가는 세상이 되어 있었다. 시민들은 고양된 자부심으로 한동안 여러 사안에 대해 매우 관대해졌다. 곧이어 폭발하는 생산직 노동자들의 요구들에 대해서도 고개를 끄덕이며 긍정하고 박수로 응원하였다.

2. 7~9월 노동자대투쟁

1987년 6월 이후 한국사회는 민주화 투쟁의 긴장에서 한껏 이완되어 있었고, 사람들은 긍지를 가지고 한국의 정치적 장래를 이야기하고 있었다. 하지만 다른 한켠에서는 그동안 권위주의 정권 아래에서 인정받지 못한 권리를 회복하려는 노동자들의 투쟁이 거세게 일어났다. 1987년 7월 초에서 9월 초까지 약 두 달에 걸쳐 전국에서 임금 인상과 노동조합의 자유로운 결성, 근로조건 개선 등을 내걸고 약 3,000건의 시위가 발생한 것이다(10월 말까지 이어진 여진을 합하면 3,300여 건의 노동쟁의가 있었다).[10]

건국 시점으로 거슬러 올라가 보면, 한국전쟁이 끝난 뒤부터 오랫동안 본격적인 노동운동은 사실상 불가능하였다. 특히 한국과 같은 반공주의 사회에서 노동운동은 좌익 활동으로 쉽게 매도될 수 있었다. 1960~1970년대에는 저임금과 형편없는 노동조건이 경공업 수출산업 경쟁력의 바탕이었고, 노동자들은 이를 감내할 수밖에 없었다. 노동운동은 엄격한 감시와 제제의 대상이었다. 상급 노조인 한국노총은 이 과정에서 거의 아무런 역할을 하지 못했다. 전두환 정권기에도 그러한 기조는 바뀌지 않았다.

그러나 경제성장이 지속되자 자본주의적 노사관계는 더욱 확장될 수밖에 없었고, 이들을 계몽하여 반체제운동의 하나로 노동운동을 조직하려는 활동 또한 증가하였다. 계몽과 자각을 통해 노동자 권리를 주장하려는 흐름도 여러 작업장에서 점차 확대되었다. 그럼에도 노동운동은 여전히 감시와 억압에서 벗어나지 못하고 있었다.

이러한 상황에서 87년 6월 민주화대투쟁이 평화롭게 마무리되면서 이완된 정치 공간이 만들어지자 노동자들이 대거 시위에 나섰던 것이다. 여기에는 어떤 조직적 지휘도 선동도 필요치 않았다. 우선 영남 동남부 해

---

10 이에 관해서는 이원보(2013) pp.297~301, 김영수 외(2013) pp.63~66 등에 잘 요약되어 있다.

안지역의 중화학공업 지대에서 노동자의 시위가 시작되었다. 이렇게 발화한 시위는 1987년 여름 경인 지역을 포함한 여러 지역으로 확산되었다. 새로운 노동조합 설립이 한꺼번에 이루어져 1987년 한 해에만 1,300개 이상의 노조가 설립되었다.[11] 노동운동의 무풍지대처럼 보였던 한국에 거대한 노동운동의 흐름이 새로 생겨난 것이다.

오랫동안 노동운동을 얽매었던 사회적 목표와 동원의 국가적, 국민적 논리는 이제 효력을 상실하였다. 산업전사이든 수출역군이든 시위에 참가한 노동자는 과거와 같이 자신의 고유한 권리를 포기하려고 하지 않았다. 이때의 노동자의 파업 시위는 노동쟁의에 관해 법이 요구하는 절차를 무시한 불법 행위였지만, 누구도 이를 불법이라 탓하지 않았다. 노동자들의 요구를 대다수 국민이 긍정했던 탓이었다. 많은 사람들이 그들의 처지를 동정하고 성장 과정에서의 기여와 노고를 인정하였다. 이러한 노동자 권리 운동은 어떤 조직적인 동원의 산물이 아니라 거의 전적으로 자연발생적인 것이었다.

노동자들의 전국적인 시위는 고도 성장을 지속한 국가자본주의 축적 체제의 마지막 파열음이었다. 다수의 노동조합이 새로 만들어졌고, 실질임금이 올라가기 시작하였다. 한국사회는 이제 노사관계의 새로운 제도와 관행을 수용하는 사회로 변모해야만 했다. 또한 노동운동은 새로운 조건 속에서 그 역할, 방향을 재정의하는 새로운 과제를 떠안았다.

---

11 이원보(2013) p.303.

3. 국가자본주의 국면의 종언

결국 자립경제와 근대화라는 시대적 목표를 중심으로 한 국가적 총동원의 시대, 즉 국가자본주의 국면은 자립화한 경제와 계몽된 시민 사회를 낳으면서 대중적 저항을 통해 해소되기 시작했다. 국가에 순응하던 국민 대신에 민주주의를 갈망하는 시민, 수출역군이던 산업전사 노동자들의 '반란', 체제 안정의 근간이었던 농민의 저항은 강력한 국가를 정점으로 하는 위계와 동원의 체제를 근본적으로 흔들고 뒤집었다. 시민 없는 국가가 마침내 시민을 탄생시켰다.

더욱이 이렇게 시민으로 새로 태어난 한국사람들에게 한국은 더 이상 후진국이 아니었다. 이제 자립적 국민경제를 달성하자는 후진국적 자의식이 낳은 문제의식은 완전히 소멸했다. 이때쯤이면 수출과 외자에 의존하는 대외 지향적 개발로는 자립이 불가능하다고 여전히 믿고 있던 반체제운동권을 제외하면, 자립화라는 문제의식을 진지하게 생각하는 사람은 더 이상 없었다. 선진국과의 대조를 통하여 항상 절약이나 국가적 목표에 헌신하도록 계몽하던 국가도 더 이상 그것을 되풀이할 수 없었다. 사람들에게 한국은 이미 선진국 진입도 결코 먼 미래의 일이 아닐 정도로 경제가 성장했고 정치적 민주화마저 달성한 나라였다.

한편 정치 민주화 일정이 정해지면서 기왕의 정치 집단을 재편해가는 흐름도 두드러졌다. 오래도록 정권에서 소외되었던 여러 정치 집단이 새로운 기회를 맞는가 하면 민주화운동의 다른 주도 세력도 새로 제도화될 정치의 장으로 진출하기 시작한 것이다.

이처럼 국가자본주의 국면을 구성하던 제반 요소들은 이 시점에서 해체되거나 의미를 상실하게 되었다. 시대를 구성하던 사회적 과제가 해결되고, 거기에 공감하던 대중의 뚜렷한 이반이 있으며, 정치적 리더십을 구성하던 집단이 후퇴하고 새로운 리더십의 구성이 시작되는 등 모든 면에서 지금까지 국면의 응집력은 더 이상 작용하지 않게 된 것이다. 이제 한국은 어떤 새로운 세상으로 탈바꿈될 것인지가 새로운 문제로 떠올랐다.

4. 사회구성체 논쟁

이러한 격변의 시기에 사회구성체 논쟁이라는 것이 있었다. 1983년경부터 1990년 정도까지 지속된 사회구성체 논쟁은 한국의 반체제운동[12] 집단이 급진화하며 반독재 민주 회복을 넘어선 근본적인 전복을 꿈꾸면서 시작되었다. 반체제운동 집단들은 제각기 한국은 이러저러한 사회이며 따라서 이런 혹은 저런 혁명이 필요하다라는 식의 주장을 내놓았고, 이를 둘러싸고 열띤 논쟁이 벌어졌다. 논쟁의 각 주체는 임박한 혁명에 관한 기대와 상상으로 채워진 머리로 한국사회에 관한 저마다의 분석과 단언, 혹은 역사적 필연에 관한 확신으로 상대를 압도하고자 하였다.

---

12 이 책에서 반체제운동이라 할 때 그것은 가장 넓은 의미에서 저항운동 일반을 지칭한다. 1960년대 이래의 반정부 활동 전반을 가리키는 말이며 여기에는 구 좌익의 지하당 활동까지도 포함된다. 민주화운동은 권위주의 정치에 저항하는 운동에 한정하여 사용한다. 한편 진보라는 표현은 1990년대 들어서 사용되기 시작한 것이며 이 책에서는 보수와 비교, 대조를 의식하는 경우에 사용한다. 민족민주운동은 민주화운동 세력 가운데 급진 정치세력 전반 혹은 그 정치활동을 가리킨다. 이처럼 진보(세력), 민족민주운동(세력), 좌파 등은 호환가능한 경우가 많으나 맥락에 따라 선택적으로 사용한다. 좌익 또한 마찬가지일 것이나 이 표현은 역사적 용례에 따라 건국기에 한정하여 사용하였다. 다만 관행 좌익이란 표현은 예외로 한다. 관행 좌익에 관해서는 각주 7 참조.

애초 민족민주운동의 상층부 일각에서 시작된 이 논쟁은 노동운동이나 여타의 사회운동에 종사하던 사람들과 정파들이 나름의 입장을 가지고 참여하면서 반체제운동 전반 및 일부 지식인 사회를 뒤흔들었다. 운동의 급진화와 나란히 지식인 사회에도 급진적인 사고가 상당히 확산되었는데, 이 논쟁은 거기에 참여한 집단이나 개인의 문제의식을 적나라하게 드러내며 그 시대의 역사적 성격을 간접적으로 보여주었다.

이 논쟁은 해방 정국이나 그 이전의 국제공산주의운동의 흐름으로까지 소급할 수 있는 주장들의 조합으로 이루어져 있었다. 과거에 좌익에게 권위를 가지고 있었던 그런 주장들에 근거함으로써 정통성을 확보하고 과시하고자 하는 듯한 의도도 엿보였다. 당시까지 급진주의의 권위있는 원천이었던 그런 논의에 맥을 닿게함으로써 한국전쟁 이후 단절되었던 공산주의 운동의 정통성을 계승한 듯한 태도도 취할 수 있었다.

사회구성체 논쟁에 참여한 각각의 입장들은 한국이 그 자본주의적 혹은 전前자본주의적 보편성을 전제하고 어떠한 특수성을 갖는 사회인가 하는 문제에 집중하고, 이를 통해 한국에서 필연적인 혁명의 종류나 성격을 규정하고자 했다. 여기서 '특수성'이란 한국을 질곡에 빠뜨려 자립을 가로막는 실체를 규정하는 것과 관련되어 있었다. 논쟁에 참여한 모든 입장이 한국은 세계체제 혹은 (미)제국주의에 종속·예속된 사회, 혹은 (신)식민지 사회여서 자립이 불가능하며, 혁명을 통한 체제 전복으로 제국주의 및 독재 정권과 단절하는 것을 통해서만 자립으로 나아갈 수 있다고 간주했다.

각 분파가 제시한 주장들은 1960년대 중반 이후 시작된 반체제운동이 한국사회의 변화를 서로 다르게 평가하며 여러 갈래로 분화되면서 각 분파의 가졌던 문제의식을 다듬은 것이었다. 대외 의존 혹은 종속이라는 한국사회의 특수성에 대한 비판적인 문제의식은 이미 1970년대에 당시의 경제성장 과정을 비판하는 '민족경제론'이란 이름으로 존재하고 있었다.

각각의 입장은 이제 성장 과정에 대한 '민족경제론'적인 비판에 그치지 않고 그 비판이 암암리에 전제하고 있던 방법론·혁명론을 복구하여 자신들의 입장에 맞춰 재정립하는 것에 몰두했다. 즉 혁명적 문제설정을 위해 원래의 문제의식 속에 있던 논리의 근거(즉 소련 마르크스주의와 코민테른에서 나온 후진국 혁명과 관련된 명제들)를 찾아 나름대로 일관성 있는 이론틀을 갖추어 보고자 한 것이었다. 이를 위해 정세 분석과 함께 한국사회를 하나의 특정한 전일체—사회구성체—로 규정하고 그에 따른 특정한 혁명 전략을 제시했다. 여기에는 정통 마르크스레닌주의적 입장만이 아니라 북한의 남한 사회 인식과 해방 전략도 주체사상 신봉자 그룹에 의해 제기되었다.

이렇게 정식화되어 제기된 입장 내지 논리로는 종속이론, 식민지반봉건사회론·식민지반자본주의사회론, 신식민지국가독점자본주의론, 예속적·관료적·종속적 국가독점자본주의론 등이 있었다. 라틴아메리카에서 만들어진 종속이론을 제외하면, 북한의 남한 사회 규정인 식민지반봉건사회론·식민지반자본주의론을 포함하여 모두 국제공산주의운동 주류에서 파생한 주장들을 다소 현지화한 것들이다.[13]

---

13 이러한 사회구성체 논쟁과는 별도로 같은 시기에, 한국경제의 변화, 자립화 경향을 눈여겨 보고 이를 적극 인정하는 흐름이 있었다. 나카무라 사토루中村 哲의 '중진자본주의론'이 그 것이다. 中村 哲(1987) 「중진자본주의론에 관한 시론」, 『현단계』 참조. 이 입장은 당시 동아시아의 한국, 대만, 홍콩, 싱가포르 등 NIEs의 경제성장에 주목하여, 그것들을 중진자본주의로 명명하며 역사 발전의 새로운 경로로서 제시한 것이다. 기왕의 연구들이 서구의 선진자본주의국이 밟아간 역사 경로를 모범으로 간주하며 이외의 가능성을 배제한 것이었다면, 중진자본주의론은 그와 다른 여러 길이 있을 수 있다는 것을 주장한 것이었다.

종속이론[14]은 한국경제의 대외 의존성을 그럴듯하게 강조하고 있다는 이유로 잠시 주목받았으나, 비교적 일찍 기각되었다. 이후 다소 산만했던 몇 가지 주장들은 논쟁을 거치며 1980년대 후반에 두 갈래로 정리된다. 한국이 신식민지국가독점자본주의사회라는 주장과 식민지반봉건사회(혹은 식민지반자본주의사회)라는 주장이 그것이다. 이 각각은 민족민주운동의 주요한 두 정파, 즉 흔히 민중민주주의파[PD], 민족해방파[NL][15]라고 부르는 집단의 기본적인 인식이었다.

신식민지국가독점자본주의론은 소련의 맑스주의가 서방 세계를 규정하던 논리인 국가독점자본주의론이라는 것에 한국적 특수성을 표시하는 신식민지라는 수식어를 첨부하여 재가공한 것이다. 이 입장은 당시의 한국사회가 미국이 지배하는 신식민지이지만 재벌이라는 독점자본이 지배하는 일정 정도 발전된 자본주의 사회이며, 따라서 민족해방민중민주주의혁명[NLPDR]이 필요하다고 규정하였다.

식민지반봉건사회론은 항일운동기 좌익이 코민테른—구 소련이 주도하던 국제공산주의운동 조직—의 식민지사회 규정에 따라 식민지 조선을 바라보던 시각이었는데, 북한은 이를 그대로 남한에 적용하였다. 남한이 북한 지역과는 달리 식민지에서 해방되지 않은 구역이라고 본 것

이 논의를 한국에서 안병직(1989) 등이 원용하여 사회구성체 논쟁과는 거리를 두면서도, 급진 정파의 종속 일변도의 사고를 비판하는 데 활용하였다.

14 종속이론에도 여러 갈래가 있지만 요지는 아래와 같은 주장이다. 즉 자본주의 선진국이 중심부를 이룬 세계자본주의 체제에 과거의 식민지 같은 주변부 국가가 편입되면 구조적 종속을 초래해 '저발전'이라는 왜곡된 형태의 발전 경로를 걸을 수밖에 없다. 그리고 저발전은 결코 발전의 전단계가 아니며 발전을 위해서는 세계체제를 벗어나야 한다.

15 민족해방파는 북한 추종 세력과 자생적인 반미그룹으로 이루어져 있다. 양자를 각각 주사파(주체사상파), 자주파라고 흔히 부른다. 민족해방파의 발생과 분화, 그 내부 차이에 관해서는 이창언(2011) 참조.

이다. 민족해방파 주류(주사파)는 이를 그대로 받아들여 되뇌었다. 이에 따르면 일제 패망 이후 변한 것은 일본 제국주의 대신 미제국주의가 남한을 지배한다는 것뿐이며, 이것이 한국의 사회성격을 규정한다는 것이다. 이 논리를 받아들이면 남한에서는 민족해방민주주의혁명이 불가피하다. 즉, 미제국주의로부터의 민족해방이 모든 것에 우선하는 과제인 것이다. 남한은 여전히 반봉건 혁명이 필요한 전근대적인 반봉건 사회 혹은 자본주의 형성이 극히 미흡한 반$^{\ne}$자본주의 사회[16]로, 이러한 질곡에 빠지게 한 근본 원인인 미제에 반대하는 민족해방혁명이 필요하다는 것이었다.[17]

위의 두 주장 모두 1980년대 한국의 주요 과제는 민족해방이라고 보았다. 특히 민족해방파는 민족해방을 사실상 유일한 과제로 간주했다. 이에 따르면 미국이 세계를 좌지우지하는 최강의 제국주의 국가이며, 따라서 미국을 반대하고 극복하는 것이 모든 것에 우선하는 과업이었다. 이 두 주장은 한국사회에 대한 평가나 과제를 두고 서로 대립하였지만 이처럼 당대의 시대적 과제를 반제민족해방으로 보는 점에서는 일치했다. 이것은 이 두 주장이 모두 20세기 민족주의 운동의 좌파적 발현 양상이기 때문이다. 모두 민족적 자립을 가로막는 미제국주의를 극복해야 비로소 자주·자립이라는 민족적 숙원이 해결될 것이라 보았던 것이다. 이처럼 민족민주운동의 여러 갈래는 반체제를 지향하고 있었지만 모두 민족적

---

16 식민지반자본주의론은 1980년대 한국의 자본주의 발전을 완전히 외면할 수는 없어서, 식민지반봉건사회론을 수정한 것이었다. 다만 이 경우에도 한국의 자본주의는 미제국주의에 의해 제약된 것이어서 제대로 자본주의라 할 수 없어서 반($^{\ne}$)자본주의라 한 것이었다.

17 항일운동 시기에 김일성 그룹이 익힌 논리를 그대로 반복하되 다만 일본 제국주의를 대신한 미제국주의가 질곡인 세상인 것이다. 말하자면 김일성 그룹의 문제의식을 그대로 고정하여 수십 년 이상 연장한 것이다.

다시 읽는 한국 현대사

자립을 갈구하는, 국가자본주의 국면이라는 역사적 시대의 유기적 구성부분이었다.

물론 이런 문제의식은 레닌의 제국주의론에 연원을 두고 있다. 식민지반봉건사회론은 러시아 혁명 이후 서방의 제국주의에 반대하는 관점에서 식민지의 상황을 규정하고 그에 따른 실천을 위해 만들어졌었다. 제2차 세계대전 이후에는 많은 식민지가 독립하고 민족국가가 출현했다. 이에 구 소련과 좌파는 이를 신식민지로 규정하여 반제국주의의 문제의식을 연장시켰고, 그 끝지점에 한국의 신식민지국가독점자본주의론이 놓여 있었다. 북한이라는 실체에 순종하든, 상상된 공산주의운동의 정통에 귀의하든, 두 주장 모두 구 소련 사회가 중심이 되어 국제공산주의운동을 지도하던 시절과 논리의 유품에 해당했다.

한국의 민족민주운동권의 다수는 민주기지로서 북한이라는 존재에 대체로 자유로울 수 없었다. 1980년대 들어 한국의 반체제운동이 확산되면서 분화될 때 일부는 북한이 민족운동의 정수를 가지고 있다고 보고 북한의 지도를 따르기로 결심한다. 이들은 남한만이 아니라 한반도 전체를 대상으로 한 반제국주의 혁명을 상정하면서 민주기지 노선에 귀의했고, 일부는 김일성주의를 받아들였다. 남한만 놓고 보면 국가의 공안능력(그리고 상상된 후견국가 미제국주의의 강력함)을 극복하기가 불가능하지만, 한반도 전체를 시야에 넣고 생각하면 한반도를 식민지에서 해방해가는 반제 투쟁의 과정 속에 자신을 위치지울 수 있고, 그리하여 스스로는 북한이라는 강한 배후를 가진 것으로 믿게 되는 것이었다.

다른 한편 신식민지국가독점자본주의론은 한국에서 자본주의 발전에 따른 자본주의적 노사관계를 의식하여 민중민주주의를 혁명의 주요한 부문으로 포함한다. 하지만 신식민지라는 규정이 보여주듯 민중민주주의

혁명이 민족해방투쟁과 분리될 수 없으며 이 양자를 아우른 혁명을 꿈꾸었다. 즉 민족해방혁명의 일환으로서의 민중의 혁명을 상상한 것이었다. 급속한 경제성장이 낳은 자본주의 관계의 확산에 반응하여 한국사회를 서구사회를 대상으로 한 국가독점자본주의론이 적용 가능한 사회로까지 보았지만 여전히 레닌 이래의 반제국주의를 기조로 하는 제3세계 혁명론에서 벗어날 수 없었던 것이다. 곧 모두 어떤 변형을 거치더라도 반제민족주의라는 기본적인 구도를 벗을 수 없었다.

민족민주운동은 1980년대를 거치며 최종적으로 이 두 갈래로 갈라져 서로 대립·경합하였다. 그리고 그런 대립에도 불구하고 좌파적 전통의 모든 분파들은 민족주의적 문제의식의 절대 우위에 굴복했었다. 즉 모두 민족민주운동의 적자들이었다.[18] 그리하여 자립화를 둘러싼—자립이냐 종속이냐—시대적 대결에서 모두 변화해온 1980년대 한국의 현실을 전혀 인지하지 못한 채 교리에 따른 공식적인 판단, 즉 식민지 혹은 신식민지에서 심화되는 종속, 멀어진 자립을 반복하였으며, 종속적 혹은 신식민지적 발전에 따른 임박한 파국을 되풀이하여 예언했었다.

사회구성체 논쟁은 내외의 정세가 새롭게 확정된 1990년대 초에 갑자기 사라져 소멸한다.[19] 한국이 사실상 자립경제를 달성했고 사회주의는

---

18 민족민주운동의 이 두 진영은 그러나 1980년대 후반 이후 2010년대에 이르기까지 한국의 구체적인 정세 인식과 정치 방침에 관해 사사건건 대립해왔다. 소위 NL과 PD로서 주요 정치적 사회적 문제들에 관하여 서로 다른 진단과 대안을 제시하며 맞서고 다투었다. 그리하여 다른 정파와 구별 정립하여 하나의 정치세력으로 단합된 모습으로 활동하는 것이 불가능하다는 것이 여러 차례 드러났다. 이 대립의 마지막을 장식한 것은 2012년 통합진보당 경선 부정을 처리하는 과정에서 자주파를 제외한 그룹이 당을 박차고 나와 분당한 것이다. 이제 더 이상 양 집단이 얽힐 일은 없을 것이다.

19 사회구성체논쟁과 관련된 문건은 박현채·조희연이 펴낸 『한국사회구성체논쟁』 1권 (1989), 2권(1989), 3권(1991), 4권(1992)에 대거 망라되어 있다.

해체되었다는 이중의 현실을 앞에 두고, 그러한 논리들로는 더 이상 아무 것도 주장할 수 없었다. 사회구성체 논쟁은 1960~1970년대 반체제운동 과정에서 싹튼 좌파적 사유가 도달한 정점이었고 민족민주운동론의 최후를 장식하는 것이었다. 나름으로는 그것은 근대의 하나의 결산이었다.

이 논쟁이 지금도 상기할 만하다면 그것은 이전의 민족민주운동의 이념적·논리적 근거들을 잘 보여줄 뿐만 아니라 여전히 많은 정치인, 운동가, 지식인들이 그런 논리에 영향받은 과거를 드러내는 행태를 보여주고 있기 때문이다. 1990년대와 2000년대 이후에도 여러 진보진영의 정치 방침을 둘러싼 내부 갈등 혹은 차이 역시 이러한 입장들의 연장에서 비롯되었다. 또한 남아 있는 여러 관행 좌익 조직 또한 이러한 논리 가운데 어느 한두 가지에 구속되어 있기 때문이다. 그리하여 드디어 그러한 관행 좌익은 그런 운동권 논리와 행태에 식상한 사람들로부터 퇴장을 요구받는 지경에 이르게 되었다.[20]

5. 민족주의의 역사적 지위

건국 이후 1980년대에 이르기까지 민족주의는 한국사회 모든 면에서 가장 기본적인 가치였다. 한국전쟁을 거치며 좌익의 급진 민족주의는 소거되었지만 민족적 지향 자체는 한시도 부정되지 않았다. 국가자본주의 국면에서도 민족주의는 서방 선진국을 모방하기 위한 동원체제의 밑바탕

---

20 진보진영의 기성 세대, 즉 관행 좌익을 향해, "우리는 NL과 PD가 전쟁하는 세대가 아니"고 "전후세대"라고 말하는 새로운 세대가 생겨난 것이다. 노회찬·구영식(2014) p.288.

이 되었다. 1960년대 이후 한 세대 동안 민족중흥의 기치 아래 선진 문물을 따라잡고 근대화와 부국강병을 이루기 위한 필사적인 노력이 이어졌다.

국민 모두를 경제성장과 근대화라는 민족적 대의에 복무하는 애국하는 국민으로 호출한 이러한 사회적 동원 체계는 1980년대 말에 이르자 폐기될 운명에 처했다. 국가적 혹은 민족적 목표를 대중에게 설득하는 것이 더 이상 가능하지 않게 되었기 때문이다. 대중의 삶의 물질적 조건에 커다란 변화를 가져온 고도의 경제성장으로 절박하였던 시대적 과제는 해소되었고, 민족주의는 이제 그 역할을 마감하고 자신을 되돌아보아야 할 시점에 온 것처럼 보였다.

그런데 이처럼 국가적 목표를 향한 사회적 동원은 잦아들게 되었지만, 반체제운동에서 확산된 급진 민족주의는 오히려 정치·사회·문화의 제반 영역에서 그 영향력을 확대해나갔다. '1980년 광주'를 돌아보면서 민족민주운동권은 기왕의 반외세 자주화라는 기본 입장을 반미 민족주의로 구체화하였다.[21] 경제 자립으로는 해결될 수 없는 자주화의 새로운 내용을 확보한 것이다. 이렇게 1980년대 중반 이후 반미주의는 오히려 강화되면서 반체제운동권의 기본 정서가 되었고, 이들은 반미 민족주의를 선명하게 내세우며 정치사회적 이슈들에 대응하였다. 한동안 성년이 된 시민들의 정서와 맞닿는 듯하였으며 종종 거리의 정치에서 반미주의에 호응하는 대중을 발견할 수도 있었다.

그러나 정치적 맥락에서 벗어나면, 우리의 일상에서 민족적 가치는 도

---

21 민족민주운동이 민족주의라는 지평에서 민주화운동을 지속해왔기에 '80년 광주'를 계기로 반미주의로 전환한 것은 필연적인 것이었다. 이창언(2011) p.148 참조.

다시 읽는 한국 현대사

전받는 것은 물론 스러져가고 있었다. 1990년대 들어 단일 민족 신화나 '우리 것'에 관한 집착이 자주 편협한 권위로 작용한다는 것이 드러났다. 외국인 노동자의 유입이나 해외의 다양한 문물에 대거 노출되면서 민족적 가치는 상대화가 불가피해졌다. 특히 글로벌화가 진전되고 중국이 급속히 부상하면서 한국의 정치 정세에 대한 반제 민족주의적 인식은 시대착오적인 것으로 바뀌어갔다.[22] 현실은 민족민주운동의 급진 민족주의를 20세기의 잔존물로 만들고 있는 것이다.[23]

세상이 변화하여 그동안 민족민주운동의 반제국주의 운동의 이론적, 이념적 근거가 되어왔던 여러 논리들, 즉 역사학에서의 내재적 발전론[24]과 자본주의 맹아론, 민족경제론, 그리고 각종 사회구성체론으로 이어진 일련의 논리들은 모두 휴면 상태에 있다.[25] 하지만 반미 민족주의는 관행 좌익의 뇌리와 실천에서 여전히 현역으로 권위를 고집하고 있다.[26]

---

22 제국주의 시대의 종말과 제국 출현을 공언하는 Hardt & Negri(2000) 『제국Empire』에 대한 국내의 부정적인 반응을 상기해보자. 그것은 레닌 이래의 반제국주의적 입장을 버릴 수 없다는 표식이다. 일례로 손호철(2004) 참조.
23 요사이 많이 입에 오르내리는 '열린 민족주의'라는 표현은 이런 상황에 예민해진 이들의 반응으로 생각할 수 있다. 그러나 일관성을 갖춘 내용을 확보하기는 쉽지 않아 보인다.
24 내재적 발전론에 관해서는 윤해동(2014) 2부 1장, 윤해동(2009) 참조.
25 물론 내재적 발전론이 학계에서는 여전하지만 예전과는 달리 적극적으로 그 역사적 철학적 의미를 주장하지는 못한다는 의미이다. 또한 민족경제론(혹은 김대중의 대중경제론)을 재평가하여 확장하려는 드문 시도가 있기는 있다. 하지만 그런 주장은 시대에 맞춰 변화를 지향하겠다는 것이지 단순하게 부활을 선언하고 있는 것은 아니다. 류동민(2010) 참조.
26 그 끝에 2015년 3월 주한 미국대사의 얼굴에 자상을 입히는 자도 나타났다.

3

역사적
전환

1987년의 대타협을 기점으로 한국사회는 새로운 국면으로의 이행을 시작한다. 1960년대 이후 한 세대 동안 지속된 국가자본주의 국면은 그 역할을 다하고 해소의 길로 접어들었다. 급속한 경제성장이 지속되면서 국가자본주의 국면이 해소될 여건들이 마련되었고, 정치 지형에 커다란 변화를 가져올 1987년의 대타협이 그것의 마침표를 찍는 역할을 하게 되었다. 이제 기존의 정치·사회·경제체제는 변화의 바람 속에 놓이게 되었고, 그 변화의 방향과 내용을 둘러싼 각축이 바야흐로 한국사회를 뒤흔들어 놓게 될 것이었다.

이행의 시기에는 기왕의 정치·경제체제의 이념이나 그 구성요소 등이 부적절하거나 낡은 것으로 비치며, 비판과 함께 소멸해간다. 반면 이를 대체할 새로운 것들이 등장하여 자리잡는 시기이기도 하다. 1980년대 초부터 국가자본주의 축적체제의 여러 요소들에 대하여 문제가 제기되고 부분적으로 변화도 있었지만, 여전히 1980년대의 성장 과정을 지탱하였다. 그러나 1980년대 말이 되자 국가 주도 혹은 정부 주도의 금융 등에 관한 비판이 전면화되고, 민간 주도를 당연시하고 시장의 귀환을 노래하는 입장이 전면적으로 등장하였다. 또한 1987년 이후 정치 질서의 재편이 시작되었다. 그리고 무엇보다 대중의 관심, 지향에서도 변화가 감지된다. 1987년을 거치면서 시민으로 거듭난 대중은 더 이상 조국 근대화 같은 국가적, 민족적 목표를 위한 헌신을 당연시하던 어제의 국민이 아니었다. 노동조합을 조직하고 임금인상을 요구하며 일어선 노동 대중은 더 이상 어제의 산업역군이 아니었다. 이렇게 1987년 이후 한국사회는 이행을 시작한다. 이 이행기, 즉 국가자본주의 국면과 이후의 새로운 역사적 시대 사이의 막간의 시기는 1997~1998년 경제위기와 함께 마감한다.

이행기 동안 주목할 것은 우선 정치 질서에 생겨날 변화이다. 1961년의 5.16 시기에는 정치적 세대교체가 결정적으로 일어났었다. 두 번째로 고려할 것은 경제시스템의 개혁과 재편의 내용과 방향이다. 국가 주도의 축적체제가 어떻게 변화해가며 무엇으로 재편되는가가 관심사이다. 새로운 이념 즉 민족적 자립과 근대화를 무엇이 대신하였는지도 중요하다. 국면 전환을 누가 무슨 정치적 경제적 비전을 가지고 주도할 것인가가 여기서 관건이 될 것이다. 덧붙여 정치적 재편과 밀접하게 연관된 것으로서, 근현대사를 둘러싼 역사전쟁 또한 중요하다. 정치 질서의 재편, 혹은 지배 집단의 재구성에는 이를 정당화할 새로 편집된 용비어천가가 필수적이다. 그 내용을 두고 다투는 것은 권력을 향한 경쟁에서 매우 중요한 측면을 이룬다. 역사전쟁이라는 이름으로 수행될 이러한 새로운 정당화의 몸부림을 주목하지 않을 수 없는 것이다.

다시 읽는 한국 현대사

11장

정치적 재편

1987년 6월 정치적 대타협은 무엇보다도 정치 질서의 재편을 알리는 신호탄이었다. 그런데 그 계기인 '6.29 선언'은 쿠데타나 혁명이 아니었다. 기존의 집권 권위주의 정치세력이 전혀 배제되지 않았고, 오히려 위로부터의 수동혁명[1]이라 부를 수 있을 정도로 집권 세력의 방어적 선제책에 가까웠다. 따라서 정치의 재편은 상당한 시간이 걸리는, 복잡한 과정이 될 것이 분명하였다. 이러한 과정에서 이제까지의 집권 권위주의 세력과 이에 대항하는 범민주화운동세력이라는 구도가 어떻게 변화할 것인지는 명확하지 않았다. 방어적 선제에 성공한 집권 권위주의 세력의 운명을 포함하여 서로 다른 지향을 가진 범민주화운동 집단의 지도력이 무엇을 이

---

1   이탈리아 혁명가 그람시가 쓴 표현이다. 민중적 저항에 의해 위기에 처하게 된 지배세력이 수행하는, 위기를 극복하기 위한 지배의 혁신과정을 가리킨다.

루어낼 수 있을지 시험대에 놓이게 될 것이었다. 이때까지의 '민주―반민주'라는 정치적 적대의 구도가 서방의 의회주의 질서가 보여주는 '진보―보수'라는 새로운 구도로 순조롭게 변화될 수 있을지도 명확하지 않았다.

이 당시 새로운 지배 집단이 되기를 꿈꾸던 정치세력들은 다음과 같이 나누어 볼 수 있다.

첫째, 5.16 쿠데타 이래 권력에서 배제된 채 야당 생활을 한 정치인들이 있다. 이들의 정치적 뿌리는 해방 정국의 한국민주당(한민당)까지 거슬러 올라간다. 한민당은 1949년 민주국민당으로 바뀌었다가 1955년 자유당을 나온 사람들까지 합쳐서 반 이승만 연합을 표방하는 민주당이 되었다. 민주당은 4.19 직후 제2공화국의 정권을 장악했다가 이듬해 5.16으로 밀려났는데, 이 정당의 후속 집단이 1987년의 정치적 대타협에 이르기까지 야당으로서 권위주의 정권에 도전하면서 민주 회복을 기도하였다. 하지만 '민주 회복'이나 대중경제론[2]과 같은 이들의 슬로건과 기획은 박정희 정권의 조국근대화론이나 안정의 논리를 이길 수 없었다. 1980년 '서울의 봄'으로 맞은 기회는 전두환 정권에 의해 좌절되었으나, 1987년 다시 권력에 도전할 수 있는 기회를 잡았다. 이들은 정통 보수를 자임하며 반독재 민주화를 위해 급진 정파와 연대하면서도 자유민주주의를 내세운 정파였다.

둘째, 국가자본주의 국면에서 정권을 장악하고 자립경제를 기획·집행

---

2 김일영(2006b)은 대중경제론의 내용, 탄생의 비밀, 변화와 말로를 추적하고 있다. 그는 김대중의 대중경제론을 내포적 공업화론과 마오쩌둥의 신민주주의론 등이 혼합된 것으로 파악하는 한편, 박정희의 기획(조국근대화론)에 비해 현실 적실성이 부족하였다고 평가한다. 대중경제론에 대해서는 류상영·김동노(2013)과 류동민(2010)도 참조.

한 집단이 있다. 이들은 첫째 집단의 계속되는 정치적 도전을 넘어 애초의 기획을 실현하고자 하였는데, 주로 전문 관료, 직업 군인, 각 분야의 테크노크라트 출신자들로 주로 구성되어 있었다. 1987년 민주화운동이 대중화하여 이를 억누를 수 없게 되자 6.29 선언이라는 정치적 타개책으로 위기를 돌파함으로써 정치 질서의 재편과정에서 밀려나지 않고 그 한쪽 귀퉁이를 부여잡고 버틸 수 있었다.

셋째, 민족민주운동 집단이 있다. 이들은 건국기의 구 좌익에서부터 1980년대 학생운동 출신을 포괄할 정도로 여러 세대에 걸쳐 있었다. 하지만 극소수의 잔존 구 좌익을 제외하면, 대체로 1960년대 중반 이래의 학생운동 출신으로 이루어져 있었다. 이들은 1970년대 유신체제를 거치며 급진화되었고 극심한 탄압을 견뎌내며 체계적으로 반체제적 사유를 체득해왔다. 그리고 드디어 반독재 반권위주의 민주화운동의 주요한 전위로서 인정받을 수 있는 순간을 맞은 것이다. 그런데 1987년 이후의 정치적 재편 과정에서 이들은 그 이전의 민주화운동과는 전혀 다른 현실에 대응하여야 하였다.

민족민주운동 집단은 1987년의 정치적 변화를 예감하지 못했다. 이들에게 한국사회는 항상 파국과 혁명이 임박한 사회였다. 이들은 독재 정권의 대외 의존적 경제는 곧 위기에 직면할 것이며, 대중적 봉기와 혁명적 전복이 눈앞에 닥칠 것이라는 정세관을 가지고 있었다. 이러한 붕괴론 내지 종말론은 탄압받고 있던 현실에 대해 위로는 되었을지 몰라도 현실을 있는 그대로 인지하는 데 중대한 장애로 작용하였다.

그 결과 이들은 1987년과 같은 정치적 타협과 그 이후의 시민민주주의 정착 과정을 상상할 수 없었다.[3] 말하자면 이들에게는 새로운 국면에서의 정치적 방침이 결여되어 있었던 것이다. 시민이 주도했던 1987년의 민주화운동도 그리고 부르주아 의회민주주의로의 이행도 혁명적 전환을 그리던 그들의 머릿속에는 떠오를 수 없었다. 그 결과 이들은 6.29 선언 이후의 정치 과정에서 소외되었고, 7~9월 노동자대투쟁에도 제대로 결합하지 못했으며, 1987년의 헌법 개정과 이후의 정치 재편 과정에서 아무런 실질적인 역할을 할 수 없었다.[4]

정치의 재편이 시작된 1987년 6월 대타협 직후 민족민주운동권은 앞닥친 대통령 선거 전략을 둘러싸고 심한 내홍에 휩싸였다. 김영삼과 김대중 가운데 한 사람으로 후보를 단일화하면 누가 보더라도 대선에서 권위주의 세력이 내세운 후보를 꺾고 승리할 수 있었다. 단일화는 국민 대다수의 여망이기도 했다. 하지만 김영삼과 김대중 모두 출마를 고집하자 민족민주운동권은 후보 단일화, 비판적 지지[5], 독자적 민중후보의 세 갈래로 나뉘었다.[6] 이러한 분열은 이 집단의 주도 역량과 영향력을 더욱 제한하였다.

1987년 연말에 치러진 직선제 대통령 선거는 정치 질서 재편의 실질적 출발이었다. 널리 알려진 대로 김대중과 김영삼은 다수 국민의 여망과 달리 분열했고, 집권 여당의 후보 노태우에게 패하였다.[7] 결과적으로 권위주의 정치세력의 방어적 선제책에 제대로 놀아난 꼴이었다. 선거 결과

---

3 이러한 정세관에 관해서는 김보현(2011) pp.257~261 참조.

4 이러한 한계에 관해서는 이영제(2010) p.161 참조.

5 '비판적 지지'란 조금이라도 진보에 더 친화적인 듯한 김대중 후보를 지지한다는 것을 말하는데, 그가 본성상 보수파이므로 그저 지지하는 것이 아니라 '비판적으로' 지지한다는 의미였다.

6 이러한 분열에 관해서는 조현연(2011) pp.99~100 참조

7 이 시기의 '천하삼분지계'에 관해서, 그리고 어처구니 없는 결과에 관해서는 강명세(2010) pp.64~68 참조.

는 국민들을 상심시켰고 정치 사회의 민주화 속도를 한층 늦춘 셈이 되었다. 나아가 이 선거는 다가올 지역할거주의 정치를 예고하고 있었다.

1. 보수대연합

1990년 1월 네 개의 주요 정당 가운데 세 개의 정당이 합당하는 '3당 합당'이라는 정치적 사건이 일어났다. 당시 정계에는 국회의 과반 의석을 차지하는 데 실패한 여당, 그리고 1987년 대선 이후 제각각 분립한 김영삼, 김대중, 김종필 세 사람이 이끄는 세 개의 야당이 있었다. 여기서 김대중의 평화민주당을 제외한 나머지 세 개의 정당이 합당하여 거대 여당을 결성한 것이다. 이것은 정치 재편이 본격적으로 시작된 것이자, 꺼져가는 국가자본주의 국면 이후 새로운 시대의 지배 집단을 안정적으로 구성하려는 최초의 본격적인 시도였다.

1980년대 말에도 학생운동 등 급진주의의 반체제운동은 여전히 계속되었다. 1987년에 개헌이 이루어지고 국민의 직접선거로 대통령이 선출되는 등 절차적 민주주의는 자리를 잡아갔으나, 선거 결과 권위주의 정권이 내세운 노태우가 대통령에 당선됨으로써, 민주화운동의 성과는 퇴색한 듯이 보였으며 '진정한' 민주화를 향한 발걸음을 내딛지 못하게 된 듯하였다. 학생운동을 중심으로 한 반체제운동 세력에게 대통령 직선제에도 불구하고 제6공화국은 군부독재로 회귀한 것과 다름 없었기에 이들은 과거와 다름없이 계속해서 반체제운동에 나섰다.

이와 함께 1987년 마침내 시민권을 얻은 노동운동은 공세적인 조직활동을 계속하며 실질임금 인상 등을 이끌어내고 있었다. 그런가 하면 비합법 노동운동 조직들은 근본적인 변혁을 주장하면서 체제 전복 활동을 계속하였다. 재벌은 공권력이 계급투쟁을 이야기하는 급진 세력을 포함해 노동운동을 과거처럼 제어하지 못하는 상황에 당혹해했다.[8] 집권 세력은 이러한 형세에 대처하는 데 한계를 느끼면서 정치적 주도권을 회복하고 반체제운동이나 노동운동의 공세에 맞설 수 있도록 보수세력의 연합을 구상하게 된 것이다.[9]

보수연합에 참여한 세력은 두 개의 다른 연원을 갖는 세 그룹으로 이루어져 있었다. 집권 여당(민주정의당)과 김종필이 이끄는 정당(신민주공화당)은 5.16 이후의 국가자본주의 국면 동안 집권 정당으로서 고도성장을 이끌었다는 자부심과 함께, 군사정변 및 과거의 권위주의 정치에 연루되어 있다는 점에서 흠이 있었다. 반면 김영삼이 이끄는 정당(통일민주당)은 권위주의 정부에 대항하여 민주화운동을 해온 이력과 그 결과로 1987년 이후의 새로운 역사 국면을 만든 주도 세력이라는 자부심을 가지고 지배주주로 변신하고자 하였다.

3당 합당은 겉으로만 보면 놀라운 일이었다. 보수연합을 형성한 두 집단은 사실 국가자본주의 국면 내내 줄곧 대립해왔다. 그런 두 집단이 정치를 같이 하겠다고 천연덕스럽게 한지붕 아래 모인 것이다.

하지만 당시의 정세를 살펴보면 이들의 합당은 그리 이상한 일이 아님을 알 수 있다. 당시 한국은 경제성장과 민주화 모두를 순조롭게 달성한

---

8 급진주의 노동운동이 강화되는 기미에 1989년 12월 전국경제인연합회, 한국경영자총협회, 한국무역협회, 대한상공회의소, 중소기업중앙회 등 5개의 전국적 자본가 단체가 주축이 되어 '경제단체협의회'를 조직하여 일전불사를 외치는 형세가 잠시 전개될 정도였다. 흡사 자본가계급 대단결 같은 장면이었다. 노동운동이 계속 활성화되자 이렇게 과민 반응을 보였던 것이다.

9 이러한 정세의 흐름에 관해서는 강병익(2010) 참조.

보기 드문 나라였다. 근대국가 대한민국이 갈망했던 경제성장과 민주화를 일궈냄으로써 근본적으로 '보수'를 근간으로 하는 두 집단이 굳이 이제까지처럼 대립해야 할 이유가 해소되어버린 것이다. 그동안의 근대화 과정이 서구 사회를 모방하여 근대적 부르주아 사회를 형성하는 것이었음을 생각하면, 이 두 집단 간의 차이는 과거의 것일 뿐이었다. 근대의 두 기본 과제가 달성된 마당에 이 두 가지 각각을 나름대로 대표하던 집단이 그 성과를 보존하고 나아가 더 이상의 근본적인 변혁을 봉쇄하려 한다는 의미에서도 그랬다.[10] 결국 3당 합당은 1987년의 정치적 대타협을 제도적으로 확인한 것이라고 할 수 있다. 어쩌면 시민들이 스스로 일궈낸 1987년의 성과에 기뻐하며 안도하던 그 순간에 이미 예정된 수순이었을 수도 있다.

그런데 이렇게 서로 다른 길을 밟아온 세력들이 연합하였으나, 하나의 정치세력으로 융합하기는 쉽지 않았다. 무엇보다 염원하던 근대화된 세상을 대강이나마 이룬 것에 대한 논공행상이 문제였으니, 이는 곧 권력의 문제였다. 성장의 결과 근대적 생산력을 갖춘 한국, 또 동시에 민주주의 정치 질서를 확립하기에 이른 한국, 이 두 모습의 한국은 서로 갈등하고 충돌하던 두 종류의 집단을 하나의 정당에 모았다. 그런데 그것을 달성하는 과정에서 누가 더 중요한 혹은 더 많은 기여를 한 것인가? 곧 누가 더 많은 몫을 주장할 수 있는가 하는 문제는 새로 탄생한 보수연합 세력을 괴롭혔다. 이러한 드잡이질은 권력을 어느 편이 장악할 것인가를 둘러싼 살바싸움이었다.[11] 이 문제는 보수연합을 주도한 집단의 내부 문제로 끝

---

10 보수세력으로서 부르주아 민주주의, 성장한 자유시장경제라는 지켜나갈 만한 것을 드디어 확보한 것이다.

나지 않고 나중에 역사전쟁으로까지 연장된다.

한편 김대중이 이끄는 집단(평화민주당)은 이 연합에 참여하지 않았다. 이는 보수세력으로서의 입장 차이 때문이라기보다는 김영삼과 김대중 두 사람 및 그들이 이끄는 임협집단 간의 뿌리깊은 반목과 경쟁의식 때문이었다. 1987년 6월 항쟁 당시 잠시 힘을 합쳤던 양자는 1987년 대선 당시의 후보 단일화에 실패하여 대선에서 국민들에게 허무한 패배를 안긴 뒤, 보수연합을 구성하는 과정에서 행로를 완전히 달리하였다.[12] 이렇게 중요한 한 축이 합류하지 않음으로써(혹은 배제됨으로써) 보수연합은 불완전하게 이루어졌고, 결국 1987년 이후 한국 정치의 특징이자 골칫거리가 된 지역주의가 본격적으로 시작된다.

불완전하나마 보수세력은 전열을 새롭게 했으나, 진보세력의 정치적 재정립은 이와 나란히 진행되지 못하였다. 서구의 역사나 정치학 교과서에 나오는, 보수와 진보가 양립하며 정권 장악을 위해 경쟁하는 관계는 만들어지지 못했다. 진보세력으로 재편될 집단은 여전히 민주화운동의 연장선에서 벗어나지 못하고 있었다.

2. 반체제운동 집단의 선택

1987년 정치적 대타협 이후 반체제운동 집단도 정치적 선택의 기로에 서

---

11 서로 다른 세 그룹의 내부 갈등이 심화되면서 결국 1992년 대통령 노태우가 탈당하고, 김영삼 정부 출범 후 내각제를 둘러싼 갈등 끝에 1995년 김종필계가 '자유민주연합'이라는 새 둥지를 틀고 나감으로써 보수연합은 사실상 해소되어 버리고 만다.

12 합당 전후의 정치 과정에 관해서는 강병익(2010) pp.84~88 참조.

게 되었다. 보수세력이 재편되는 동안 민족민주운동 집단은 몇 가지 계기를 통해서 분화를 거듭하며 새로운 정치 현실에 적응하고 변화해간다.

거슬러 올라가 생각해보면 한국의 민족민주운동은 애초 자립화의 문제의식에서 발원하여 한국사회의 역사, 주변 여건, 정치 정세 등에 영향받으며 지향점을 다듬어 나갔고 또한 분화하였다. 1960년대 이래 민족민주운동이 방향을 설정하는 데 작용했던 힘으로는 다음과 같은 것을 생각해 볼 수 있다. 첫째, 민주기지로서 북한의 존재이다. 1970년대까지 반공주의 한국에서 한 번씩 공안사건으로 된서리를 맞기는 했지만, 이 힘은 결국 1980년대에 공공연한 주사파 현상으로 그 영향을 드러냈다. 둘째, 1970년대에 경험한 보수야당과의 연대이다. 이러한 연대의 경험은 1987년 6월 항쟁에까지 이어졌고, 뒤이은 정치적 재편에도 큰 영향을 주었다. 셋째, 급속한 자본주의화로 형성된 대규모 노동자층이다. 노동자층의 대두는 노동운동의 잠재적 영향력을 키워갔고, 민족민주운동의 일부 흐름은 이것의 중요성에 주목하였다. 이러한 요인들은 1987년 이후 민족민주운동 그룹들의 정치적 선택에도 영향을 미쳤다.

이러한 요인들 가운데 1987년 이후의 정세에 대한 판단과 함께 민주화운동 과정에서 연대했던 보수정당과의 관계 설정이 반체제운동 집단이 직면했던 정치적 선택의 첫 시험대였다. 민족민주운동권의 주류 그룹, 즉 범민족해방파는 당대의 과제를 완전한 부르주아 민주주의를 달성하는 것이라고 보았다. 이들이 보기에 현 정세는 민주세력과 반민주세력이 대결하는 국면이었다. 이에 맞춰 독재·권위주의 세력에 대항하여 민주세력이 대단결해야 한다는 민주연합론을 내세웠다. 이러한 정세 판단은 민주기지론에 바탕을 둔 것으로, 이들은 진보세력만의 독자 정당이나 독자 세력화를 한사코 거부하였다.[13] 이 입장은 1987년 대통령 선거에서 김대중 후보에 대한 '비판적 지지'로 나타났다. 민주연합론을 주장했던 운동권 명망가들의 상당수는 선거 이후 김대중이 이끌던 정당으로 흡수되었고, 나중에는 노무현과 인연을 이어가게 된다.[14] 이러한 변신은 1970년대부터 민주화운동 과정에서 간헐적으로 이어지던 연대의 연장에 있는 것이었다. 이들 가운데 정당정치권역으로 진입하지 않은 집단은 1989년 전국민족민주운동연합을 거쳐 1991년 민주주의민족통일전국연합[15]에 집결하여 민주연합론에 입각하여 여러 진보적 사회단체의 활동 방향을 결정하였다.[16] 이들은 대통령 직선제를 통해 선출된 노태우 정권과 심지어 김영삼 정권마저 민주화 투쟁의 대상으로 간주하고, 민주연합론에 근거하여 보수야당(즉 김대중의 평화민주당 및 그 후신)과 연대를 계속하며 반합법적인 민주화운동을 지속하였다.

　민주연합론에 따라 김대중 후보에 대한 '비판적 지지'를 하기보다 민중 후보와 독자적 진보정당을 꿈꾸던 사람 중 일부는 인연에 따라 김영삼이

---

13 민족민주운동권의 반미주의의 정치적 의미 내지 지향에 관해서는 이창언(2011) 4절 참조.

14 이창언(2011)의 다음과 같은 지적은 경청할 만하다. "사실 NL론과 그 실천은 기존의 권력화된 지배가치의 대립, 기존의 제도화된 실천방식과의 차별적 초월 그리고 이를 포괄하는 이념의 근본성과 공유성을 갖고 있었다고 보기 어려우며 '민주화'라는 기본틀을 넘어서지 못했다. 여기서 우리는 NL이 주류가 될 수 있었던 배경과 함께 민주화 이후 NL운동의 주요 활동가들이 왜 제도 정치로 흡수될 수밖에 없었는지를 유추할 수 있다"(p.159). 근본적으로 민족해방론은 자본주의 주류 사회에 편승하여 반외세와 반미를 외칠 수는 있으나, 그러한 사회 그 자체의 전복을 추구하는 이념은 될 수 없다.

15 이 조직에는 민주노총의 전신인 전국노동조합협의회(전노협), 전국농민회총연맹, 전국대학생대표자협의회(전대협) 등 14개 운동단체와 13개 지역운동단체 등이 대거 망라되어 있었다.

16 이창언(2011) 4절 참조. 이처럼 민주연합론이란 명칭으로 이 집단은 1997년 대선까지 사실상 김대중에 대한 비판적 지지를 계속하였다. 김대중이 대통령에 당선된 후 이 입장을 대표하던 민주주의민족통일전국연합은 해산하고, 그 일부는 뒤늦게 민주노동당 창당에 합류한다.

주도하여 탄생한 보수 정당에 합류하였다.[17] 이들은 보수 정당에 합류하는 과정에서 자신의 기존 입장을 버리고 거듭난 보수파가 되기도 하였다.[18] 한국사회나 역사에 대한 반체제운동의 인식이 잘못되었다고 비판한 반면, 건국과 국가 주도의 경제성장 과정을 긍정하였던 것이다.

이렇게 반체제운동의 주류가 의회정치로 속속 합류하는 동안에도 민족민주운동권 일부는 여전히 보수적인 정당에 흡수되기를 거부하고 독자 세력화를 주장하였다. 이들은 한국사회의 자본주의 발전을 보다 강조하며, 부르주아민주주의혁명의 단계를 지난 한국에서 필요한 것은 근본적인 변혁이라는 생각을 갖고 있었다. 1990년대 초반 사회주의가 붕괴하는 등의 변화가 있자 이들은 혁명의 정치학 대신 의회주의로 선회하면서 독자 정당을 꾸리는 시도를 계속했다.[19] 이 그룹은 민주노동당, 진보신당으로 이어지며 주요 선거의 고비마다 민주연합론으로부터 표를 분산시키는 이적행위라는 비난을 받으면서도 독자 노선을 '고집'하였다.[20]

과거에 민주화운동에 나섰던 급진주의자들 중 다수는 보수정당에 들어가고, 독자 노선을 주장하는 나머지 일부는 군소정당을 꾸려나간 이러

---

17 정치가 손학규, 이재오, 김문수, 심재철 등을 거론할 수 있겠다. 물론 이런 사람들을 변절자로 비난하는 데 열 올리는 사람도 존재한다. 이동형(2012) 『와주테이의 박쥐들―국회에 기생하는 변절자와 기회주의자』.

18 "사회주의 혁명운동에 뼈를 묻겠다고 다짐"했다가 뉴라이트 운동에 가담하는 경우도 있었다. 신지호(2006) 『뉴라이트의 세상읽기』 서문.

19 그 대표적인 예는 극적인 전환을 선도한 '인천지역민주노동자연맹'의 경우일 것이다. 이러한 노선 전환에 관한 간략한 소개는 김보현(2011) pp.257~260 참조. 또한 노회찬·구영식(2014) pp.101~105 참조. 이것은 당사자 가운데 한 명이었던 노회찬의 회고담이다. 이 조직의 이러한 방향 전환과 관련해서는 주대환(1994) 참조.

20 2008년 민주노동당 분당에 이르기까지 이 그룹이 보여준 활동에 관해서는 임현진(2009)에 자세히 설명되어 있다. 또한 정영태(2011) 『파벌: 민주노동당 정과 갈등의 기원과 종말』 참조.

한 현실은 한국의 의회주의 정치가 어떤 방향으로 나아가고 있었는지를 보여준다. 즉, 전복의 정치의 가능성이 사라진 세상에서 새로운 정치 기획 대신, 중도적 정파가 각각 좌우의 주류가 되어 가는 긴 진화의 도정에 있었던 것이다. 이 여정은 2010년대 중반을 지나고 있는 현재 아직 끝나지 않았다.

민족민주운동 집단의 정치적 행보와 관련한 중요한 다른 요소는 국내외의 정세 변화, 특히 세계사적 정세 변화이다. 사실 앞에서 지적한 대로 1987년의 대타협과 부르주아민주주의사회로 이행하는 것은 그동안 급진 세력의 어떤 정파도 예상하거나 대비하지 못했던 변화였다. 반체제운동권은 이러한 정세를 예상하지 못함으로써 제대로 된 실천 방안도 내놓을 수 없었고, 그 결과 정세 전환기를 주도할 수 없었다. 이러한 실패와 함께 남북한의 현실이 극명하게 비교되고, 1990년을 전후하여 사회주의 사회가 붕괴하면서 반체제운동권의 혼란은 더욱 심화되었다. 대안 사회로 여기던 소련과 동유럽 사회주의의 몰락, 북한의 낙후한 현실은 이들의 명분과 지향에 치명적이었다.

한국의 급진주의는 이 시기까지 자본주의 사회의 혁명적 전복이라는 목표를 숨기지 않으면서도 주로 민주화운동의 한 축으로 널리 받아들여졌다. 반자본주의 세력이라는 이미지보다는 민주화운동에 대한 헌신이라는 측면을 부각시킬 수 있었던 탓에, 이들이 대안으로 지향하던 사회의 실패에도 불구하고 이를 강 건너 불 보듯이 할 수 있었다. 그리하여 이러한 역사적 격변을 계기로 서구사회에서 일고 있던 반성과 자기비판을 한국에서는 찾아보기 어려웠다. 별다른 공개적 반성이나 조직 차원의 고민 없이 대다수 비합법 조직들은 해소되었고, 무거워진 과거의 입장을 내려놓았다.

3. 역사전쟁

정치 질서가 재편되기 시작하고 범민주화운동 세력이 정치권에 진출하면서 정치권의 구성이 많이 달라지기 시작하였다. 이러한 정치적 세력 교체의 흐름과 나란히 역사, 특히 근현대사를 둘러싼 본격적인 역사전쟁이 시작됐다. 민족민주운동의 역사 담론과 그때까지의 공식 역사였던 보수세력의 역사 담론 사이의 긴장이 높아졌고, 이들은 구체적인 사안별로 첨예한 의견 차이를 드러냈다.

역사전쟁의 공식적인 개전은 보수연합이 형성된 직후 그들 내부의 논공행상에서부터였다. 한편에서는 경제성장을 이끌며 한국을 가난에서 벗어나게 했다는 것을 내세웠고, 다른 편에서는 숱한 고난을 겪으며 민주화를 위해 헌신했다는 것을 내세웠다. 이들은 자신의 기여를 강조하고 상대방의 역할이나 공헌을 한정하여 자신의 정치적 정당성, 혹은 권위를 부각하고자 하였다.

이를테면 대통령이 된 김영삼이 전두환이 권력을 장악한 1979년의 12.12를 쿠데타적 사건으로 규정함으로써 권위주의 정권에 직접 연루된 정치 집단의 명분을 약화시키려 한 것이 그 예이다.[21] 하지만 1990년대 초반의 이러한 새로운 평가는 아직 보수세력의 별다른 반발을 낳지 않았고 정파 간의 결정적인 대립으로 이어지지도 않았다.

본격적인 역사전쟁은 1990년대 후반 대통령 선거에서 민족민주운동권의 민주연합 진영과 결합한 김대중이 승리하면서 시작되었다. 새 정권

---

21 취임 직후인 1993년 5월 김영삼 대통령은 '5.13 특별담화'를 통해 '12.12 사태'를 '쿠데타적 하극상'이라고 규정했으며, '문민정부는 5.18의 연장선에 있는 민주정부'라는 표현을 사용하여 5.18 민주화운동을 처음 공식적으로 재평가했다.

의 한 축이 된 진보진영이 먼저 공세에 나섰다. 이들은 민족민주운동의 급진 민족주의적 관점의 근현대사, 곧 민주화 담론을 공식적인 역사로 만들고, 정치적 정당성을 독점하려고 시도하였다.

민족민주운동 나름의 역사 인식은 1980년대 운동의 고양기에 널리 확산되기 시작하였다. 이들은 근현대사를 부정의 역사 혹은 실패의 역사로 간주했다. 즉 건국과 그 이후의 제반 역사적 흐름과 사건을 잘못된, 있어서는 안되는 일이 이어지고 중첩된 것으로 보았다. 이러한 역사 해석은 기왕의 공식적 해석, 곧 고난과 역경을 이겨내며 유례없는 경제성장과 근대화를 이루어냈다는 민족중흥 담론을 전면적으로 부인한다. 오히려 친일파가 건국을 주도하였고, 분단 획책 세력에 의해 한반도가 분단되었으며, 이승만 정권의 독재, 4.19를 짓밟은 군사 쿠데타와 장기 집권, 광주 민중을 군화발로 진압하며 집권한 전두환 독재 정권으로 이어진 역사라는 것이었다. 이들이 보기에는 민주화운동만이 암울한 역사 속의 한줄기 빛이었다. 민주화운동이 권위주의 세력을 후퇴하게 함으로써 한국은 비로소 진정한 역사 경로에 진입하였으나, 현실에는 여전히 부정의 세력인 친미친일 독재 세력이 온존하고 있다는 것이다.

주요 인물에 대한 평가 역시 극단적으로 달라진다. 이승만을 비롯한 건국의 주역과 권위주의 독재를 이끈 박정희에 대한 폄하도 줄기차게 시도되었다. 이렇게 건국 이후의 집권 세력들은 정통성을 갖추지 못했고, 한국의 보수세력에게는 역사적 정당성이 있을 수 없으며, 대한민국은 정통성이 없는 국가라고 주장한다.[22]

---

22 김대중 정권이 '제2의 건국'을 내건 것은 이러한 정세에서 기왕의 정권들과의 단절을 표시하고, 정통성에 흠 없는 진정한 애국적 정치세력에 의한 집권임을 과시하고 싶어서였을 것이다.

이들은 역사전쟁의 일환으로 보수세력이 경영해온 대한민국 그 자체의 정당성을 아예 부인하였다. 예컨대 남한만의 단독 정부 수립이나, 친일파를 배제하지 않은 국가 운영, 혹은 그 이후 이어진 독재 등을 이유로 대한민국의 정통성에 문제를 제기한 것이다. 건국 이후 반세기가 훨씬 지났는데도 여전히 대한민국의 정통성을 문제 삼는 것은 무슨 의미일까? 현대 국가의 정당성이 당대의 과제를 수행하는 국가의 권능 혹은 업적에 의해서가 아니라 먼 과거가 된 건국기에 있다는 발상은 결국 이를 거론하는 진보진영의 현재의 정치적 역량의 한계와 관계된다. 즉 지금의 시대적 과제와 관련해서는 상대를 능가할 수 없다는 점을 드러내는 것이다.

좌파의 순결한 민족국가에 대한 비원이 담긴 이러한 담론은 어떻게 평가해야 할까? 국가의 정통성에 대한 청교도주의적 결벽스러움은 열등의식을 드러내는 것은 아닐까? 흠 없는 건국 과정, 혹은 처음부터 교과서적 민족적 민주사회였어야 할 어떤 것에 관한 순진한 혹은 교활한 집착만으로는 딱히 급진주의가 더 나은 정당성을 구축할 수 없다. 이러한 담론은 혁명적 전복을 통해 제거하지 못하고 공존하지 않을 수 없게 된 상대를 부정하는 것 이외에는 스스로 존재 이유나 정당성을 구성할 수도, 더 나은 대안으로 세상을 이끌 능력도 없다는 것을 드러낼 뿐이다. 게다가 21세기의 글로벌화한 세상에서 민족적, 민족국가적 실천은 시대착오이다.

보수진영도 그냥 있지는 않았다. 양측은 서로 평행하는 주장을 반복하며 상대의 진리 주장이나 비판을 잘못된 역사 인식의 화신으로 간주한다. 이러한 역사전쟁 과정에서 어느 한편의 일방통행은 불가능하다는 것이 분명해졌다. 이제 한국에는 두 개 혹은 그 이상의 서로 다른 저자와 판본이 있는 현대사가 있고, 모두 상대의 허구와 자신의 참을 내세우지만 실은 그저 입장과 선택의 문제라는 것이 분명해졌다. 어느 한편은 역사적 진리를, 다른 편은 억측과 비과학적 주장을 반복하고 있는 것이 아니라는 것이다.[23] 현재 역사전쟁의 양편은 모두 대학 등에 참호를 구축하고 진지전을 수행하는 중이며, 자신만의 생각을 다음 세대의 뇌리에 진리로 심으려고 작업하는 중이다.[24]

1987년의 정치적 변화는 권위주의 정치 집단과 민주화운동 집단 간의 타협에 의해 이루어졌고, 그 결과 현실은 양쪽 모두 서로를 배제할 수 없는 상황이 되었다. 이러한 현실 때문에 양쪽 모두 상대의 정당성을 허물어뜨리려는 역사전쟁이라는 형식의 첨예한 정치적 배제의 전략에 몰두하게 되었다. 의회주의 정치의 공간 내에서 경쟁하게 되면서 상대의 정치적 정당성을 허물고 자신의 그것을 강조함으로써 정치적 승리를 도모하는 것이다. 이러한 전략의 일환으로서 자신만의 입장에 따라 현대사를 재구성한 새로운 용비어천가를 가공하고 확산시키려 주력하는 것이다. 결국 역사전쟁이 이처럼 첨예한 것은 정치민주화 이후 한국의 정치 정세를 보여준다. '민주—반민주'의 대치를 끝내고 새로운 정치 정세가 전개되기 시작하였으나, 민족민주진영은 이러한 현실을 수용할 수 없었다. 그 대신에 자기들이 반역사적인 것으로 낙인찍은 반민주세력의 정통성을 허물어뜨리고 정치적으로 제거하고자 한 것이다.

그러나 1987년 6월은 집권 권위주의 세력의 패배와 철수로 끝난 것이 아니었다. 집권 권위주의 세력은 민주화운동세력 일각과 합쳐 보수세력으로 거듭나 정치 공간의 주요한 세력으로 자신을 보존할 수 있었다. 하

---

23 처음부터 지적한 바 있지만 역사학에 대한 메타 연구가 입증한 바대로 역사 서술은 진리에 관한 것이 아니라 하나의 의견 진술이다. 그 이상도 이하도 아니다.

24 교육을 통한 세뇌, 그 사회적 효과가 어떤 것인지에 관해서는 알레시나 & 글레이저(2012) 『복지국가의 정치학』 7장 참조.

지만 정치적 재편이 진전된 이후에도 민족민주운동은 여전히 정치 정세를 '민주─반민주' 대치 상태로 이해하면서 보수세력 전반을 정치의 공존 상대로서가 아니라 역사적 사형선고를 받은 반민주세력으로 단정짓고 배제하고자 해왔다. 1987년의 기동전으로 해결하지 못한 것을 역사전쟁으로 대신하고자 하는 것이다. 역사전쟁이 첨예한 것은 이 때문이다.

덧붙여 말한다면, 이러한 역사전쟁은 어느 한편의 주장의 진리성 문제가 아니라 결국 정치적 소통 능력의 문제이다. 누구를 승자로 받아들일 것인가? 승자는 양자 가운데 어느 한편이 아니라 상대의 입장을 수용하는 능력을 가진 편이, 상대의 역할을 인정하는 편이 될 것이다.

하나의 가능성으로, 돌이켜 보면 1987년의 정치적 타협 직후 보수 혹은 진보 어느 편이었든 서로 상대의 존재 이유를 인정할 수 있었다면, 혹은 그리하여 상대를 수용하고 인정하는 정치를 통해 자신의 수용 역량을 드러내는 정치를 할 수 있었다면, 그리하여 그동안의 민족국가적 실천을 수용하고 새로운 역사 국면을 대비할 수 있었다면 문화적 내전의 양상은 국지적 현상으로 끝날 수도 있었을 것이다. 하지만 우리의 정치 지형은 혹은 정치 집단들은 이러한 재편과 수용능력을 보이는 대신 상대의 배제를 위한 전쟁으로 나아간 것이다. 이러한 패권을 향한 진지전은 앞으로도 당분간 이어질 것이다. 이것이 필연이었는지는 불확실하다.

하지만 정치적 소통과 수용의 능력이 있어 상대의 외침을 부인하지 않고 받아들이는 것이 자신들의 정당성을 훼손하는 것이 아니라고 생각하는 경우도 가능하다. 혹은 과거에 집착하여 남다른 도덕성(?)을 과시하는 것이 아니라 현실의 과제를 해결하려는 자세를 통해 정당성을 구축하려는 경우, 정치적 대결은 공존하는 정치 집단 간의 경쟁으로 변하고 상대를 배제하지 않는 정치가 가능할 것이다. 정치적 포용을 통해 당면한 시대적 과제에 임할 때 많은 분야에서 더 용이하게 사회적 정치적 합의를 향한 발걸음을 뗄 수 있을 것이다. 역사전쟁은 이 지점에 도달하지 못했다. 혹은 역사전쟁으로는 이 지점에 도달할 수 없다. 다수가 상대를 부인하는 데서 자신의 근거를 찾을 수밖에 없다고 여긴다면 출구는 없다.

1980년대 말부터 진행되던 정치의 재편은 그러나 유효한 지배집단과 대안집단 혹은 경쟁집단을 생성하는 데는 실패하였다. 1990년대의 막간기 곧 이행의 시기를 거치는 동안 보수 정치집단 간의 갈등은 격화되었고 대립하는 진영을 형성하며 정치의 효율성은 극히 낮아졌다. 보수연합을 형성하려한 시도는 결국 보수 정파들 간의 불화와 지역주의 합종연횡에 자리를 내주었다.[25] 의회정치는 지역주의라는 요소로 인해 정치 이념에 따른 정파의 분화와 연대라는 발전의 경로를 제대로 밟아 나가지 못하였다.

1997~1998년 경제위기에 이르기까지 새로운 국면을 향한 새로운 기획과 조정, 경제 사회 전반의 개혁, 그리고 이와 나란히 시민적 이해관계에 따른 정당의 분화와 발전 등을 대중들이 기대할 때 한국의 의회주의 정치는 삽으로 바위를 긁는 불협화음으로 답하였다. 정치의 진화는 갈길이 아주 멀다는 것을 확인한 채 이행의 시기를 보낸 것이다.

---

25 1990년대의 지역주의 정치 현실은 장훈(1997) 3절에서 엿볼 수 있다.

· 12장 ·
경제체제의 개편

정치 질서의 재편과 함께 경제구조를 개편하려는 시도도 1980년대 후반에 시작되었다. 1960년대 초 이래의 국가자본주의 축적체제는 1980년대 말까지 성장을 지탱하였다. 하지만 1980년대 초부터 국가자본주의 축적체제에 대한 문제가 제기되었고, 일부 구조 개혁이 이루어지기도 하였다. 다만 1980년대 중반과 후반에 다시 폭발적인 성장이 이루어지자 애초의 문제제기는 반향을 거의 얻을 수 없었다. 그러다가 1989년 이후 성장 둔화 조짐이 나타나면서 저임금 노동력의 고갈과 노사관계의 변화 등 현실의 변화를 반영하는 경제위기론이 대두하였고, 이것이 본격적인 경제구조 개편 논의를 자극하였다.

경제구조 개혁의 기본적인 대세는 한마디로 '국가에서 시장으로'였다. 그것은 1970년대 말~1980년대 초 당시 국가 주도에 대한 반성 과정에서 제기된 바 있었고, 이미 정책의 일각을 떠받치는 논리로 기능하고 있었다.

사실 시장경제와 민간 주도에 관해서는 1980년대 내내 각종 주장과 제안들이 확산되고 있었다. 다만 경제가 적어도 겉보기로는 문제 없이 성장하는 동안에는 근본적인 반성과 실질적인 구조 개혁으로 연결되지 못했을 뿐이다. 그러던 중 1980년대 말에 위기의 조짐이 있자 경제 운영의 기본 방향으로서 민간 주도라는 명제가 전면적으로 환기되고 이에 대응하는 구조 개혁을 시도하게 되었다. 이때 민간 주도, 시장경제 활성화는 당연한 시대적 요구이자 진리로서 전제되었다. 그것은 국가 주도의 시대에 대한 직접적인 안티테제였다.

우선 정부 부처 가운데 경제기획원이 해체된 것이 상징적인 변화였다. 경제기획원은 박정희 정권 초기에 만들어져 1980년대에 이르기까지 경제개발계획을 세우고 집행하는 중추 부서였는데, 1993년 출범한 김영삼 정부에서 재무부에 흡수되며 사라졌다.[1] 이때도 여전히 정부는 경제개발계획을 집행하고 있었으나, 구속력 있는 집행 계획이 아니라 단지 유도계획으로 의미가 축소된 상태였다.[2]

당시 대세는 자유시장경제체제의 전면적 확장이었지만, 다소 다른 주장도 있었다. 경제정의를 강조하는 흐름이 그것이다. 그 입장은 분배적 정의를 중시하고, 당시의 시급한 문제였던 부동산 투기와 거대 재벌에 관한 대책을 강조하였다.[3] 재벌의 영향력을 제한하고 폭등하는 집값 문제를

---

1 1994년 말 재무부가 경제기획원 조직 일부를 흡수하여 재정경제원으로 바뀌었다.
2 경제기획원의 창설에서 해소에 이르기까지 역할 내지 업무에 관한 통사적인 기록으로는 김흥기(1999)『비사 경제기획원 33년: 영욕의 한국경제』가 있다.
3 대표적인 것으로는 학현 변형윤 박사 정년퇴임 기념논문집 간행위원회에서 1992년에 펴낸『경제민주화의 길』이 있다. 이 논문집은 경제민주화를 위해서는 권위주의적 유산, 무리한 정부 개입, 소수에 의한 시장지배, 해외 의존 등을 청산하고, 시장 질서를 확립하고 경제력 집중을 억제하며, 정경유착을 방지하고, 민주적 노동운동을 보장하는 것 등이 중요하

해결하라고 촉구하는 이러한 입장은 상당한 주목을 받았지만, 시장경제라는 대세를 거스르기 보다는 보완을 추구한 것이었다고 할 수 있다.

반면 민족민주운동권이 주장했던 급진적 대안이라 할 만한 것들은 1990년대 들어 흔적을 찾기 힘들어졌다. 재벌 청산과 같은 주장은 노동운동이나 기타 정치운동에서도 소수의 목소리로만 존재했다. 이것은 급진적이던 반체제운동권 주류가 일찌감치 현실을 수용하고 보수적 정당에 흡수되던 현상의 동전에 이면에 해당했다. 정세의 전환기에 독자적이고 현실적인 대책을 제시하지 못했던 진보진영은 일부 노동 관련 이슈를 제외하고는 시장경제화 혹은 경제민주화와 구별되는 독자적인 기획을 제시하거나 사회민주화를 향한 발걸음을 재촉하는 모습을 보이지 못하였다.[4] 1987년 이후 자신들이 믿었던 명제와 너무 달리 변화하는 한국의 현실에 압도되어 사실상 한국경제 및 여타 사회 현상의 분석을 방기하였고, 현실 사회주의의 와해 앞에서 보수적 대안과 구별되는 기획을 적극 구상하고 제시할 수 없었다.

이행의 시기 동안, 특히 그 후반부인 김영삼 정권 시기에 전반적인 경제구조의 전환을 지향하는 개혁이 시도되었지만, 결과적으로 이 개혁은 성공하지 못하였다. 개혁의 필요성은 널리 확인되고 있었지만, 개혁의 깊이와 속도의 면에서 필요한 수준에 이를 수 없었기 때문이다. 경제개혁은 유기적으로 짜여진 기획을 준비하여 절박하게 추진되었어야 하는데, 거기에 필요한 지도 역량을 갖추고 있지 못했다.

다고 주장하고 있다(pp.469~475 참조).

4 이 같은 한계는 이후 민주노조 운동이 주로 대기업 노동조합의 전투적 조합주의로 일관하게 되는 것의 한 배경일 것이다. 세상을 지도할 방침을 제시할 수 없으면 조합원의 경제적 이익에 전념하는 종업원 운동이 되는 것이 남은 선택일 수밖에 없다.

그 근본적인 원인은 정치적 지도력의 문제였다. 노태우 정권, 김영삼 정권으로 이어지는 이행의 시기 동안 집권 보수세력은 경제개혁을 체계적으로 추진하는 데 어려움을 겪는다. 보수연합을 형성하였으나 견고하고 응집된 리더십을 구성하여 개혁 과제를 체계적으로 추진할 수 없었기 때문이었다. 이윽고 보수연합은 와해되었고, 지역주의는 기승을 부려 의회는 정쟁의 무대로 바뀌었다. 지역주의 정치와 집권 경쟁은 보수연합을 취약하게 만들었고, 개혁을 뒷받침할 수 있는 강력한 정치 집단의 출현을 원천적으로 막았다.

한편 막간기 동안 경제개혁의 실무를 담당한 테크노크라트, 즉 경제관료 집단은 점진주의적 태도를 유지했다. 이들은 기왕의 구조에 되도록 충격을 가하지 않으면서 개혁 목표를 달성하고자 했고, 이로 인해 개혁 자체가 지지부진해지는 경우가 많았다. 결국 경제체제 개혁은 성공하지 못하고, 김영삼 정권의 말기에 한국경제는 처음 겪는 심각한 위기에 빠지게 되는 것이다. 아래에서는 이 시기의 개혁 시도와 그 성패를 자세히 살펴보자.

1. 금융개혁

1987년 이후 금융개혁의 초점은 국가자본주의 국면 동안 형성된 금융제도와 관행, 즉 관치금융을 어떻게 개편할 것인가 하는 문제였다. 그중 중앙은행의 독립 및 금융감독 기능의 재편, 금융산업의 자율성 회복, 곧 금융자유화 등이 그러한 개혁의 구체적인 내용으로 자주 거론되었다. 중앙은행은 1960년대 초 독립성을 상실하고 사실상 정부의 산하 기관이 되어 국가자본주의 국면의 정책 전달 벨트 역할을 했다. 또한 정부는 국가은행이 된 시중은행의 자금 조달과 배분 과정 등 경영 전반에 관해 직간접적으로 개입해왔는데, 이러한 관치금융의 관행 아래 자율성을 상실한 금융산업은 효율성도 경쟁력도 갖추지 못했다. 이러한 제도와 관행이 국가적 목표 달성에 효율적이었을 수도 있지만, 관치금융에 대한 비판은 1980년 이전부터 지속적으로 제기되었다.

이러한 현실에 대해 막간기 동안 금융자유화 의제가 자주 언급되었으나 "거북이 걸음과도 같"[5]은 속도로 극히 제한적이고 간헐적인 개혁 조치가 있었을 따름이다. 막간기의 후기 즉 김영삼 정부 들어서도 금융개혁에 대한 안팎의 거센 압박과 요구가 있었지만 개혁은 산발적으로 시도되었다. 아래에서 보듯이 김영삼 정권은 금융실명제를 성공리에 시행한 것과는 대조적으로 그것을 중앙은행 개혁을 포함하여 체계적이고 과감한 금융개혁으로 연결하려는 시도를 하지 못하였다.[6]

김영삼 정권은 정권 말기인 1997년 초가 되어서야 대통령 직속기구로 금융개혁위원회를 설치하고 금융개혁 방안 마련에 착수하였다. '국가경쟁력' 강화라는 명제 아래 금융산업의 낙후성을 거론하며 금융개혁에 착수했던 것이다. 그러나 금융개혁 법안을 마련하는 와중에 경제위기를 겪음으로써 막간기 동안의 일련의 금융개혁 노력은 사실상 실패로 끝났다.

이하에서는 1987년 이후 시도된 금융개혁의 주요 측면, 즉 한국은행의 독립문제와 금융산업의 자율화 그리고 금융실명제 개혁을 알아본다.

---

5 장훈(2002) p.276 참조.
6 장훈(2002) p.277.

중앙은행의 독립

앞에서 이야기한 대로 1961년 5.16 쿠데타 직후 박정희가 이끈 국가재건 최고회의는 한국은행법을 개정하여 한국은행을 정부(당시 재무부)의 사실상의 직할 기관으로 만들었다. 그후 한국은행은 국가자본주의 국면 동안 국유은행체제의 중간관리자 역할을 하면서 국가 주도 산업화의 금융적 휴유증을 뒷감당하는 일을 도맡아 해왔다. 그러다가 1987년의 대타협으로 정치적 이완의 기미가 생기자 한국은행 내부에서 조직의 위상을 되찾자는 움직임, 즉 한국은행의 독립을 주장하는 목소리가 생겨났다. 한국은행 노조와 일반 간부 모두 한 목소리로 중앙은행의 독립을 요구하고 또한 금융감독권을 한국은행이 가져야 한다고 주장했다. 반면 정부 관료들은 금융감독권을 한국은행에 넘기는 데에 극력 반대하였다.

중앙은행 독립은 국가가 자금 배분을 좌우했던 관치금융을 시장경제의 구조에 걸맞는 금융체제로 새로이 바꾸어야 하는 어려운 문제의 일부였다. 한국은행으로서는 금융정책의 자율성과 금융감독 기능 모두를 확보하여 완전히 독자적인 기관으로 거듭나고자 하였다. 하지만 재무부로서는 한국은행을 통한 국가적 정책 통제기능을 포기할 수 없었다. 두 기구의 대립 속에 이후 10년 동안 중앙은행 독립 문제는 몇 차례 크게 논란이 되었지만 1997년에 이르기까지 개혁이 이루어지지는 못했다.[7]

그런데 1997년 초 김영삼 정부가 금융개혁을 시도하면서 다시 한번 한국은행과 금융감독 관련 법 개정 문제가 수면에 떠올랐다. 진통 끝에 금융개혁에 관한 금융개혁위원회의 안이 구체화되었고, 이전과 마찬가지로 한국은행과 재정경제원 등 이해 당사자들간의 치열한 다툼이 벌어졌다.

---

7   구체적인 쟁점에 관해서는 장훈(2002) pp.277~278, 전홍택(2002) 참조.

학계와 시민사회 단체들도 논란에 가세하였다. 정치적 흥정이 계속되었고, 또 다시 중장기적 과제로 미뤄질 듯 하였다.[8] 그러나 그해 11월 경제위기가 닥치자 IMF에 구제금융을 신청하는 과정에서 금융산업 관련 개정 법안들을 연내에 통과시키기로 약속하였고, 그에 따라 연말에 관련 법안들이 통과되어 공포되었다. 비로소 중앙은행과 금융감독체제 개편을 위한 법적 준비가 이루어진 것이다.

이리하여 10년을 끌어온 중앙은행 및 금융감독제도의 재편을 위한 제도적 기반이 마련되었다.[9] 하지만 이것은 정부의 적극적이고 일관성 있는 리더쉽에 의해서가 아니라, 경제위기 및 이것이 불러들인 국제기구의 압박 덕분이었다. 한국은행과 정부의 이해당사자들이 더 많은 권한을 두고 대립할 때 "이러한 이해집단 간의 대결을 조정할 만한 정치 리더쉽은 발휘되지 않았"[10]던 것이다.[11]

---

8 장훈(2002) p.286, 전홍택(2002) p.519 참조.
9 전홍택(2002) pp.514~520 참조.
10 장훈(2002) p.281.
11 한 전직 고위 관료는 외환위기 전후의 일을 회고하는 글에서 국회나 정치권의 불협화음과 불일치를 지적하면서 위기 직후 국회가 IMF의 요구에 맞춰 법안을 즉각 처리하는 것을 아래와 같이 비판하였다. "더욱 기가 막힌 것은 그동안 정부에서 1년에 걸쳐 금융개혁 관련 법안을 만들어 국회에 논의해달라고 그렇게 간청했는데도 외면하고 있다가 IMF란 외풍에 밀려 정치권이 임시국회라도 열어서 이를 처리하겠다고 나선 것이었다. 금융개혁 관련 법안의 국회처리를 위해 입에서 단내가 나도록 불철주야 이리저리 뛰어다녔던 입장에서 보면 황당하고 허무한 노릇이었다. 정녕 한국 정치권의 수준은 이것밖에 안된단 말인가? 나라 경제가 이 지경에 처한 것을 보면 정부도 뭐 입이 열 개라도 할말은 없지만 당시 정치권의 사태 인식과 문제처리 방식에는 정말이지 공감하기 힘들었다. 어떻게 우리 스스로의 힘으로는 단 한 발도 앞으로 나가지 못하다가 IMF란 외풍에 밀리자 단숨에 모든 일이 순식간에 처리되는가 말이다." 정덕구(2008) 『외환위기 징비록』 p.286의 주1(p.334).

금융자유화

1980년대 초반에도 낙후한 금융산업을 개혁하려는 시도가 있었다. 앞에서 지적한 대로 정부는 주식을 민간에 매각함으로써 시중은행을 민영화하였다. 그동안 금융회사 설립 규제를 완화하여 시중은행의 수가 증가하고 비은행 금융기관도 증가하였다. 하지만 민영은행들은 인사권 행사는 물론 금리조차 자율적으로 정할 수 없어 소유의 민영화에도 불구하고 독자적인 경영을 할 수 없었다.

은행 여신 중에는 정부의 정책금융이 여전히 높은 비중을 차지하였고, 은행들은 여러 차례의 산업구조조정과 부실기업 정리 과정에서 부실 채권을 떠안은 후 그때마다 중앙은행의 저리 자금 융자를 받아 연명하였다. 정부의 지시에 따라 대출을 하다 보니 은행은 대출심사 능력을 길러 금융중개 기능을 향상시킬 수 없었다. 1990년대 들어 은행이 금리를 자율적으로 결정하도록 하는 조치가 이루어졌으나, 정부는 경영 자율화를 허용하되 매우 점진적으로 확대되는 방향을 택했다. 실제 금리자유화라는 기본적인 조치조차 1991년에 시작된 후 1995년이 되어서도 여전히 마무리되지 않았었다.[12]

이렇듯 자율경영을 향한 발걸음을 띠긴 했으나, 경기가 둔화될 때면 부실기업에 대해 정부의 지시에 의한 지원이 이루어졌고 금융산업 자율화는 후퇴하곤 했다. 은행 역시 부실화된 상태에서 적극적으로 자율 경영을 추구할 수 없었다. 이처럼 금융기업들의 현실, 그리고 무엇보다 정부의 여전한 산업정책적 방침으로 인해 금융산업의 자율화는, 시작은 되었지만, 본격적으로 추진되지 못했다.

---

12 최진배(1996) pp.259~261.

금융실명제

1993년 8월 12일, 김영삼 정권은 헌법 76조에 의거한 대통령 긴급명령권—대통령긴급재정경제명령 16호—을 발동하여 금융실명제를 전격 실시하였다. 저축을 장려하기 위해 1960년대부터 허용했던 예금주의 익명, 차명, 가명 거래를 금지한 것이다. 정경유착 등 부정부패를 억제하고 지하경제를 양성화하는 데 꼭 필요한 기본적인 제도였다. 1980년대에 전두환 및 노태우 정권 시기에도 각각 한 차례씩 두 차례에 걸쳐 금융실명제 시행을 검토하였으나,[13] 파장을 두려워하여 실시하지 못하였었다.

실시 직후에는 약간의 혼란이 있었으나 금융실명제는 곧 순조롭게 정착되었다. 대부분의 가명, 무기명 자산들이 실명화되어 지하경제를 양성화하는 데 큰 기여를 했다는 평가를 받았다. 금융실명제의 후속 조치로서 1996년부터 금융소득종합과세가 실시되었다. 이렇게 금융실명제를 전격 실시한 것을 제외하면 금융개혁의 과제들은 제대로 수행되지 못했다. 이 것은 금융개혁을 위한 유기적인 개혁안을 발굴하고 집행하는 역량을 가질 수 없었던 집권 보수세력의 한계를 드러내는 것이었다.

2. 개방경제화와 WTO 출범

앞에서 언급한 것처럼 1980년대 중반부터 한국은 주요 수출 대상국인 미국으로부터 시장을 개방하라는 통상 압력을 받았다. '수출입국'을 목표

---

13 1980년대 초반 이래 있었던 그동안의 금융실명제의 곡절에 관해서는 임원혁(2002)에 잘 정리되어 있다.

로 해외시장을 적극적으로 개척하던 한국에 대해 거꾸로 국내시장을 개방하라는 요구를 처음으로 받은 것이다. 그동안 국내 소비재 시장은 외국 상품의 진입을 철저히 막고 있었고, 해외 자본의 국내 직접투자도 크게 제한되어 있었다. 시장개방에 대한 요구는 상품시장만이 아니라 자본시장도 포함하고 있었다. 이러한 시장개방 압박은 정부가 설정한 일정과 차이가 있었다. 정부는 개방 자체는 불가피한 것으로 판단하고, 시장개방 요구와 일정을 적정한 수준에서 절충하고자 하였다.

상품시장의 개방

1970년대 후반에 국제수지가 개선되자 정부는 수입 자유화 폭을 확대하면서 시장개방을 시작하였다. 이러한 추세는 1980년 즈음 무역적자가 대규모로 발생했을 때에도 유지되었다. 이러한 정책은 크게 보아 당시부터 부분적으로 시작된 시장친화적 정책의 일환이었다. 다만 그 과정은 매우 점진적이었다.

그런데 대미 무역흑자를 기록한 1982년부터 미국은 시장을 개방하라고 요구하였고, 1985년부터는 농산물시장마저 개방하라고 압박해왔다. 미국의 이러한 요구는 정부의 개방 일정과는 맞지 않았으나, 정부는 이미 개방 그 자체는 고려하고 있었기에 미국과의 절충을 통해 개방 규모를 늘려갔다. 이렇게 1980년대 동안 수입 자유화, 관세 인하, 그리고 비관세 장벽 완화와 같은 문제를 둘러싼 한미 간 갈등과 절충 속에 시장개방은 조금씩 확대되었다. 그 결과 1991년이 되자 수입자유화율은 97%를 넘어서고 관세율도 극적으로 낮아졌다.[14]

---

14 이 시기 수입 자유화의 전반적인 상황에 관해서는 이헌창(1999) p.508 참조.

금융 및 자본시장 개방

1980년대 후반 경상수지 흑자가 대폭 늘어나면서 상품시장의 개방은 금융시장의 개방으로 이어진다. 우선 엄격하던 외환 관리 규제가 완화되기 시작했고, 환율 결정도 시장 기능을 살리는 방향으로 선회하였다. 금융산업 개방, 자본 거래 자유화 등 여타 부분에서도 개방이 진행되어 이 시기를 지나면서 가시적인 변화를 보였다.

사실 1980년대 초 이래로 정부는 점진적이지만 꾸준히 금융시장 개방을 추진했다. 예컨대 국내의 산업자본을 육성하기 위해 직접투자를 제한해야 한다던 과거의 발상은 1980년대 중반이 되자 기술이나 경영 기법의 도입을 위해 오히려 직접투자를 적극 수용해야 한다는 생각으로 바뀌었고, 그에 따라 투자 제한 업종을 축소하고 투자 절차를 간소하게 하는 변화가 이루어졌다. 1990년대 초반까지 자본 유입을 촉진하는 외환시장 개방 정책이 계속되었던 것이다. 또한 경상수지 흑자 추세에 맞춰 해외 직접투자를 유도하는 시책을 펴기도 하였다. 증권시장과 채권시장도 1980년대 말부터 준비했던 일정에 맞춰 각각 1992년과 1994년에 개방되었다. 외국자본의 국내 금융산업 진출도 1980년대 말 이래로 활발해졌다. 외국은행의 지점이 늘어나고 외국계 증권, 보험회사의 국내 진출 규제도 점차 완화되었다.

이렇게 점진적으로 금융 및 자본시장을 개방하던 흐름에 변화가 생긴 것은 김영삼 정권 출범 이후였다. OECD 가입을 추진하던 김영상 정권은 가입 요건을 충족시키고자 다소 급격한 외환시장 개방을 선택했다. 그때까지 국내 금융기관의 경쟁력이 떨어지고 국내 기업들의 경영권에 대한 우려 때문에 개방을 신중하게 추진해야 한다는 주장이 우세했었다. 하지만 김영삼 정권은 약간의 충격이 있더라도 개방을 통해 경제주체의 체질을 개선하자는 개방강화론으로 급속하게 기울었다. 대통령과 그 측근들은 개방으로 인한 규제권력 축소를 기피하는 관료들을 세계화라는 구호로 적극 압박하였다. 물론 1980년대 후반 이후 경상수지 흑자가 지속됨으로써 해외로부터 개방 압박이 더우 거세진 점도 무시할 수 없었다. 여기에 국내 대기업 집단과 투자자들도 개방을 촉구하였다.

1994년 말, 정부는 1995~2000년에 3단계에 걸쳐 외환시장을 개방하는 방안을 발표했다.[15] 이 계획은 이전의 간헐적인 개방안에 비해 포괄적인 내용을 담고 있었으며, 일정도 구체적으로 명시하고 있었다. 정부는 OECD의 추가 권고사항을 반영하여 1996년에 재차 개방 조치를 내놓았다.

이러한 개방화 조치에 대해 국내에서 별다른 반대 움직임은 없었다. 하지만 외환·자본시장 개방 과정에서 적절한 조절과 조화를 만들어내지는 못했다. 외환시장의 개방과 규제 완화는 세계적인 추세였고 국내에서도 그 필요성이 제기되고 있었다. 그러나 개방의 속도나 폭과 내용의 조화가 부족하였고, 또한 연계된 부분의 개혁 및 금융개혁이 동시에 진행되어야 했으나 그렇지 못했다. 해외 차입과 투자가 자유로워질 때 동시에 이를 감독하는 체계를 구축해야 하는데, 이를 등한히 한 것이다. 감독 체계를 구축하는 데 실패한 것은 이후 경제위기의 한 원인이 되었다. 금융 및 자본 자유화가 급진전되며 경상수지 적자에 따른 자본 유입이 급증하고 단기자본의 비중이 증대하였는데, 이에 따른 위험에는 대비가 되어 있지 않아 대외 충격에 대한 취약성이 커진 것이다. 이러한 사례에서도 한국의 정치가 개혁의 조화와 조절에 실패하였음을 알 수 있다.[16]

---

15 그 내용은 장훈(2002) pp.268~269 참조.
16 장훈(2002) p.257.

다시 읽는 한국 현대사

우루과이라운드와 WTO

개방을 촉진한 또다른 계기는 GATT 주도로 1986년부터 진행된 다자간 협상인 우루과이라운드이다. 우루과이라운드는 공산품에 한정하지 않고 서비스와 농산물까지 포괄하는 명실상부한 무역 자유화를 시도하였다.[17] 이를 위해 우루과이라운드는 관세 인하, 정부의 산업에 대한 지원 및 간섭 배제, 외국인 투자규제 완화 등을 논의하였다.

우루과이라운드를 계기로 한국 정부는 1980년대 말부터 무역 관련 제도와 관행의 국제화 및 지속적인 시장개방을 주요 과제로 추진하였다. 구체적으로는 전체 산업구조조정 차원에서 농업도 구조조정을 통해 경쟁력 있는 산업으로 육성하고, 통신 등 서비스산업의 경쟁을 촉진하여 제조업 성장을 뒷받침하며, 수입 관련 제도와 지적재산권 보호 등 국제 교역을 위한 제도 정비 등이 과제로 제시되었다. 경제적 효율성과 비교우위라는 시장경제의 원리에 입각한 목표 설정이었다.

1980년대 후반 한국의 농산물시장이나 금융시장의 점진적인 개방은 이러한 정책 목표 아래 이루어진 것이었다. 1993년 12월에 우루과이라운드는 타결되었고, GATT를 대체하여 법적 구속력을 갖고 국제 교역을 관할하는 세계무역기구WTO가 1995년에 출범하였다.

한국은 1994년 12월 이를 비준하고 WTO 출범과 함께 정회원국이 되

---

17 WTO 출범에 이르는 이러한 변화의 의미를 서방세계 자본주의 경제시스템의 변화와 관련하여 요약하자면 아래와 같다. 제2차 세계대전 후 자유무역을 촉진하고자 하면서도 국내 고용 및 거시경제적 안정성을 위해 국내시장을 폐쇄하는 상반되는 목표를 절충하던 것이 GATT 체제였다. 대공황과 2차 대전의 정치는 무역을 완전고용과 사회 보호에 종속시키는 일련의 지구무역규칙을 만들어냈던 것이다. 그런데 그 규칙을 적용하는 과정에서 세계무역을 조정하는 새로운 규칙이 등장하여 그동안의 완전고용과 사회 보호 약속을 제거하기에 이르렀다. 슈워츠(2015) pp.522~523, p.554 참조.

었다. 김영삼 정부는 이것을 계기로 '세계화'를 전략으로 삼았다. WTO 출범으로 '국경 없는 무한 경쟁'의 시대에 개방을 완수하여 국가경쟁력을 높이고 세계 일류 국가로 나아가자는 것이었다. 이러한 기조에 맞춰 1996년 흔히 선진국 클럽이라고 하는 경제협력개발기구[OECD]에도 가입하였는데, 가입 요건을 충족시키기 위해 자본자유화와 금융시장 개방 속도를 한층 더 높였다.

이러한 개방경제화는 그러나 사회적 갈등의 소지를 안고 있었다. 얼마 전까지만 해도 민족자본을 육성하고 이를 통해 자립경제를 달성하는 것이 체제의 존재 이유이자 대중의 정서였다. 경제성장을 추구하는 과정에서 수출에 의존하는 산업구조가 형성됨으로써 경제 개방이 불가피해졌음에도, 자립경제에 관한 담론으로 훈육된 민족민주운동의 영향하에 있던 사람들에게 그런 변화는 당혹감을 불러일으켰다. 일국적 완결성을 자립화의 전제로 생각하는 경향은 여전히 뇌리에 잔존하여 수입 개방, 자본자유화 등과 같은 개방경제화에 반대하도록 한 것이다.

WTO 가입을 두고서 '쌀시장 개방' 문제가 불거진 것이 그 한 예이다. 농업은 이미 한국경제에서 그 비중이 많이 축소되어 있었지만, 쌀시장 개방은 한국인에게 상징적인 의미가 있었다. 하지만 협상 실무를 담당하는 관료들은 쌀시장 개방이 불가피하다고 판단하고 이를 수용하고자 하였다. 이러한 상황에서 반체제운동 집단은 '쌀시장 개방 절대 불가'를 외치며 협상 과정을 뒤흔들었다. 경제정의실천시민연합, 우리쌀지키기 범국민대책회의 등 시민운동단체와 민주화운동 조직들이 적극적으로 반대 행동에 나섰다. 경제성장 과정에서 사용되던 '대외 의존도 심화'라는 명제는 이번에는 '식량 종속'이라는 슬로건으로 다시 등장하였다. 쌀만은 자급해야 한다는 철의 소신을 갖고 있는 이들의 반대는 집요했고, 1992년 대통령 후보였던 김영삼은 쌀시장을 개방하지 않겠다는 공약까지 하였다.

그러나 우루과이라운드는 개별 국가의 예외를 인정하지 않는 조약이었다. 협상은 난항 끝에 10년간 관세화 유예, 최소시장 접근으로 2004년까지 국내 수요량의 1~4%까지 점진적으로 수입을 늘려가며 9년 후 재협상을 하는 것으로 타결되었다.[18] 협상 타결 후 정부는 대대적인 농어촌 지원 방안을 내놓았지만, 1993년 말 대통령은 약속을 지키지 못하고 쌀을 수입하게 된 점을 공개사과해야 했다.

농산물, 특히 쌀시장 개방을 둘러싼 이러한 소동은 한국경제의 재편 과정이 안고 있는 문제의 한 단면을 보여준다. 급진민족주의적 사고에 사로잡힌 민족민주운동 집단은 글로벌화라는 변화에 제대로 대응할 수 없었다. 이들은 세계시장에 통합되는 것을 제국주의의 수탈 야욕에 노출되는 것으로 간주했다. 이러한 입장에서 보면 글로벌화에 동참하는 것은 당연히 어리석고 무모한 짓이었다. 쌀시장 개방 반대는 뚜렷한 대안 전략없이 한국의 주요한 정치세력의 하나로 성장한 민족민주운동 집단의 전형적인 처지를 보여주었다. 이들은 예전의 문제의식에서 벗어나지 못한 상황에서 변화된 현실에 답해야하는 처지였던 것이다. 김영삼 정부의 세계화가 치밀하게 준비된 경제정책이 아니라 막연한 자신감에서 나온 것이었다면, 이에 대한 민족민주운동 집단의 반대는 그들의 오랜 문제의식, 즉 반제국주의적 자립화 전략을 꿈꾸었던 것을 관행적으로 반복하는 것

---

18 협상 과정에 관해서는 모종린·최병일(2002) 참조. 한편 2004년 말 재협상이 타결되어 다시 한번 관세화를 유예시킬 수 있었다. 그 대신 2014년까지 점차 수입량을 늘려 국내 수요량의 최대 8%까지 수입하는 것으로 결정되었다. 2014년도의 의무 수입 물량은 40만 톤이 넘는다. 2014년 정부는 2015년부터는 쌀 수입을 자유화하고 높은 관세를 통해 국내 농가를 보호하는 쪽으로 선회하였다.

에 지나지 않는 행동이었다.

이러한 자립적 민족경제 문제의식과는 별개로 국가자본주의 축적체제의 지나친 성공은 일국적 전략에 대해 비판하고 그것을 넘어설 길을 모색하는 반성의 기회를 박탈한 셈이 되었다. 성공한 체제를 수술대 위에 올려놓는 것은 어렵기도 하고 또한 이례적이다. 한국의 경제 개방은 그동안의 국가 주도 성장 전략에서 벗어난 새로운 그리고 불가피한 길이었다. 그리고 그 길을 가기 위해서는 대외적 개방의 문제를 이해하는 인식과 태도는 말할 것도 없고, 내부의 체계 전반을 그에 걸맞게 크게 바꾸어야 했다. 하지만 자립화 과정에서 거둔 지나친 성공은 이러한 문제들에 대한 고려나 반성 없이 세계화, 글로벌화에 대응할 수 있다고 안이하게 믿게 만들었다. 발본적인 개혁 대신 점진주의적 대응으로도 연착륙할 수 있다고 믿은 것이다. 이러한 안일함은 1990년대 말에 닥친 경제위기의 부분적인 원인으로 작용했다.

3. 재벌과 개혁

1950년대에 등장한 재벌은 1960년대 이후의 성장 국면에서 국가적 기획에 편승함으로써 규모를 폭발적으로 키워왔다. 1980년대에는 이미 국가적 규제나 제어가 힘들 정도의 거대 자본으로 변신하였다. 재벌은 업종을 가리지 않고 관련이 없는 분야에 마구 진출하거나, 상호출자 등의 편법으로 지배권을 확보하거나, 총수 1인이 전횡하여 지배하고, 부의 편법 상속을 시도하는 등과 같은 모습을 보여왔다. 이러한 재벌의 소유 경영 행태와 시장 지배 및 왜곡에 대해서 학계를 중심으로 꾸준히 비판이 제기되었다.

정부는 1980년대 들어 덩치 커진 재벌을 직접 통제하는 대신에 제도를 통해 제어하고자 하였다. 앞에서 설명한 것처럼 가장 유력한 수단은 1970년대 중반에 도입된 여신관리제도와 1980년에 도입된 공정거래법이었다. 정부는 기업의 자기자본비율을 규제하거나 부동산 매입을 감시하는 등 재벌의 자금 흐름을 제어할 수 있도록 여신관리제도를 강화하여 재벌의 행태를 통제하고자 하였다. 또한 공정거래법을 여러 차례 개정하면서 재벌을 제어하려 하였다. 1986년의 1차 개정 때는 총액출자규제 제도를 도입하여, 금융·보험회사를 제외하고는 동일기업집단 기업 간 상호출자를 금지함으로써 처음으로 공정거래법을 통한 재벌 통제를 시도하였다. 1990년의 개정 때는 출자규제제도를 금융 보험업에까지 확대하였다. 1992년의 개정 때는 상호채무보증제한 제도를 도입하여 보증 한도를 자기자본의 200% 이하로 규제하였다. 이러한 일련의 규제들은 모두 재벌의 경제력 집중을 견제하고자 하는 것이었다. 이러한 흐름은 1993년에 출범한 김영삼 정권에서도 이어졌다.[19]

또한 정부는 1990년대 초부터 재벌에 업종전문화 혹은 주력업종을 정하여 집중하도록 유도하였다. 재벌이 온갖 분야에서 사업을 하여 덩치를 키우는 것을 그만두고, 특정한 몇몇 분야에 주력하며 효율성과 경쟁력을 제고하도록 하기 위함이었다. 1991년 6월, 정부는 업종전문화를 유도하기 위해 '주력업체 제도'라는 정책을 발표했다. 30대 재벌에 대해 그룹당 3개 이내의 주력업체를 선정할 경우 여신 규제를 완화해준다는 내용이었다. 그후 1993년에 김영삼 정권이 출범하면서 업종전문화 정책의 연장선에서 '주력업종 제도'를 도입했다. 30대 재벌이 자율적으로 주력 업종을

---

19 공정거래법에 관해서는 박헌주(2002) 참조.

정하고, 이들 기업이 정해진 기준을 만족시키면 여신 관리, 기술개발자금 융자, 공업입지 등에 있어서 가능한 우대하겠다는 것이었다. 기왕의 주력업체 제도는 결과적으로 그저 재벌에 대한 또 하나의 지원책에 불과하게 되었으나, 주력업종 제도는 보다 포괄적인 접근으로 재벌의 무분별한 확장과 집중을 막고 업종전문화를 더 잘 유도할 수 있으리라고 전망되었다. 정부는 정부의 지원과 우대에 맞춰 재벌이 비관련 업종을 처분하고 주력업종으로 전문화·대형화하고자 시도할 것으로 기대하였다.[20]

그러나 이러한 정책들은 거의 효과를 볼 수 없었다. 즉 업종전문화 내지 주력업종·업체 제도, 공정거래법상의 각종 유도정책, 혹은 여신관리 제도상의 조치 등에 대해 재벌은 저항 혹은 태업으로 답하였다. 정부는 재벌들의 버티기 앞에서 무력했고, 결국 1990년대 중반 들어 정부의 재벌정책은 사실상 방치되었다.[21] 재벌들의 기본 태도는 '알아서 할 테니 내버려두라'는 것이었다. 심지어 국가의 규제나 지도를 더 이상 수용하지 않으려는 것은 물론 이러한 과거의 위상을 아예 재조정하려 들기도 하였다.[22]

자신들을 향한 비판과 문제제기에 대해 재벌은 총수 1인 지배, 비관련 다각화, 순환출자로 얽힌 지배구조, 계열기업 간 상호채무보증 등은 실제로 시장에서 검증 받은 것이라는 태도를 취했다. 즉 재벌이 성공할 수 있었던 것은 자신들의 행태가 합리적이었고 시장에 적합했기 때문이라는 것이었다.[23] 그리고 고도 성장의 1등공신인 재벌을 누가 비판하느냐는 식

---

20 업종전문화 정책에 관해서는 주성준(1993) pp.61~67 참조.
21 정영태(1997) pp.208~209.
22 현대그룹 창업자 정주영은 아예 대통령이 되고자 1992년 대선에 출마하였다.
23 김진방(1999)는 이러한 태도, 즉 재벌이 한국적 환경에서 가장 적합한 형태로 진화해온 기업조직이라는 주장을 '진화론적 재벌론'이라 이름짓고, 이를 비판하고 있다.

의 오만한 태도를 보였다. 이러한 태도는 1997년에 경제위기가 닥치자 온데간데 없어졌고, 재벌은 일시적으로나마 다소곳하게 바뀌었다.

재벌기업의 소유·지배구조에 관한 개혁도 김영삼 정권 시기에 거론되었다. 이전까지 한국에는 시장에서 경영을 감독하고 규율하는 메커니즘[24]이 아예 없었다. 시장이 기업을 규율할 수 없는 상황에서 재벌 총수는 소수의 주식 지분을 가지고 계열 기업 전체를 지배했다. 과거에 이에 대한 비판이 제기되기도 했지만 재벌의 행태는 바뀌지 않았다. 이러한 상황에서 김영삼 정부는 '세계화' 구상의 맥락에서 혹은 재벌이 연루된 전두환·노태우 비자금 사건 등으로 악화된 여론을 등에 업고 재벌의 지배구조에 대한 개혁을 추진하려 하였다. 그러나 재벌은 지배구조 개선이 논의될 때마다 이를 총수 지배에 대한 심각한 위협으로 간주하고 기업 경영을 제약하려는 시도라며 논의 자체를 거부하였다.

그런데 1997년 김영삼 정권 말기에 한보그룹의 부도로 경제위기의 조짐이 나타나고 재벌 총수의 전횡에 대한 비판 여론도 커지자 기업지배구조 개혁은 더 이상 미룰 수 없는 과제가 되었다. 이에 재정경제원은 KDI와 함께 '기업경영의 투명성 제고 및 기업지배구조 선진화 방안'을 발표하였다. 결합재무제표의 도입, 총수의 경영책임 명시 및 강화, 지주회사 설립 허용 등을 주된 내용으로 하는 것이었다.[25] 하지만 이러한 대책을 시행해보기도 전에 경제위기가 닥쳐 이러한 시도를 무산시켰다.

---

24 경영을 감독, 규율하는 시장 메커니즘이 전혀 돌아갈 수 없었던 주된 이유는 아래와 같다. 기업의 경영 투명성이 결여되어 있던 점, 주주권 보호 장치가 제대로 없던 점, 기업지배권을 거래하는 시장이 사실상 없었던 점, 대마불사의 신화가 흔들린 적이 별로 없었던 점, 그리고 기업 간 경쟁이 매우 부족했던 점 등이 그것이다.
25 결국 위기 직후 김대중 정권에서 시행된 재벌 개혁은 사실 이때 공론화된 것이었다. 황인학 (2002) p.343 참조.

이와 같이 막간기 동안 재벌 합리화를 위한 여러 노력은 재벌의 저항에 부딪혀 거의 아무런 효과를 거둘 수 없었다.

4. 노사관계 개혁

1987년 여름의 노동자 대투쟁 이래 노동운동과 노동조합 활동은 한국사회에서 상수로 자리잡았다. 이제 이러한 변화에 맞춰 노사관계에 관한 법과 제도를 재정비하고 갈등 조정의 관행을 만들어나갈 필요가 있었다. 새로운 노동조합이 대거 설립되고 노사 간의 갈등이 일상화하는 등 노사관계의 현실은 크게 달라졌지만, 이를 규율하는 법과 제도, 관행은 예전의 틀을 벗어나지 못해 계속해서 문제가 되었던 것이다.

노동법 개정 문제는 1988년 이후 몇 차례 정치 일정에 올랐다. 1988년에는 주로 단결권을 강화하는 내용의 노동법 개정안이 논의되었으나, 여야가 마련한 관련법 개정안이 결국 무산되었다. 노태우 정권 후반기인 1992년에도 노동부의 자문기관인 '노동관계법 연구위원회'에서 만든 개정안을 두고 당사자인 노사정의 합의를 시도하였으나 실패하였다.[26] 이러한 실패에는 노사정 간의 입장 차이와 함께 노태우 정부 및 사용자에 대한 노동계의 불신도 작용했다.

김영삼 정권이 출범한 후에는 여러 개혁 과제에 밀려 임기 후반부인 1996년이 되어서야 노사관계에 관한 개혁이 논의되었다. 정부는 5월에 노사관계개혁위원회(이하 노개위)를 만들고 여기에 노사 양측 대표 및 공익

---

26 이 시기의 노동관계법 개정에 관해서는 유현석·모종린(2002) pp.185~189 참조.

위원들을 포함시켜 노동관계법을 개정하고자 하였다.

김영삼 정부가 노동법 개정을 서두르게 된 것은 무엇보다 1995년 11월 전국민주노동조합총연맹(민주노총)이 만들어졌기 때문이었다. 이 조직은 1987년 7월 이후의 노동조합운동을 반영한 것이었다. 그해 여름 이후 노동운동이 지속적으로 활성화되었고, 수많은 노동조합이 새로 만들어졌다. 이 새로운 노동조합들은 대부분 상급조직으로서 기존의 한국노총을 대신할 새로운 조직을 원하였다. 많은 노동운동 종사자들이 한국노총은 어용 조직이어서 자신들의 이익을 제대로 대변하거나 조직할 수 없다고 본 것이다.[27] 이러한 움직임은 1989년부터 시작되어 전국노동조합협의회 (1990년)를 거쳐 민주노총으로 결실을 보았다.[28]

하지만 당시의 노동법에서는 복수의 상급 단체를 인정하지 않았기 때문에, 민주노총은 법외 조직이었다. 민주노총은 노동법을 개정하여 조직을 합법화하고 운신의 폭을 넓혀야만 했다. 노동계에서는 김영삼 정권이 출범 직후 노사관계에 대해 보여준 중립성(노사 간 협상의 자율성 존중)이나 법외조직인 전국노동조합협의회와도 공식적인 대화를 갖는 등 이전 정권과 다른 태도를 보고 김영삼 정권이 주도하는 이러한 노사 관계 개혁에 참여하였을 것이다. 사용자 측에서는 과거와 달라진 노사관계를 반영하면서도 해고나 파견근로 등에서 보다 '유연한' 노사관계를 희망했다. 정부로서도 OECD 가입을 위해서는 노동기본권 보장 정도가 국제 기준에 미달한다는 문제를 해결할 필요가 있었다.[29]

---

27 한국노총에 대한 민주노조 진영의 평가는 김영수 외(2013) pp.42~45 참조.

28 민주노총이 만들어지기까지의 경과에 관해서는 김영수 외(2013), 이원보(2013) 8장 참조.

29 한국은 1991년 말 남북한 UN 동시 가입을 계기로 국제노동기구[ILO]에 가입했다. 이것은 국내의 노동법을 재검토하는 주요한 계기가 되었다. 국제노동기구는 UN 산하 16개 전문

1996년, 노개위의 노사 대표는 여러 쟁점에서 첨예하게 대립하였다. 사용자 측은 노동시장 유연화를 위해 정리해고제, 파견근로제, 변형근로시간제 등의 도입을 요구하였고 노동계는 노동기본권 관련 조항들, 즉 복수노조 허용, 정치활동 보장, 제3자 개입금지 조항 삭제 등을 주요 요구사항으로 제시하였다. 특히 핵심적인 쟁점은 복수노조 허용, 정리해고제, 무노동무임금, 노조전임자 임금지급 문제 등이었다. 노사 대표는 상당히 많은 조항에 대해 합의하고 의견 접근을 이루었지만, 핵심 쟁점들에 대한 이견을 좁히지 못했다. 결국 노개위에서의 대타협은 실패하였다.

정부는 노개위의 중간보고를 바탕으로 합의에 실패한 쟁점사항들에 정부안을 덧붙여 국회에 제출하였다. 그런데 충분한 토론이 이루어지지 않은 상황에서 1996년 12월 26일 여당이 단독으로 이를 상정, 처리하였다. 처리된 법안에서 특히 쟁의행위 중 대체근로 허용이나 공익사업의 범위 및 직권중재의 대상을 정한 부분은 노동계에 매우 충격적인 것이었다. 또한 즉시 허용키로 하였던 상급단체의 제2노조 허용을 3년 유예하는 내용도 포함하고 있었다.

법안이 '날치기'로 통과되자 즉각 광범위한 반발이 일어났다. 노동계는 총파업에 나섰고, 민주화운동 전반의 여러 조직들이 여기에 동참하였다. 결국 정부 여당은 압박에 굴복하여 국회에서 다시 관련 사항을 논의하여 개정하기로 하였다. 날치기로 통과된 법률은 사실상 무효가 되었고, 1997년 3월 다시 개정 법안이 마련되었다.[30]

이러한 과정에서 드러난 것은 이해관계 대립을 절충하여 해결하는 정

기구 중에서 한국이 가입하지 못했던 유일한 기구였다. 이 기구의 협약과 권고는 회원국이 비준 혹은 수락이라는 형식으로 따르게 되는데, 한국의 경우 1996년 현재 불과 3개의 협약을 비준한 상태였다(2015년 6월 현재, 총 27개 협약을 비준—고용노동부 홈페이지).

치 본연의 역할을 하지 못하여 생겨난 교착상태이다. 국회에서 당시의 여당과 두 야당—김대중과 김종필이 이끌던—은 노동관계법을 둘러싼 논의에서 합의를 이끌어내는 데 실패하였는데, 사실 각 당의 안에는 차이는 있었지만 정치적으로 타협할 수 없을 만큼 차이가 크지는 않았다. 쉽게 재개정에 합의한 것을 보아도 그러하다. 노개위에서 합의에 이르지 못한 것을 정치적 절충을 거쳐 타협안을 만들어내는 역량, 그러한 지도력이 없었던 것이다.

그런데 노동관계법이 개정된 이후 1년이 지나지 않아 1997년 말 경제위기가 발생했고, IMF의 요구에 따라 노동관계법들을 재개정하게 되었다. 이번에는 노사정 합의의 형식을 취했다. 개정된 노동관계법은 사실상 실행해보지도 못한 채 재개정되었고, 재개정된 법안의 내용은 1996년 말의 날치기 법안과 크게 다르지 않았다.[31]

노동관계법 재개정 파동은 1990년대의 이행의 시기를 지나면서 집권 보수세력이 안정적인 지배구조를 확보하지 못하여 정치적 역량을 제대로 발휘할 수 없었던 것을 선명하게 보여준다. 보수정치 집단의 각 갈래들은 지역구도를 활성화 해두고 합종연횡을 반복하면서 정치 권력의 지분 참여를 둘러싸고 대립하고 있었고, 결국 이행기의 주요한 과제를 수행하는데도 보조를 맞출 수 없었던 것이다. 이에 따라 IMF의 '수렴청정'하에서 그 요구조건들을 수용하여 노동법을 노사정 합의로 재개정하였던 것이다.

이러한 어처구니없는 노동관계법 개정 전말은 1990년대에 시도된 보

---

30 여기에 이르는 경과와 자세한 쟁점, 정당별 입장 등에 관해서는 정영태(1997) pp.189~202 참조.

31 이러한 경과에 관해서는 유현석·모종린(2002) 참조.

수대연합의 실패, 나아가 이 시기, 곧 이행기를 헤쳐갈 지도력의 허약성을 상징적으로 보여준 것이다. 또한 민주화운동에서 나름대로 큰 역할을 하였던 의회주의 정치 집단이 지역주의로 퇴행하여 지도력을 발휘할 수 없도록 구조화한 결과를 보여준 것이기도 하였다.

　1990년대 한국에서는 그동안 거둔 성공에 대한 자부심과 함께 변화하는 상황에 대응해야 한다는 필요에 따라 과거의 유산들을 개혁해야 한다는 목소리도 없잖아 있었다. 1990년대 초중반의 김영삼 정권기에 이러한 개혁 시도들이 계속 일어났다. 성공적인 개혁이 없었던 것은 아니었다. 군부 숙정, '5공 청산'등 권위주의 세력과 관련된 정치적 청산은 시대의 요구에 부응하는 개혁이었다. 지방자치제를 실시한 것[32]이나 공직자 재산 공개를 제도화한 것 등도 환영받았으며 의미있는 개혁으로 평가되고 있다.

　문제는 새로운 경제 시스템을 위한 경제개혁이었다. 경제개혁을 향한 노력은 다른 개혁 과제와는 달리 상호 유기적 관련을 갖는 여러 조치들로 이루어져야 하였으나 유기적 관련성은 커녕 개별 개혁 과제마저 대체로는 결실을 맺을 수 없었다. 위에서 언급한 개혁들의 실상 이외에도 공기업 민영화라든가 교육개혁의 일환으로 시도된 대학 구조개혁 등에서도 의도한 성과를 내는 데는 거의 실패하였다.

　막간기의 후반을 장식한 김영삼 정권의 이러한 실패는 곧 새로운 역사 국면을 향한 한국사회의 전환이 지지부진하다는 것을 의미하며 효율적이며 안정적인 새로운 질서를 정착시키지 못했다는 것을 말한다. 즉 이것

---

32 1991년 지방의회가 구성되었으나 지방자치단체장 선거를 정부가 무기한 연기하여 온전한 지방자치제도의 실행이 지연되었다. 김영삼 정권기에 미뤄져 있던 지방자치단체장 선거가 지방의회 선거와 함께 1995년 6월에 실시되어 비로소 지방자치 시대를 열었다.

은 새로운 정치 질서와 지배 집단, 새로운 이념, 혹은 새로운 경제 시스템을 형성해내는 데 실패한 것을 의미한다. 간단히 말해 새 국면을 향한 지도력의 부재였다. 그 결과는 엄혹한 경제위기였다.

· 13장 ·

경제위기와 정치위기

1987년 이후 민주화를 향한 도정에서 크고 작은 갈등으로 요동치면서도 한국사회의 장래는 한동안 밝게 보였다. 노사쟁의와 파업이 빈발했고 학생운동이나 급진주의의 반체제활동이 여전했지만, 그러한 낙관적 분위기를 해칠 정도는 아니었다. 1987년 대선에서 12.12 쿠데타의 주역 중 하나가 다시 대통령이 되어 많은 시민들이 실망과 좌절을 일시 맛보았으나, 그것조차 미래에 대한 밝은 전망을 억누를 수 없을 정도였다. 새로이 등장한 다양한 시민운동도 점차 힘을 얻어 민주화운동으로 전일화되어 있던 사회운동에 새로운 바람을 불어 넣었다. 그동안 묻혀 있던 여러 목소리들이 드디어 울림을 만들었고, 세상의 여러 어두운 구석들을 털어낼 수 있을 것처럼 보였다.

이러한 밝은 분위기 속에서 마침내 참으로 오랜만에 귀환한, 문민정부를 자임하는 김영삼 정권이 1993년에 출범하였다. 집권을 위해 3당합당을 하며 권위주의 정치세력과 손을 잡았다고 비난하는 사람이 있었지만, 정통성에는 흠결이 없었다. 5년 전의 어처구니 없는 대선 결과는 과거가 되었고, 이제는 모든 어둠이 끝난 것 같았다. 노사관계가 급격하게 변화하면서 경제 구조조정이 시급해 보이긴 했지만, 여전히 성장하고 있던 한국은 무슨 일이든 할 수 있는 것처럼 보였다. 집권 초기의 군부 숙정, 금융실명제 등의 개혁을 보며 사람들은 세상이 달라지고 있다고 느꼈다. 모두가 자부심과 자긍심을 한껏 품고 더 나은 내일을 그리던 상황이었다. 문제는 새로운 기획과 그것을 실현할 정치를 통해 한국사회를 다가오는 새로운 시대로 이끌어갈 준비된 지도 집단이 있었는지 여부였다. 즉 민주화 이후의 한국을 어떻게 구상하고 있었던가 하는 것과 또 누가 어떻게 이를 달성할 수 있을지 하는 것이었다.

1990년을 전후하여 세계를 뒤흔든 변화가 일어났다. 구 사회주의권이 몰락한 것이다. 이와 함께 북한경제의 파탄 또한 만천하에 알려졌다. 이러한 상황은 한국의 성취를 더욱 돋보이게 하였다. 보통의 사람들에게 한국은 경제성장과 정치의 민주화를 동시에 달성한 '위대한 나라'로 받아들여졌고, 안정된 의회민주주의와 선진적 생산력을 갖춘 사회로 나아가는 데 아무런 장애도 없어 보였다. 다만 시간이 조금 더 필요할 따름이었다.

한국의 경제적, 정치적 성공은 그동안 사람들의 머릿속을 억누르던 열등감을 해소시켜주었다. 한국전쟁 후 외부의 도움 없인 나날의 생존이 문제이던 최빈국이 불과 몇십 년 만에 선진국의 문턱에 다가간 성과를 인정받았으며, 민주화를 요구하는 집회와 시위 과정에서 보여준 시민의식의 성숙 또한 높은 평가를 받음으로써 2류 국가의 2류 시민이라는 열등감 내지 자기비하를 벗어던질 수 있었다. 김영삼 정권의 출범은 이러한 자부심의 화룡점정에 해당하는 사건이었다.

체제 전복을 지향하던 민족민주운동의 대표적인 인물들이 대거 의회주의 정치의 일원으로 변신하는 데서 드러나듯 선진 사회의 정치적 배치를 따라 정치공간의 제세력은 점차 좌우정파로 재정렬하여 의회주의 공간 내에서 한국사회를 다듬어 갈 것이었다.[1]

그러나 이러한 자부심이 당혹감과 수치심으로 뒤바뀌는 데는 그다지 오래 걸리지 않았다. 자부심의 이면에 있어야 했던 것, 즉 국면 전환에 맞춰 어떤 세상을 기대하며 무엇을 준비해야 하는지를 고민하고 대비하지 못하였다. 민주화운동기에 반체제운동 세력은 권위주의 독재를 철폐하고 의회민주주의의 회복과 정상화에 진력했지만, 그러한 정치적 변화와 함께 진행될 경제 및 사회 변화에 대해서는 별다른 주의를 기울이지 못했다. 호의적으로 해석하자면, 이들은 민주화가 모든 문제를 자연스럽게 해결할 것으로 보았다. 국가자본주의 국면이 황혼기에 접어들면서 자연히 시장경제의 활성화라는 안티테제가 형성되었으나, 그 구체적인 내용이나 방향 혹은 실천방안, 해결 과제 등 새로운 기획의 내용을 고민한 집단은 어디에도 없었다.

급진적 정파들은 민주화가 절차적 민주주의에서 멈추고 사회민주화로 나아가지 못하는 현실을 비판하였지만, 정치적 주도력을 갖추지 못해 시대의 흐름을 뒤집을 수 없었다. 이들이 애초에 갖고 있던 재벌 해체와 같은 추상적인 프로그램들은 한국 자본주의 체제의 전복을 상정한 것이었으나, 현실의 한국사회는 그런 기획을 실천할 수 있는 공간이 전혀 아니

---

1   물론 모든 체제 전복의 사유가 소실된 것은 아닐 것이다. 2013년에 발각되어 내란음모 등의 혐의로 기소된 통합진보당 사태가 보여주듯, 소수일지라도 혁명을 꿈꾸는 사람들은 여전히 제자리를 지키고 있을 것이다. 재판은 내란 음모까지는 못되고 내란 선동이었다는 판결로 끝났다.

었다. 한국의 미래를 파국론적으로 전망하던 이들에게 승리한 자본주의의 화신으로 간주되던 1990년대의 한국을 어떻게 새롭게 재편성해야 하는지에 대한 대안을 기대할 수는 없었다.

보수 정치세력들 역시 자유시장경제를 당연시하면서도 국가자본주의 국면 동안 만들어진 체제를 어떻게 개혁하고 극복할 것인가에 대해서는 조직적으로 고민한 적이 없었다.[2] 권위주의 정치세력을 밀어내고 집권에 성공하였을 때, 이들은 민주화된 세상에서 시장경제를 활성화하고 복지 사회로 나아가면 될 것이라는 정도의 막연한 구상만을 가지고 있었을 뿐이었다. 앞에서 살펴본 것처럼, 김영삼 정권은 출범 후 1990년대 중반에는 여러 가지 개혁을 시도하였으나, 부분적인 제도 혁신이나 인적 청산을 제외하면 썩 성공적인 경제개혁은 찾아볼 수 없었다.[3] 국가자본주의의 유산을 진단하고, 유기적인 개혁 프로그램을 통해 여러 제도, 관행, 법을 정

2　김대중의 대중경제론 정도가 그나마 하나의 기획으로 간주될 수 있었을 것이다. 하지만 1980년대에 들어서 그것은 그저 시장경제와 분배를 말하는 데 불과한 대중참여경제론 (김대중(1986) 『대중경제론』)이 되었다. 김대중은 대통령이 된 후 전면적인 개방과 시장경제화의 집행자가 되었다. 애초의 대중경제론에서는 생각할 수 없는 변신이어서 '배신'이라 하는 사람들도 몇 있는 모양이다. 김일영(2006b) p.230 참조. 보다 근본적으로, 박정희 정권의 개발 전략이나 민족경제론이 바탕이 된 대중경제론이 지향하는 바는 모두 민족주의적 부국강병이었다. 국가자본주의 국면 동안 두 논리는 체제의 이데올로기와 대항 이데올로기로 겨루었으나, 바탕에서는 모두 국가적 동원에 의거한 민족적 자립화를 지향하였다. 민족경제론은 수출과 외자도입을 받아들인 박정희 정권의 개발 방식을 내포적 공업화론에 의거하여 비판하였으나, 현실 적합성이나 실제 성과의 면에서 상대를 능가할 수 없었다. 결국 자립화 경향이 확인된 1980년대가 되면 민족경제론은 현실 비판으로서의 의미를 완전히 상실하게 된다. 1980년대 이후 나타난 대중경제론의 변신은 그런 현실의 증거의 하나일 뿐이다.

3　김영삼 정권기의 개혁에 관한 일반적인 평가는 강문구(2001) 정도일 것이다. 강문구 (2001) 군부 숙정, 공직자 재산등록, 금융실명제 등으로 민주화 초기의 길을 잘 잡아나갔으나 정책의 비일관성이 드러나고 분배문제, 재벌 개혁 등에서 실족하다가 경제위기를 맞는다는 것이 그 요지이다.

비하려는 체계적인 기획은 찾아볼 수 없었다.

무엇보다 큰 문제는 이행의 시기와 그 이후를 이끌 제대로 된 정치집단이 형성되지 못했다는 점이다. 민주화운동 과정에서 연합했던 집단들 사이에서, 그리고 그들 및 권위주의 정권의 후예들과의 사이에서 새로운 리더십은 쉽사리 응집되지 못했다. 지역 정서를 활용 혹은 악용하는 경향은 심화되었고 정치적 분열과 분화 그리고 불화의 소음은 1990년대 이후 한국정치의 주요한 특징이라 할 만하였다.

이러한 현실은 개혁과 재편을 통해 새로운 역사적 시대를 준비해야 하는 지도 집단으로서는 심각한 결함을 드러내는 것이었다. 분열과 불화는 개혁을 시도하는 역량에 큰 제약을 가했고, 이것이 가장 적나라하게 드러났던 것이 1996~1997년 사이에 벌어졌던 노동관계법 개정 과정이었다. 앞서 언급한 대로 개정과 재개정을 거친 뒤 곧바로 1997년 경제위기가 터지자 이번에는 노사정 대타협이라는 형식으로 곧바로 다시 애초의 개정안에 가깝게 되돌아가는 개정이 이루어진 것이다. 이것을 자체의 정치적 조정 역량을 발휘하여 해결할 수 없었던 것이 당시 한국의 지도 집단의 현주소였다. 이러한 일련의 사태는 1990년대 초반에 이루어진 보수대연합이 안정적으로 자리잡지 못한 채, 정치가 다시 특정 지역 영주들 간 합종연횡의 대결장으로 뒤바뀐 것의 표현이었다.[4]

여타의 개혁 과제에서도 유사한 일이 여러 차례 있었다. 정부는 1987년부터 시작된 한국은행의 독립, 금융감독제도의 개편이란 과제를 두고 대

---

4 다음과 같은 지적을 보라. 3당합당이 개혁의 고비마다 진의를 의심받게 만들어 "심지어 야당의 전폭적 지지를 받아 마땅한 5.18특별법 제정의 결정조차도 6공화국 비자금이 대선 자금으로 유입된 사실을 은폐하기 위해 서둘러 봉합하는 수단이라고 의심받았다." 이영조 (1997) p.378.

립하는 부처와 기관의 역할을 재조정하는 결단을 내리는 데 실패했다. 1997년의 경제위기에 이르기까지 경제 관련 부처와 기관의 역할과 권한에 관한 정부 내부의 대립조차 정리하지 못한 것이다. 이 사실도 집권 세력이 경제체제의 개혁이나 경제 운용의 밑그림을 갖지 못하였다는 점을 새삼 확인시켜준다.

한국경제는 사실 1990년대 중반부터 구조조정을 재촉하는 불황의 조짐을 드러냈다. 성장 둔화와 실질임금 상승으로 경쟁력이 약화된 경공업에서는 생산설비 해외 이전이 대세가 되었다. 낮은 임금으로 힘든 일거리를 담당하는 외국인 노동자 유입도 뚜렷이 늘어났다. 이처럼 산업구조의 조정을 압박하는 불황과 여건 변화가 드러나고 있었지만 누구도 국면의 전환기를 의식하고 근본적인 개혁의 필요성을 크게 환기하는 데에 이르지는 못하였다.

물론 경제구조의 개혁, 개편을 위한 여러 가지 시도가 없었던 것은 아니었다. 하지만 대개 실천 과정에서 뚜렷한 결과로 연결되지 못했다. 그런대로 돌아가던 경제 상황에서 근본적인 수술은 생각할 수 없었던 반면, 충격 요법을 대신한 점진주의적 조치는 중도에 개혁 자체가 흐지부지되는 결과를 낳았던 것이다.

반면 재벌 등 기업 입장에서는 쌍수 들고 환영할 논리, 즉 기업 활동의 무제한적인 자유를 내세우는 자유시장경제와 신자유주의가 널리 유포되어 지배적인 논리로 정착되었다. 이러한 논리는 정부가 나서서 개혁하는 것 자체를 뒷받침할 수 없었다.

이처럼 개혁을 집행해서 여러 이해집단의 저항을 넘어가는 데 필요했을 지배집단의 응집력 혹은 지도력은 민주화를 성공리에 이끌어 왔다는 신화적 외관과는 달리 심히 제한되어 있었다. 이렇게 하여 1987년 이후

10년 가까운 시기 동안 정부의 점진적이고 단속적, 산발적이었던 개혁은 대체로 성과를 내는 데 실패한 반면, 한국경제가 당면한 환경 변화는 심각한 것이었다. 정치적 교착으로 부진한 개혁 속에서, 정부도 기업도 학계도 닥쳐올 위기의 심각성을 짐작조차 못하고 있었다.

1. 경제위기

1997년이 되자 경제위기가 찾아왔다. 연초부터 군소 재벌들이 도산(한보 1월, 삼미 3월, 진로 4월, 대농 5월, 기아 7월)하기 시작하였다.[5] 남아있는 재벌들도 다수가 실질적인 파산 상태에 빠졌다. 재벌의 도산과 경기침체의 영향으로 수많은 중소기업이 연쇄 도산하거나 도산 위기에 처했다. 기업 도산이 급증하자 몇몇 은행을 제외하고는 은행들 다수가 부실화되었다. 설립된 지 얼마 되지 않은 동남은행, 동화은행, 대동은행 등은 물론 오랜 역사를 가진 조흥, 상업, 제일, 서울은행 등도 실제로는 파산 상태에 들어갔다. 기업의 단기 운전자금 조달 창구였던 종합금융회사, 상호신용금고나 신용협동조합과 같은 지역 금융기관도 자본 잠식 상태에 빠졌다. 대부분의 금융기관들이 위기에 빠졌고, 기업 부도의 위험이 높아져 금융시장이 마비되기 시작하였다.

정부는 이러한 경제위기 조짐에 제대로 대처하지 못했다. 위기를 예견하지도 못했고, 당연히 대비책도 없었다. 한국경제에서 재벌이 실제로 도산한 것은 처음 있는 일이었다. 1980년대까지는 부실 조짐이 있는 경우

---

5 정덕구(2008) pp.19~29 참조.

정부가 나서서 도산에 이르기 전 구조조정을 강제하였다. 하지만 이때는 이러한 선제적인 강제 구조조정과 같은 대책도 내놓지 못한 채 우왕좌왕 하고 있었다.

7월에 태국에서 시작된 아시아 외환위기는 바야흐로 한국마저 삼킬 기세였다. 외국 금융기관들은 한국의 경제 상황을 보고는 한국 금융기관에 대한 대출 회수, 만기 연장 거부 등 관례를 벗어난 조치를 취하기 시작하였다. 외환 보유고는 곤두박질쳐서 환율이 급등하였고, 가용 외환이 고갈되어 대외 지불을 할 수 없는 지경이 되자 한국 기업들의 경상 대외거래조차 어려워졌다. 결국 정부는 1997년 11월 21일 국제통화기금IMF에 구제금융을 신청하게 된다.[6]

재벌의 도산에서 시작하여 금융기관이 사실상 파산하고 금융시장이 마비되어 실물부문까지 위기가 파급되었지만, 정부는 이러한 사태에 대처할 능력이 거의 없었다. 이렇게 하여 한국경제는 1960년대 이래 최악의 위기에 빠졌다. 1998년 실질 GDP 성장률이 6.7%로 떨어졌고, 실업률은 1998년 하반기 8%를 넘어서며 급등하였다.[7] 기업 도산이 급증하고 물가마저 하락했다. 이제껏 겪어보지 못한 심각한 경제위기가 찾아온 것이다. 경제위기가 재벌 도산에서 시작되었고, 가장 강력한 경제력을 지닌 재벌들 다수가 결국은 도산한 점 등을 생각하면 이 위기가 경기순환적 위기와는 다른 차원의 것임을 알 수 있다.

대다수 재벌은 1990년대에도 예전과 다름없는 공격적인 투자를 행하였다.[8] 전반적인 수익성 악화라는 추세에 규모를 키워 대응하려 한 것이다.

---

6 IMF에 구제금융을 신청하기에 이르는 경과에 관해서는 정덕구(2008) 1~2장 참조.
7 재정경제부(1998) 『경제백서』 8장 참조.

이러한 투자의 대부분은 예전처럼 차입에 의한 것이었다. 결국 부채규모와 비율은 높아졌을 뿐, 수익 악화의 추세를 막을 수는 없었다. 과잉투자 현상이 현저하게 나타났다.

재벌의 이러한 행태를 제어하고자 했던 정부 관료들의 노력은 재벌의 저항 앞에서 무의미했다. 사실 1960년대를 거치며 형성된 국가자본주의 축적체제는 전면적인 민족자본 육성의 공간이었다. 그 공간이 와해되기 시작했고 그동안 축적을 지탱해온 방식이 한계에 달하였으나, 재벌은 기왕의 방식과 틀을 벗어나려는 변화의 노력을 게을리하여 위기를 초래했다. 정부는 나름대로 재벌 합리화를 재촉하였으며, 또한 제도적 규율을 시도하였다. 하지만 그런 노력은 근본적인 구조 개혁에 미치지 못하였으며 재벌은 정부의 정책들을 불필요한 간섭으로 간주하고 회피했다. 정부는 이러한 재벌에 대해 합리화나 구조 개혁을 강제할 의지나 역량을 갖고 있지 못하였다.[9]

---

8 이 시기 재벌들의 공격적 투자 행태에 대해서는 김상조(2012) 『종횡무진 한국경제』 pp.180~183 참조. 또한 이헌창(1999) p.522 참조.

9 이러한 정부의 실패한 재벌정책에 관한 아래와 같은 요약도 있다. 즉 "1980년대 이후 일련의 경제개혁 조치들은 '탈보호를 수반하지 않는 부분적인 탈통제'를 특징으로 하였고, 그 결과 재벌감시의 공백이 나타나고 도덕적 해이가 만연해져 재벌들의 과다차입에 의존한 과잉투자로 기업 및 금융위기가 발생하였다." 이진순(2003) p.172. 즉 재벌들이 정부의 통제를 벗어나 과다한 차입금으로 과잉투자를 저질러 위기가 왔다는 것인데, 그 이면에는 재벌의 권력을 제어하고 개혁을 강제할 정치 지도력이 부족했던 현실이 있었다.

2. 정치위기

눈부신 경제성장과 민주주의 달성에 자부하던 한국인에게 1997년의 경제위기는 청천벽력과도 같은 놀라운 사태였다. 단순한 위기가 아니라 외환이 부족하여 IMF에 구제금융을 신청해야 하며, IMF의 온갖 요구사항을 따라야 한다는 점은 한국인의 수치심을 크게 자극했다. 한 번도 겪어 보지 않았던 대량 해고나 은행 파산 등은 경제위기의 깊이를 실감케 해주었다.

당연히 경제위기의 책임이 누구에게 있냐는 물음이 제기되었다. 대다수는 재벌을 지목했다. 물론 경제위기 자체는 투자 실패 등 재벌과 직접 관련되어 있었다. 하지만 경제위기는 재벌의 경영 실패 이상을 보여주는 것이었다. 국가자본주의 국면이 끝나가던 1987년 이후 1997년의 경제위기에 이르기까지의 10년 가까운 세월은 기왕의 정치와 경제제도 및 이념이 후퇴하거나 해소되고 새로운 시대를 향한 제도와 이념을 모색하는 시기였다. 실제로도 이 시기 동안 정치 재편과 경제개혁 등 여러 시도가 이어졌다. 그러나 집권 보수세력은 축적체제를 개편하고, 정파적 차이를 넘어 개혁에 대한 정치적 합의를 만들어내고, 대중의 동의를 얻고 지지를 확보하는 데 실패하였다.

국면 전환은 언제나 위기를 수반한다. 따라서 경제위기 그 자체가 곧 어떤 잘못을 입증하는 것은 아닐 수도 있다. 한국사회가 정치 및 사회 저변의 민주화를 겪으며 점진적이지만 순조롭게 새로운 역사 국면을 맞이하리라고 기대하였을 수 있다. 그 과정에서 국면 전환에 따른 위기가 불가피하며 따라서 1997~1998년의 위기가 누군가의 잘못에 의한 것이 아니라고 믿을 수도 있다. 하지만 새로운 정세에 대처하려는 노력들을 응집해 가는 과정은 매우 불완전하였다. 정치적 불협화음, 정쟁이 가득한 상태에서는 재벌의 합리화이든 시장을 대신하던 국가의 역할을 축소시키는 것이든 노사관계의 안정화이든 어떤 것도 이루기 어려웠다. 시급한 개혁이 요구되는 상황에서 한국의 정치는 정치적 결단을 내리고 사회적 합의를 이끌어내는 데 계속 실패했다. 경제위기는 결국 새로운 국면을 준비해야 했던 시기에 집권 세력이 무능했던 것의 결과였다.[10] 김영삼 정권 말기의 정치적 쟁투는 권력 자체를 추구하는 패권 정탈전이었을 뿐, 새로운 대안을 모색하는 과정이 아니었다.

구제금융을 신청한 후 IMF로부터 강요 혹은 권고 받은 개혁안의 내용은 생소한 것이 아니었다. 개혁안 각각은 대체로 1990년대에 정부 관료를 포함한 여러 집단에서 이미 제안한 것들이었고, 그중 일부는 실행되기도 했다.[11] 재벌이나 금융시스템에 관한 개혁안들은 특히 그랬다. 노사관계나 기타 다른 개혁안들도 마찬가지였다. 위기 이후 개혁안으로서 고스란히 수용하게 된 것은 결국 대체로는 알고 있던 모범 답안이었던 것이다.

---

10 하지만 이 시기의 경제위기에 관한 분석은 거의 모두 경제적 분석에 골몰한다. 외인으로서 국제금융체계의 불안정성을 강조하건, 혹은 내인론으로서 국가의 과잉 개입, 재벌구조, 도덕적 해이, 과거 발전모델의 위기, 신자유주의의 급격한 채용 등을 거론하건 모두 경제적 문제로 인한 것으로 본다. 경제위기 이후 나온 이러한 종류의 분석들을 종합하고 있는 것으로는 김용복(2001) 참조.

11 김영삼 정권 말기이자 경제위기 직전인 1997년 9월, 정부는 『열린 시장경제로 가기 위한 국가과제―21세기 새로운 도약을 위한 준비』(재정경제원·한국개발연구원)라는 책을 발간하였다. 제목이 시사하듯 시장경제의 틀을 정착시키기 위한 핵심 사항을 제시하고자 하고 있다. 제시된 21개의 핵심 과제는 정부의 역할 재정립에서부터 중앙은행 및 금융감독제도 개선, 경쟁적 시장구조로의 전환, 금융산업 경쟁체제 구축, 노동시장 유연성 제고, 사회복지체제 효율화, 대외개방 진전에 대비한 농업구조 개선 등 다양한 분야를 포괄하고 있다. 또한 이러한 과제가 당장 혹은 늦어도 2~3년 내에 실현되어야 한다고 강조하고 있다. 결국 위기를 겪고서야 포괄적인 개혁을 볼 수 있었지만 그 답안은 미리 나와 있었던 것이다.

하지만 이것들을 유기적인 프로그램으로 통합하고 실행할 정치적 역량이 부족했다. 개혁에 저항하는 재벌, 관료, 기타 기득권 세력을 설득하거나 제압할 역량이 없었던 것이다.

이처럼 1990년대 말의 경제위기는 정치위기의 표현이었다. 이것은 집권 보수세력만의 실패가 아니라, 한국의 새로운 주도 세력을 자임한 민주화운동 집단 전반의 실패였다. 상잔하는 집단들은 대안을 가지고 응집력 있게 힘을 합쳐 개혁을 수행하는 것을 꿈꿀 수 없었다.

이러한 실패를 집권 보수세력의 실패로 한정할 수 없다. 급진 정파들은 이 시기 동안 개혁을 향한 성원세력이자 보수적 일탈에 대한 견제를 수행하는 집단일 수도 있었으나, 대안적인 이념과 실천 방안을 제시하면서 집권세력의 개혁의 일방통행을 견제하거나 보완하는 역할을 전혀 하지 못했다. 오히려 일반 대중의 이반을 초래하는 과격한 주장이나 행동으로, 혹은 부르주아 민주주의 이행에 대한 혼란된 인식과 분열로 그런 기대를 무색하게 하였다. 급진 정파도 결국 이 국면의 정치적 실패와 혼란의 책임에서 자유로울 수 없다.

막간의 시기 동안 한국은 결국 필요한 개혁에 실패하고 심각한 경제위기에 빠져 잠시나마 국제기구의 수렴청정하에 놓였고 스스로는 조정할 수 없었던 대립들—변화한 노사관계에 맞춰 노동관련 법안의 정비를 둘러싼 대립이건 금융정책과 금융감독의 권한을 둘러싼 국가기관 간 대립이건 간에—을 외부의 지시대로 조정하여 해결하였다. 결국 자체적으로 할 수도 있었을 개혁들을 외부의 압박하에서 수행하게 되는데, 이것은 권위주의 정권의 뒤를 이은 범민주화운동세력의 최종적 실패를 의미하는 것이다. 이 실패는 심각한 경제위기로 나타났고 따라서 이 위기는 궁극적으로 정치위기였다.

14장

경제개혁과 개방—열린 시장경제

1997년 한국 정부는 IMF와 의정서를 교환하여 외환 부족이라는 급한 불을 껐다. IMF는 돈을 빌려주는 댓가로 정책 협의를 요구하였고, 여기서 제시된 요구사항을 반영한 각종 조치들이 빠르게 집행되었다. 긴축정책으로 수입 수요를 억제해 외환 수요를 줄이고, 경영이 악화된 금융기관을 폐쇄하며, 금융감독 제도를 정비하고, 노동시장 유연성을 확보하는 것 등이 그것이었다.

한편 국가 부도의 위기가 닥친 다급한 상황에서 노사정위원회[1]가 구성되어(1998년 1월 15일) IMF의 요구를 수용하는 합의를 만들어냈다. '경제위기 극복을 위한 사회협약'이 그것이다. 노동법 재개정과 기업구조개혁 방향을 사회적 합의 형식으로 제시한 것이다. 위기 이전에는 왜 이러한

---

[1] 이 시기의 노사정위원회에 관해서는 윤진호(1999), 윤진호(2000) 참조.

사회적 타협이 작동할 수 없었던가 하는 뒤늦은 한탄조차 누구의 입에서도 나온 적이 없었다.

한국 정부는 1998년부터 수년간 경제개혁을 추진하였다. 이 과정을 거치면서 경제 구조는 크게 바뀌었다. 국가자본주의 축적체제의 주요한 제도와 관행들은 대부분 사라졌고, 1980년대 이후 정부가 점진적으로 추진했던 개혁 중 상당수는 애초 정부가 계획했던 범위와 정도를 훌쩍 넘어선 정도까지 나아갔다. 심각한 경제위기가 배경이 되어 정부는 각종 이해관계자의 큰 반발 없이 개혁을 수행할 수 있었다. 이제 한국경제는 국가자본주의 축적체제를 근간으로 하는 국민경제에서 전면적으로 개방된 시장경제로 옮아가게 되었다.

경제위기가 정권 교체기에 발생하여 김대중 정권은 정식으로 출범하기도 전에 경제위기 타개와 개혁안 집행이라는 과제를 떠맡았고, 임기 동안 한국경제를 신자유주의의 모범생으로 바꾸어 놓았다.[2] 개방된 한국경제의 구조와 작동 방식은 과거와 전혀 달라졌다. 하지만 여전히 유제 혹은 유습으로 남아 있는 옛 제도와 관행은 종종 개방된 시장경제와 불협화음을 낳았다. 이처럼 한국은 시장주의 개혁을 수행하였지만 체계적으로 소화된 시스템을 낳았는지는 여전히 의문이다.[3]

---

2 김대중 정권의 경제개혁의 대강이 신자유주의라는 것은 널리 받아들여지고 있다. 온통 개방, 시장에 관한 것으로 일관하였기 때문이다. 한데 이와 조금 달리 노사정위원회와 사회안전망 정비를 들며 신자유주의적이지만은 않은 것으로 평가하는 연구도 존재한다. 김기원 (2001) pp.70~73.

3 21세기 한국경제에 대해, 세기말의 개혁을 통해 시장주의 체제로 전환한 듯 하지만 기본이 안되어 있다는 비판도 존재한다. "중상주의(박정희식 개발독재 모델)에서 신자유주의로 바로 건너뛴 것과 같다"(김상조(2012) p.57)는 것이다. 말하자면 시장경제의 기본이 되는 법치주의, 혹은 노자 간의 타협을 통한 권리 조정 메커니즘 등이 확보되지 않은, 자유 시장경제의 기본이 되어 있지 않은 체제라는 것이다.

다시 읽는 한국 현대사

이하에서는 부문별로 주요한 개혁의 내용을 살펴보기로 한다.

1. 금융개혁

경제위기 직후 정부는 부실금융기관 및 부실채권을 정리하여 시장 불안
요인을 제거하고, 은행에 집중적으로 자금을 투입하여 금융시장을 정상
화했다.[4] 나아가 관치금융 철폐, 감독제도 개편, 자본시장 선진화, 금융기
관 지배구조 개선 등을 통해서 금융기관이 수익성 위주로 자율 경영을
할 수 있는 체제를 확립하고자 하였다. 곧 금융기관을 금융기업으로 거듭
나게 하는 것이 목표였다. 또한 외자 유입을 촉진하기 위해 외국인에 의
한 국내 기업 인수·합병M&A을 전면 허용하고 외국인의 국내 토지 취득을
대폭 자유화하였다. 동시에 1997년 말에 IMF와 합의한 경제구조 개혁과
자본자유화 조치를 예정보다 앞당겨 추진하였다.

정부는 우선 막대한 부실채권을 정리하기 위해서 공적자금을 조성하
였다. 생존 불능의 금융기관들은 다른 금융기관에 합병시켜 퇴출시키고,
생존 가능한 금융기관에는 자본 확충을 위해 공적자금을 투입하였다. 그
결과 주요 상업은행들이 국유화되었다. 또한 IMF와의 협약에 따라 제일
은행 등 몇몇 금융기관들을 해외에 매각했다.[5] 또한 국제경쟁력을 갖춘
선도은행이 생겨날 수 있도록 인수·합병의 대상이 되는 은행에 대해 증
자나 부실채권 매입 등 재정 지원을 해주었다. 제2금융권의 경우, 대주주

---

4 경제위기 직후의 금융개혁 조치들의 내용과 성격에 관해서는 김상조(1999) 참조.
5 이진순(2003) 『한국경제: 위기와 개혁』 p.186.

책임하에 증자를 통해서 경영을 정상화하되, 그렇지 못한 경우 정리를 추진하였다.

이렇게 구조조정을 진행하던 중 대우그룹 도산(1999년), 현대그룹 위기(2000년) 등이 잇달아 다시 금융시장의 불확실성이 커졌다. 이에 공적자금을 추가로 조성할 필요가 생겼다. 애초 위기의 심도를 짐작하지 못해 필요한 공적자금의 규모를 제대로 가늠하지 못했던 것이다. 정부는 제2차 공적자금을 조성하여 재차 금융구조조정에 사용하였다.[6] 한빛·평화·광주·경남은행은 일단 감자 후 증자를 지원하여 우리금융지주회사로 통합하였고, 제주은행은 신한금융지주회사에 통합하였다. 제2금융권의 종합금융회사 등도 계약 이전 혹은 합병 방식으로 정리하였다.

이렇게 하여 한국의 금융 역사상 최초로 부실은행 폐쇄가 이루어지며 은행 불사의 신화는 사라졌다. 과거에는 부실기업을 정리하는 과정에서 정부가 지시하여 은행이 부실채권을 떠안았고, 대신 정부는 한국은행을 통해 저리의 자금을 제공함으로써 은행을 유지시켰다. 이제 은행을 통제하면서 반대급부로 은행을 보호하던 종래의 관행은 과거의 일이 되었다.

종합금융회사는 주로 재벌에게 단기자금을 융통하는 역할을 해왔다. 이들은 국제금융시장에서 유동성 리스크나 환 리스크를 무시한 채 단기자금을 빌려 장기 운용하거나 개발도상국 채권에 투자했다가 부실화되었다. 그 결과 대부분의 종합금융회사는 정리되어 사라졌고 정부는 공적

---

6 정부는 구조조정을 위해 두 차례에 걸쳐 재정자금과 채권 발행(102조) 등으로 총 155조원의 공적자금을 조성했다. 공적자금은 금융기관 부실채권 매입(38.7조 원)과 출자(60.2조원), 퇴출 금융기관 예금대지급(25.8조 원) 등에 사용되었다. 그런데 이 공적자금과 관련하여 조성, 집행, 회수, 사후 관리에서 다수의 문제점이 드러났다. 이에 관해서는 김상조(2012) pp.293~299 참조.

자금으로 예금대지급을 맡았다. 상호신용금고, 신용협동조합과 같은 중소금융기관들도 다수가 경제위기로 심각한 타격을 받아 대거 퇴출 혹은 합병되었다. 보험회사나 증권회사에도 통폐합의 광풍이 몰아쳤고, 공적 자금의 도움을 받지 않을 수 없었다.

정부는 이렇게 구조조정을 통해서 금융기관의 정상화를 도모하는 한편, 금융시스템의 안정성 확보를 위한 기반 정비를 서둘렀다.[7] 앞서 지적한대로 1997년 연말 금융 관련 법안들이 재정 혹은 개정되었고 그에 따라 금융시스템 전반을 재편할 수 있게 되었다. 우선 새로 제정된 '금융감독기구의 설치 등에 관한 법률'에 따라 금융감독기구를 통합하여 재정경제부로부터 분리하였다. 한국은행, 은행감독원, 증권감독원, 보험감독원 및 신용관리기금 등 기존 4개 감독기관을 1999년 1월 1일자로 통합하여 금융감독원을 만들었다. 금융감독원을 지휘·감독하는 기구로는 금융감독위원회[8]를 설립하고, 재정경제부의 영향을 차단하여 관치금융을 막고자 하였다. 또한 한국은행법을 개정하여 한국은행이 독립적인 통화정책으로 물가안정을 책임지도록 했다. 오랜 기간 논란에도 불구하고 중앙은행의 독립이나 금융감독 권한을 둘러싼 문제를 해결하지 못하였으나, 경제위기를 맞고서야 비로소 감독기구를 따로 두는 방식으로 재정비할 수 있었다.[9]

한편 금융기관의 부실 재발을 막고 금융시스템의 안정성을 확보하기

---

7 이하 이진순(2003), pp.185~96 참조.

8 2008년 2월 정부는 금융감독위원회와 재정경제부의 금융정책 기능을 통합하여 금융위원회로 재편하였다.

9 새 중앙은행제도와 금융감독체계를 이전과 간결하게 비교하고 있는 것으로는 재정경제부(1999)『1998년판 경제백서』p.244~245 참조.

위해 금융기관의 건전성 규제를 국제기준에 맞추고 경영 투명성을 높이도록 회계공시 제도를 강화하였다. 금융기관이 보유한 유가증권에 대해 시가평가제mark to market를 실시하여 유가증권 평가손익을 제때 반영하게 하고, 자산건전성 분류기준도 바꾸어 미래의 사업가치를 반영하여 대출심사를 하게 하였다. 그리고 거액의 대출이 부실화하여 경영 위기를 초래하는 것을 방지하기 위해 종래의 동일인 동일계열 여신한도를 신용위험을 수반하는 모든 신용공여를 포괄하는 신용공여한도 제도로 바꾸었다.

금융기관 지배구조 개선을 위해 일정 규모 이상의 금융기관에 대해 사외이사, 감사위원회, 준법감시인 제도 도입을 의무화하였다. 은행은 사외이사를 전체 이사의 1/2 이상 선임하도록 은행법에 규정하였고 비은행금융기관에 대해서도 규모가 큰 경우 이사의 과반수를 사외이사로 선임하도록 관련법을 개정하였다. 나아가 경영공시를 강화하여 시장 규율이 제대로 작용할 수 있게 하였다. 보유유가증권 시가평가제와 함께 은행과 종합금융회사에 대해 대손충당금을 100% 적립하도록 규정하였다. 그리고 주요한 경영관련 지표를 분기별로 공시하도록 하였으며, 예금부분보장제도를 도입하였다.

또한 시장개방을 통해 자본시장 발전을 촉진할 수 있도록 제도적 기반을 정비하였다. 주식 및 채권 등 자본시장을 완전히 개방하였고 환율도 자유변동환율 체제로 바뀌었다. 증권시장의 신뢰성을 높이기 위해 기업공시를 강화하고, 증권투자회사Mutual Fund 설립을 허용하였으며, 선물거래소를 개설하여 선물투자시장을 활성화하였다.

경제위기 이전 1990년대의 금융자율화와 개방화는 매우 점진적이었고, 금융시스템도 국제 기준으로 볼 때 낙후된 상태였다. 이러한 문제는 금융구조조정 과정에서 IMF 및 미국 등 선진국의 요구를 수용하면서 크게 변하였다.[10] 개별 금융기관들은 지배구조 개선, 관행 혁신, 수익성 위주의 조직문화 창출, 위험관리 선진화 등의 새로운 모습으로 금융기관에서 금융기업으로 면모를 바꾸기 시작했다.

그러나 이러한 개혁에도 불구하고 그때부터 10년이 더 지난 지금까지도 "한국의 금융회사, 금융시장, 금융감독기구는 기본이 안되어 있다"[11]는 비판을 받고 있다. 고객 보호와 리스크관리를 위한 능력이 여전히 부족하고 법과 원칙에 충실하지도 못하다는 것이다.

2. 기업 개혁

많은 기업이 도산하거나 도산 위기에 몰리고, 기업의 과잉 투자와 맞물려 금융부문이 동반 부실화되면서 한국경제는 총체적 위기에 처했다. 이러한 상황에서 기업부문 구조조정의 핵심은 한편으로는 과잉 자본인 부실기업을 정리하고 신속히 감가하여 시장 불확실성을 줄여나가는 것이었고, 다른 한편으로는 재벌 기업의 경영 행태를 수술하는 것이었다.

경제위기가 현실화하자 재벌은 실패한 경영의 전형으로 비난받았다. 그전까지 경제성장의 최고 공헌자로 자부하던 재벌이 경제위기의 주범으로 몰리게 된 이유는 무엇보다도 재벌 기업의 자본 축적 방식에 있었다. 재벌은 다수의 계열사를 활용하여 차입자금을 최대한으로 동원할 수 있었다. 재벌 총수는 순환출자, 상호지급보증 등의 방식을 활용하여 적

---

10 이진순(2003) p.197.
11 김상조(2012) p.279.

은 지분을 보유하면서도 계열사를 장악하고 막대한 차입으로 대규모 투자를 행할 수 있었다. 이것이 한때는 재벌의 급성장을 가능하게 한 원천이기도 했다. 하지만 1990년대에는 이러한 방식이 부메랑이 되어 재벌을 옥죄는 상황이 되었다. 대규모 투자가 수익을 내지 못하자 채무를 상환할 수 없게 된 것이다. 게다가 재벌 구조는 위기를 증폭하는 구실도 하였다. 계열사들이 상호지급보증으로 묶여 있어서 한 기업이 부실이 다른 계열사의 부실로 곧 바로 전이된 것이다.[12]

경제위기 직후 채권은행은 부실 징후가 있는 기업을 평가하여 회생 불가능한 기업은 정리하고 회생 가능한 기업에 대해서는 워크아웃을 추진하였다. 그런데 이 과정에서 재벌 중에서도 가장 규모가 큰 대우그룹과 현대그룹 문제가 터졌다. 대우그룹은 심각한 자금난에 빠져 회사채 발행으로 연명하다 채무이행 불능 상태에 빠졌다. 정부는 채무 조정 및 자금 지원을 통해서 워크아웃을 추진하였으나, 결국 그룹을 해체하여 정리하지 않을 수 없었다. 현대그룹에 대해서는 경영개선 계획을 전제로 채무 조정과 출자 전환 등으로 구제하였다. 몇 차례의 반복되는 부실기업 구조 조정을 겪으면서 정부는 경제성의 원칙에 따라 부실기업을 상시 처리할 수 있도록 '기업 신용위험 상시평가 제도'를 도입하고 '기업구조조정촉진법'(2001년 7월)을 제정하여 채권금융기관들 사이의 부실 징후 기업 공동관리 제도에 법적 근거를 부여하였다.

부실기업 정리와 더불어 기업경영 행태를 개선하기 위한 정책들도 크게 두 방향에서 추진되었다. 기업의 취약한 재무구조를 개선하는 것과 재벌 총수의 경영 전횡을 제어할 수 있도록 지배구조를 개선하기 위한 제

---

12 이하 기업 개혁에 관해서는 이진순(2003) 196~212 참조.

다시 읽는 한국 현대사

도 정비가 그것이다. 재벌의 계열사들은 부동산 등 보유 자산을 매각하여 차입금을 상환함으로써 부채비율을 낮추는 재무구조 개선 약정을 주채권은행과 체결하였다. 이에 따라 5대 재벌은 1999년 말까지, 기타 재벌은 2000년 말까지 부채비율을 200% 이하로 낮추어야 했다.

또 1998년 2월 공정거래법을 개정하여(6차 개정) 신규 채무보증을 금지하고, 기존의 채무보증은 2000년 3월까지 해소하도록 하였다. 이렇게 하여 재벌의 과잉 차입을 억제하고 계열사 간 내부 지원으로 부실기업이 연명하는 것을 억제하고자 하였다. 계열사 간 부당내부거래에 대해서도 제제를 강화하고, 대규모 내부거래는 공시하도록 하였다. 그리고 재벌의 순환출자를 억제하고자 공정거래법을 개정하여, 직전의 개정에서 폐지하였던 출자총액제한제도를 1999년 말의 7차 개정에서 재도입하였다.[13]

또한 정부는 기업지배구조 개선을 위해 관련법을 개정하였다. 먼저 이사회의 독립성을 보장할 수 있도록 대규모 상장기업은 사외이사가 1/2이 넘게 의무화하였고, 기타 상장기업도 1/4 이상을 선임하도록 하였다(증권거래법). 그리고 지배주주 및 경영진의 책임을 강화하기 위해 재벌 총수처럼 이사로 등재되어 있지 않지만 사실상 업무를 지시하는 자를 상법상의 '사실상의 이사'로 간주하여 경영 책임을 부과하도록 하였다. 또한 부실화의 원인을 제공한 자에 대해 대주주 주식 소각 제도를 도입하고 고의 혹은 중과실로 기업에 손실을 끼친 기업주에 손해배상을 청구할 수 있도록 하였다.

소액주주의 권익을 보호하기 위해 집중투표제를 도입하고 소액주주권

---

13 이러한 조치들은 1998년 2월의 6차 및 1999년 12월의 공정거래법 7차 개정에 의한 것이다. 박헌주(2002) pp.462~464.

행사에 필요한 최소지분율을 관련법 개정을 통해서 낮추었다. 주주대표
소송제기권, 이사 및 감사해임 청구권, 주주제안권, 사외이사 후보추천권
등을 행사할 수 있는 요건도 완화하였다. 또한 기업경영정보를 투명하게
하는 조치를 도입하였다. 자본시장을 통한 기업 감시와 소액주주 권익을
보호를 위해서는 기업경영 투명성이 필요한데, 회계기준을 국제 기준에
부합하는 내용으로 개정하고 부실회계감사에 대한 벌칙도 강화하여 경
영 투명성을 높이지 않을 수 없도록 한 것이다. 나아가 재벌의 경우 각 계
열사 회계 정보만으로는 기업 실상을 제대로 알 수 없기 때문에 계열사
전체를 하나의 기업 단위로 간주하여 결합재무제표를 1999년 회계년도
부터 작성하도록 의무화하였다.[14]

이러한 일련의 개혁은 재벌의 경영 합리화를 강제하는 시스템을 갖추
기 위한 것이었다. 그러나 개혁 과정에서 일관성이 부족하였다든가, 단기
적인 시장 안정에 치중하다가 구조조정이 지연되고 시장 기능에 의한 구
조조정이 미흡했던 경우가 있었다는 비판이 제기되었다. 개혁을 시장이
아닌 정부가 주도하고, 경제 논리가 아닌 정치 논리로 진행되어 구조조정
이 미진했다는 비판 또한 있었다.[15] 이러한 비판은 개혁을 통한 시장경제
화에 일정한 한계가 있을 수밖에 없다는 것을 시사한다.

---

14 결합재무제표 작성 의무는 2012년부터 폐지되었다.
15 물론 보다 근본적인 재벌 대책 요구도 있었다. 재벌 개혁에 관해 지금은 없어진 민주노동
   당 정책위가 내놓은 『D-730 김대중 정부 3년 평가와 대안』(2001)에서는 김대중 정부의
   재벌 온존책을 비판하고 재벌의 사회화를 요구하는 주장을 제기하고 있다(p.172). 1980년
   대 반체제운동의 슬로건을 계승한 급진적 기획이었다.

다시 읽는 한국 현대사

3. 노동 개혁

1997년 말의 경제위기로 1960년대 이후 처음으로 대량 실업이 발생했다. 경기침체로 신규 고용이 억제되었고, 기업 도산으로 실업자가 크게 늘었던 것이다. 한국은 경제성장을 시작한 이후 한번도 이러한 대량 실업을 경험한 적이 없었기 때문에 이에 대한 대비가 전혀 되어 있지 않았다. 그때까지 사회안전망이란 개념은 한국사회에 등장해 있지 않았다. 이러한 상황에서 정부는 노동시장을 유연화하는 한편 실업 대책을 마련하고 사회안전망을 구축하고자 하였다.

앞에서 나온 것처럼 위기 직후 사회적으로 거국적 단결의 분위기가 형성된 가운데, 노사정위원회가 '경제위기 극복을 위한 사회협약'을 채택했다. 이러한 노사정 대타협에 기초하여 1998년 2월 노동관계법 개정안이 국회를 통과하여 정리해고제와 파견근로자 제도가 입법화하였다. 이 대신 선거법과 정치자금법을 개정하여 노동조합의 정치 활동을 보장하고 교원노조를 합법화하였다.

사회안전망의 일환으로 고용보험 적용 범위를 예전의 30인 이상 사업장에서 1998년 10월 전 사업장으로 확대하였다. 이에 따라 2001년 6월 임금근로자 가운데 고용보험 가입자 수가 50%를 넘어섰다. 그리고 최후의 사회안전망으로서 최저생계비 이하의 저소득층의 기본 생활을 보장하기 위한 '국민기초생활보장법'을 제정하여 2001년 10월 1일부터 시행하였다.[16]

---

16 국민기초생활보장 제도에 관해서는 류정순(2001) 참조.

    1997~1998년 경제위기를 계기로 짧은 시간 동안 광범위한 개혁과 수술을 거치면서 한국경제는 국가자본주의 축적체제의 유산을 대폭 털어내고 신자유주의 세계에 적응한 형태로 진화하게 되었다. 이행의 시기 동안 필요한 경제 개혁을 해내지 못하였고 결국 심각한 위기를 겪은 이후에야 포괄적인 개혁을 할 수 있었다. 이렇게 하여 한국경제는 열린 시장경제로 이행하였다.

· 15장 ·

2000년대의 한국

수년간의 경제개혁을 거쳐 한국경제는 이전과는 매우 다른 시스템을 갖
추게 되었다. 수술을 거쳐 위기를 극복한 경제는 2000년대에 들어 상당
기간 동안 꾸준히 성장하였고, 사회적으로도 안정을 되찾았다. 평화적인
정권 교체가 반복되었고 의회민주주의 제도는 굳건히 제자리를 찾은 듯
보였다. 몇몇 산업 분야에서 한국 기업들이 세계 정상을 차지하기도 했고
제조업이 계속 성장하는 모습도 보였다. 이렇게 경제위기를 벗어나 다시
한번 도약을 향하는 듯하였다. 이제 마지막으로 2000년대 한국의 주요
면모 몇 가지를 지적해두자.

1. 돌이킬 수 없는 글로벌화

경제위기 이후 한국경제의 개방화, 글로벌화는 돌이킬 수 없을 정도로 진전되었다. 1990년대 김영삼 정권기에 들어 '세계화'는 한국경제의 나아갈 방향을 알리는 명제로 승격되었다. 김영삼 정권은 세계화 전략을 내세웠는데, "대내적 자유화와 대외적 개방의 완수를 통하여 국가경쟁력을 향상하여 세계 일류국가로 웅비"[1]한다는 걸 내걸었다. 뒤이어 김대중 정권은 위기 타개책으로 시장주의적 개혁에 앞장선 끝에 한국경제를 온전히 열린 시장경제로 바꾸어 놓았다.

성공적인 수출 주도 산업화로 이러한 경향은 강한 관성 모멘텀을 갖는 것이었고 경제위기가 아니었더라도 '국가 대신 시장'이라는 경제체제의 변화 방향은 지속되었을 것이다. 하지만 위기 이전의 수순이나 방식과는 달리 한번에 포괄적인 개혁에 나설 수 있었기 때문에 가능한 것도 많았을 것이다. 이 과정에서 전체 시스템의 관점에서 구성 부분들의 유기적인 관련성을 짧은 시간 내에 얼마나 확보할 수 있었는지가 남은 문제였다. 또한 후속 과제에 대한 일관된 개혁이라는 문제도 남았다.

어떻든 시스템을 수술하고 위기를 수습하는 과정에서 한국경제는 외관상 발본적인 시장 자본주의로 변모하였고 개방 확대로 경제의 글로벌화는 한층 진전되었다.

글로벌화는 중국의 개방화에 따라 한층 가속되었다. 위기를 벗어나 안정을 되찾는 동안 마침 이웃 중국경제가 급속히 성장하고 있었고 한국경제는 이러한 중국의 성장세에 편승하여 적극적으로 글로벌화하는 시기

---

1   이헌창(1999) p.512.

를 맞게 되었다. 대기업은 물론 많은 수의 중소기업들이 중국 현지로 진출하였다. 중국의 개혁 개방 이후 한국 기업의 중국 진출은 홍수를 이루었다. 그동안 변화한 여건 속에서 사양화하여 퇴출의 벼랑에 있던 많은 한국 기업에게 중국은 새로운 출구를 제공하였다. 또한 중국은 중간재를 공급하는 한국 기업의 상품시장이 되어 중화학 산업의 지속적인 성장 추세를 가능하게 하였다. 기왕의 미국 일본 중심의 세계 시장에 덧붙여 중국이라는 거대 시장의 개화를 이용한 한국 기업의 글로벌 시장 진출이 한층 광범위하게 이루어진 것이다. 이것이 2000년대 한국경제의 성장세에 큰 도움이 되었다. 어쩌면 중국의 성장세에 편승하여 쉬운 경로를 따라온 것일 수도 있다.

여기에 정부는 미국을 비롯한 여러 나라와 자유무역협정을 맺고 글로벌화의 마지막 문단속까지 하였다. 한미 FTA(2007년 4월 타결, 2011년 11월 22일 비준), 한EU FTA(2010년 10월 6일 타결, 2011년 5월 4일 비준), 한중 FTA(2014년 11월 10일 타결, 2015년 11월 30일 비준)로 이어지는 자유무역협정 체결은 한국경제의 글로벌화가 가일층 진전될 계기로 작용할 것이다.

신자유주의에 이념적으로 반대하는 집단들이 많이 포진했던 김대중 정권기에 경제 개방과 시장경제화 추세를 완결하는 경제개혁을 추진한 점이나, 특히 노무현 정권기에 미국과 자유무역협정을 추진한 것은 이러한 추세의 힘을 보여준 것이다. 노무현 정권기에 전격적으로 시작한 한미 FTA에 대해서는 정권 내부에서조차 반발이 극심했다.[2] 정권의 상층 엘리

---

2 이와 관련하여 노무현 정권에 깊숙히 관계하였던 인사들이 쓴 정권의 경제 구상 해명서인 강철규 외(2015) 『경국제민의 길』 말미에는 노무현 정권의 정책 가운데 가장 논란이 많았던 한미 FTA에 관한 언급이 조금 붙어 있다. 이를 보면 다른 정책에 대한 해명 태도와는 달리 열의 없는 짐작과 유보적이거나 부정적인 평가를 나열하고 있음을 알 수 있다. 즉

트나 일반 지지층의 심한 반발에도 불구하고 대통령이 그것을 추진한 것은 글로벌화의 압박이 어느 정도인지를 짐작할 수 있게 한다.

이제 더 이상 한국경제의 전략적 운신의 폭으로서 수출과 내수, 혹은 외연적 성장과 내포적 성장과 같은 선택지가 기다리지 않고 있다. 글로벌화는 단순한 지향이 아니라 이젠 종결의 지점에 가까이 가 있으며 방향전환은 상상조차 할 수 없을 정도가 되었다.

한편 지난 세월의 민족주의 문제의식은 이러한 글로벌화를 불안한 눈으로 바라보는 사람들을 낳았다. 한미 FTA를 추진하던 즈음에 폭발적으로 나타난 반대 시위는 그런 사유 방식의 남은 힘을 그대로 보여주었다. 자립경제화의 문제의식, 거기에 덧붙여 민주화운동 시절 말미에 확산되었던 반미주의는 이 반대 시위를 불타오르게 만들었다. 그럼에도 불구하고 대세는 변화시킬 수 없었다. 한국경제 구조의 글로벌화가 극적으로 진전되어 다른 양상을 지닌 구조를 생각할 수 없게 되었기 때문이다.

2. 지체되고 있는 정치의 진화

1987년 민주화의 도정이 시작된 지 30년 가까운 세월이 흐른 2010년대에도 정치의 진화를 여전히 기대해야하는 것이 현실이다. 아직 정치의 갈

참여정부의 지지자들이 강력 반발한(p.318) 한미 FTA가 미국적 가치와 표준의 확산 통로가 되는데 이것이 바람직한지(p.316) 의문을 제기하면서, 그것이 미국에 미래 동아시아 질서로의 개입 발판을 마련해주는 국제협약(p.311)이라는 것을 지적하고 아래와 같이 주장한다. "한미 FTA는 동북아 지역통합에 깊은 그림자를 드리우고 있으나 그것이 우리가 목적의식적으로 용의주도하게 이끌어 낸 결과라고 볼 수 있을지는 의문의 여지가 적지 않다"(p.316).

길이 먼 것이다.

대의제 민주주의가 복원되어 겉으로 보기에 정상적으로 돌아가고 있지만 실상은 대립하는 진영 간의 갈등을 조정하고 타협을 이끌어내어 사회를 통합하는 정치 본연의 능력을 제대로 발휘하지 못하고 있다. 정파 간의 생산적 정치를 향한 합의와 타협이 거의 이루어지지 않고 있는 것이다. 정치의 무능력은 자주 '촛불집회'식 거리의 정치로 표현되었다. 시민사회의 활성화와 함께 다양한 이해관계를 조정하는 근대국가다운 정치적 역량이 드디어 필요한 시점이 되었는데, 정작 그런 기능을 해야 하는 의회주의 정치의 역량은 이에 한참 못 미치는 것이다.

좌우 정파 간의 대립과 환국주의 정서가 정치 공간을 압도하고 있고 어디서나 심각한 적대가 드러나고 있으며 의회주의는 그렇게 드러난 갈등을 소화해내지 못하고 있다. 이러한 갈등은 2006년 한미 FTA, 2008년 미국산 소고기 수입과 광우병 문제, 2009년 노무현 전대통령 사망 전후의 대결구도 등을 둘러싸고 길거리에서 직접 충돌로 나타났다. 이러한 충돌은 2010년대에도 이어지고 있다. 정파 간의 적대는 정치적 대치를 극한의 수준으로 끌어올렸고 실제로 종종 폭발하는 갈등의 수준은 의사^{疑似}내전 상황에 비견할 수 있을 정도이다. 발달한 인터넷과 무선통신은 일상에서도 정견을 달리하는 개인 혹은 집단 간의 갈등을 증폭시켜 서로 상충하는 주장들로 뒤덮혀있다.

1987년 이후 한국의 정치 지형의 변화 양상은 보수와 진보를 향한 지리한 변주의 시기로 기록할 수 있다. 보수세력의 재구성을 위한 노력은 1990년대 내내 반복되었으나 지역할거주의나 다른 여러 가지 요소의 침투로 썩 성공적이지 못했다. 보수진영의 윤곽은 분명하며 지향점, 그리고 이념도 어느 정도 분명하지만, 문제 많은 과거와 단절하고 응집력 있는 지도력과 다른 정파를 담아낼 수 있는 역량을 지닌 전국적 정파로서 진화해 가는 길은 아직 멀다고 할 것이다.

반면 진보세력은 독자적인 정파로서 자리잡기에 어려움을 겪었다. 주로 의회주의 진영에 기대어 기반을 마련하였으나 정체성을 재정립하는 일은 그리 쉽지 않았다. 민족민주운동권 주류는 1990년대 이후에도 반민주세력과의 대결을 상정하는 민주대연합을 추구하며 진보정치세력의 독자분립에 소극적이었다. 이들 가운데 명망 있던 사람들은 1997년까지 김대중의 대통령 당선에 힘쓰다 아예 그 그룹에 합류하였다. 그리하여 의회주의 정치의 일각에 자리하게 되었으나 반체제운동 시절의 정세인식과 태도를 반복하며 관행 좌익적 행태를 통해 정치의 생산성을 낮추는 데 앞장서고 있다. 관행 좌익은 여전히 현재의 정치적 대결 구도를 민주세력 대 반민주세력의 대결로 상정하고 있다. 상대방을 의회정치의 짝으로서 파악하기보다 친일과 독재 혹은 부패와 연루된 반민주세력이라고 간주하며 여전히 타도의 대상으로 보고 있는 것이다. 그리하여 도덕 정치를 일상의 의회정치 공간에서 여전히 실천하려 하고 있다.[3]

왜 그런가? 소위 386세대는 1980년대의 반독재투쟁 국면에서 정치에 입문하며 혁명의 정치에 심취했었다. 이른바 전대협(전국대학생대표자협의회, 1987~1993년), 한총련(한국대학총학생회연합 1993~?) 세대가 그들이다. 이들이 민족민주운동 주류의 말예, 그 끝물이다. 한동안 임박한 혁명을 기대하게 하였던 1980년대 중반의 기동전은 그러나 1987년 의회민주주의 복원으로 정리되었다. 혁명적 열기가 빠져나간 자리에는 역사적 필

---

3 그러나 여러 추한 사건에서 드러나듯 부패나 위선 혹은 정당을 포함한 각종 조직 운영상의 비민주성 등의 측면에서 보수와 진보 정치세력 가운데 어느 편이 조금이라도 덜한지는 분간하기 어렵다.

연에 관한 몇 개의 공식만이 남았다. 그리고 적이었던 권위주의 정권의 구성원들을 청소하지 못한 채 마주 대하고 권력을 두고 힘겹게 경합해야 하는 상대로 맞아야 하였다. 즉 전복의 정치의 가능성은 소진되어버린 채 의회정치의 정당한 일원으로 재포장한 과거의 적은 여전하고 전투는 끝나지 않은 것이다. 결국 기동전이 불가능한 현실에서 이에 대한 반응은 도덕적 우위를 자임하며 상대의 존재를 부인하는 것이었다. 상대의 방어적 봉쇄의 전략에 막혀, 그것을 이겨내고 극복하지 못하였기 때문에 오히려 적대의 순간을 회상하며 계속 우월한 도덕적 지위를 확언하고 있는 것이다. 그리하여 한국의 장래에 관한 비전 대신 과거의 특정한 사안을 거론하며 상대의 존재 이유를 부인하고 자신이 한때 섰던 줄이 표상하는 헌신을 유일하게 유의미한 것이라 계속 말하고 싶은 것이다.

여기서 우리는 1980년대에 혁명 담론의 공식에 잠깐 노출되었으나 1987년의 정치적 타협과 그 이후 공식과는 다른 정세 변화에 적극적으로 대응하기보다 여전히 보수세력이 득세하는 세월을 보고 분개하는 관행 좌익의 모습을 떠올릴 수 있다. 그러나 세상이 필요로 하는 것은 예전의 기억으로 자찬하는 도덕적 자부와 오만[4]이 아니라 현재의 정치적 과제를 위해 적과도 마주 앉는 역량과 의지이다. 적을 배제하기에 급급한 유사도덕주의는 패배주의의 다른 면모이다. 그럴 경우 남는 것은 결국 도태의 운명 뿐이다.

급진 정파 후예 다수가 민주화운동 시절과 확연히 바뀐 현재의 정세를

---

4 민주화운동 하지 않은 사람들에 대한 운동가들의 선민의식, 감방 가지 않은 사람들에 대해 (민주화운동 하느라) 감방 갔다온 사람들이 갖는 우월감 같은 것이 그런 집단에서는 문화의 일부인 모양이다. 오죽하면 활자화되기도 한다. 노회찬·구영식(2014) pp.183~184 참조.

인정하지 못하는 것은 큰 문제이다. 외자 도입과 수출 전략을 앞세운 자립화 전략이 성공한 것, 부르주아 의회민주주의로 이행한 것, 북한 사회의 한심한 현실, 시대착오적 반미자주화, 또 그 이면의 민족민주운동 시대의 종언 등을 온전히 인정하거나 수용할 수 없어 바뀐 정세에 적응하지 못하고 관행 좌익적 사고와 실천을 반복해 오고 있는 것이다.

이러한 점을 인정하지 못하고 상대 당파의 공과를 공정히 보지 못하는 것은 현재 한국의 문제를 주도할 역량과 기획이 부족한 탓이다. 항간에서 얘기하는 대로 운동권 동창회라도 하듯 무리지어 존재감을 드러내는 대신에 지금까지의 실천에 대한 반성부터 하고 구습, 곧 관행 좌익적 사고와 실천을 청산하는 게 첫걸음이다. 자신의 도덕성 대신 자신의 부족한 것을 먼저 자각하는 것이 지도 역량을 갖추는 출발점이다. 민주화운동 시절의 헌신성이라는 신화를 제외하면 남는 것이 무엇인가? 그것마저 그들의 전유물은 아니다. 1987년의 대타협과 민주화의 진전은 기본적으로 시민적 결의의 결과이다.

한편 1990년대 이래 독자적인 진보정당으로 분립하여 '보수-진보'의 구도로 정치의 재편을 도모하던 그룹은 2015년 현재 목표지점에 이르지 못하고 새 출발을 해야할 처지에 있다. 1997년 대선이 끝난 후, 민주노총이나 여타 대중 조직들의 합류를 바탕으로 2000년대 초반에 출범한 민주노동당은 한때 독자 정당의 성공적인 안착을 보여주는 듯하였다. 그러나 1980년대 이래 수십 년 경합하여 온 두 정파, 곧 민중민주파와 민족해방파의 지속적인 알력, 민족해방파의 독주, 그리고 민족해방파의 종북주의 행보로 모든 게 틀어져 다시 한번 원점으로 되돌아 갔다. 여전히 독자적인 진보정당이라는 숙제는 남아 있고, 지도력을 갖춘 유력한 정치조직으로 발돋움하는 것은 당분간 무망한 일이 되었다.[5]

3. 근대에 대한 성찰의 부족

한국은 곡절 끝에 근대사회의 온갖 면모로 완전무장한 사회로 바뀌었다. 여기에 이르는 과정은 극적인 사건들과 순간들을 다수 포괄한다. 그런 사건과 순간들, 즉 식민지 경험, 전쟁과 분단, 쿠데타와 독재, 1980년 광주, 반체제 민주화운동 등과 같은, 한국사회가 겪어야 했던 역사적 사건이나 계기들은 하나같이 무거운 과거로 작용하고 있다. 지금 한국사회는 그런 험하고 굴곡진 과정을 거쳐 마침내 의회민주주의와 성장한 경제력을 갖춘 지점에 이르렀다. 근대를 그런대로 완성한 것이다.

그런데 주요 근대적 과제를 얼추 달성한 시점에서 한국사회는 성찰을 통해서 이러한 무거운 과거를 내려놓으려 하기보다 그것들을 특정하게 고르고 해석하는 전쟁에 골몰하고 있다. 과거에 대한 이러한 전쟁은 성찰을 통해 화해하는 모습을 기대하기 어렵게 하고 있다.

성찰은 잘못을 잊자는 것도 혹은 비판을 유보하자는 것도 아니다. 이념이 상정하는 이상형 대신 현실을 살아낸 과거를 있는 그대로 보는 것, 그리하여 현재의 세상에 대하여 투명한 자의식을 갖게 되는 것을 의미하는 것이고, 그럴 경우 상대 정파의 추한 과거는 현실 정치의 자산이 아니라 자신의 추한 면을 비추는 거울일 뿐이다. 그러면 민족중흥의 신화 담론이나 민주화 담론 작성과 암기에 몰두하는 대신 정치세력으로서 현재를 감당하는 자신의 능력을 향해 눈길을 돌릴 수밖에 없을 것이다. 자신이 추한 만큼 상대도 그러하며 자신의 생각이 대접받아야 하는 만큼 상

---

5 그 복잡한 경과나 민족해방파의 행태 등에 관해서는 다음의 여러 연구나 회고 참조. 임현진(2009), 정영태(2011), 조현연(2009), 장훈교(2011), 노회찬·구영식(2014).

대의 그것도 대접받아야 한다는 당연한 생각이 모두의 뇌리에 자리잡는 순간 과거는 온전히 제자리에 있게 될 것이다.

추한 과거를 갖거나 거친 몸짓이 몸에 벤 상대를 그저 이런 저런 열등의식에 사로잡혀 그러려니 하며 보듬어낼 수 있는 포용력과 여유를 갖는 시대의 승자는 없는 것일까? 근대의 확장과 심화를 향한 성찰을 기대한다.

정치의 새로운 실천은 가능한가?

2010년대 중반 현재 한국은 안녕한가? 우리는 한국사회의 미래를 낙관하지 못하고 가슴 졸이며 불안하게 바라보고 있다. 소득도 증가하고 문물의 수준도 향상되어 선진국이 다 된 것 같지만, 정작 보통 사람의 삶은 그다지 나아지지 않았다. 실제로 경제위기 이후 경제적 불평등은 심화되었다. 일자리 안정성이 약화되었으며, 경제성장이 이루어져도 일자리는 그다지 늘지 않는 현상이 지속되고 있고, 학교를 마친 젊은 사람들은 마음에 드는 직장을 구하는 데 어려움을 겪고 있다. 자영업자들의 힘든 삶이나 지나치게 낮은 출산율, 그리고 급속한 고령화도 빠뜨릴 수 없는 고민거리이다. 나아가 많은 사람들이 살기가 더 어려워졌고, 앞으로도 나아질 것으로 기대하기 어렵다고 생각하고 있는 것은 더욱 심각한 문제이다. 이런 현상들이 현재를 짓누르고 미래를 어둡게 하고 있다. 결국 2010년대의 한국은 안녕하지 못한 것이다. 1987년의 한국은 미래에 대한 희망으로 가득차 있었으나, 결과적으로 그것은 한때의 호시절이 되었다. 남은 것은 새로운 종류의 고난에 둘러싸인 현실이다.

그렇다면 이러한 상황을 어떻게 전환시킬 수 있을까? 그런 전환은 쉽지도 않고 한 번에 이루어질 수도 없겠지만, 중요한 전환의 계기가 어디서 올 것인지는 분명하다. 그것은 정치의 새로운 실천이다. 1987년 이후 형성된 기득권을 가로지를 수 있는 새로운 정치적 실천이 그 무엇보다 필요한 것이다.

정치의 새로운 실천은 무엇보다 새로운 리더십을 전제한다. 새로운 리더십은 관행적인 인식과 실천 대신에 냉정한 현실 자각에 자신의 바탕을 둔다. 개혁이 불가피한 상황에서 유능한 리더십은 무엇을 해야 하는가? 먼저 대중의 시점에서 문제를 직시하는 것이 필요하다. 그리고 기득권을 방어하려는 엘리트와 그들의 대표인 정치가들을 상대로 개혁이 왜 불가피한지, 왜 개혁이 그들에게도 나쁘지만은 않은 일인지를 설득해서 믿게 해야 한다. 나아가 기왕의 제도와 법을 지키는 기술자들, 곧 공무원, 법률가 등을 설득하거나 혹은 그들과 협상하여 문제를 해결해야 한다. 간단히 말해 서민의 삶의 관점에서 문제를 파악하고, 개혁을 수용하도록 기득권을 가진 엘리트 집단을 설득해야 하며, 개혁의 손발이 될 법률가와 공무원을 찾아내고, 관료들의 타성을 혁파해야 하는 것이다.[1]

경제위기 이전의 개혁 정치에서 이런 광경을 관찰하기는 힘들었다. 무엇보다 정치적 지도 집단의 분열이 두드러져 지도력을 제대로 발휘할 수 없었다. 경제위기 직후 이러한 분열 양상은 한동안 가라앉았고, 김대중

---

1   경우가 많이 다르지만 개혁을 향해 노력하는 정치적 리더십이 해야할 일, 혹은 갖추어야 하는 역량에 관하여 양동휴(2014) 『유럽의 발흥』 pp.89~99를 참조할 수 있다.

정권은 경제개혁 과정에서 별다른 저항을 만나지 않았다. 폭넓은 개혁이 있었고, 원했든 아니든 한국경제는 열린 시장경제로 환골탈태하였다.

그런데 2000년대에는 다시 한번 정치적 불협화음이 지속적으로 세상을 시끄럽게 하였다. 민주연합론에 따라 의회주의 공간에 진출한 급진 정파는 2000년대 초반 정권을 장악하였다. 노무현 정권이 그것이다. 이 정권은 사람들의 기대와는 달리 집권 기간 내내 상대 당파, 기득권층의 반대에 부딪혔고 별다른 개혁 성과를 낼 수 없었다. 상대 당파와 기득권층을 설득할 시도도, 기술 관료의 협조를 끌어내려는 노력도 거의 하지 않았다. 기득권자에 대항하여 이념적 주장들을 내세우며 도덕정치를 하려 들었다. 그 결과는 정치적 실패였고, 사회적으로는 갈등의 폭을 넓혀 놓았을 뿐이다. 이 정파는 그 이후에도 그러한 실천에서 벗어나려 하지 않았다. 지금 한국사회는 바로 이러한 관행 좌익적 실천과 철저히 단절한 유능한 리더십의 등장을 절실히 기대하고 있다.

2010년대의 한국사회에는 경제성장을 다그칠 절박한 필요와 복지를 향한 새로운 개혁의 의제가 누적되고 있다. 복지제도의 정비는 불가피하지만 성장이 정체되면서 이것을 실현하는 일이 점점 힘들어지고 있다. 정치의 새로운 실천은 바로 이러한 순간에 필요하다. 경제성장을 위해서든 복지제도의 확충을 위해서든 모든 개혁은 정치의 새로운 실천을 통해서 기득권자의 이해와 양보를 이끌어내고 상대 당파의 동의를 구축하여야 가능하다. 이러한 실천에서 비로소 정치의 복원, 제자리찾기가 가능해질 것이다.

정치의 새로운 실천은 권위주의 정치의 전복 이후 모두가 기대하던 것이었다. 비로소 등장한 시민사회와 복원된 민주주의 정치를 양날개로 하는 한국의 정치적 진화의 길은 그러나 여전히 요원하다. 민주화를 이끈 제세력은 정치적 재편 과정을 거치며 1990년대 이후 차례로 정권에 다가 갔고 한국을 개혁하고자 하였다. 하지만 정치적 재편은 기대에 부응하는 리더십을 낳지 못하였다. 지역주의로 분열된 보수세력과, 민주화운동의 기억 속으로 퇴행하여 굳어버린 진보세력 모두 기대하였던 모습과는 거리가 멀었다. 특히 후자의 반복된 관행 좌익적 실천은 2000년대 생산적인 정치의 복원을 가로막아 왔다.

그리하여 민주화된 지 어언 한 세대가 지났으나 여전히 정치의 새로운 실천을 이야기해야 하는 것이다. 여기에는 한국사회가 거쳐온 근대에 대한 냉정한 평가와 성찰이 필수적이다. 또한 현재로부터 출발하는 정치, 현재로부터 사유하는 자세가 꼭 필요하다. 필자는 특히 관행 좌익적 사고와 실천을 청산하는 것을 그 전제로서 강조하고 싶다. 필자는 이러한 생각으로 기성세대의 의식을 규율하는 것과, 기성세대가 건설해온 세상을 이해하는 바탕이 되는 것들을 짚어보았다. 이것이 한편으로는 정치의 새로운 실천을 환기하고, 다른 한편으로는 우리의 근대에 대한 성찰을 환기하기를 바라면서 말이다.

참고문헌

강명세(2010), 「한국정치의 발전궤적?」, 한국정치연구회 편 『다시보는 한국 민주화운동: 기원, 과정, 그리고 제도』, 선인.

강명헌(2001), 「재벌 구조개혁의 평가와 과제」, 장세진 외 『김대중 정부의 4대 개혁: 평가와 과제』, 여강출판사.

강문구(2001), 「한국 민주화경로에 대한 비판적 탐색」, 한국정치학회·김유남 엮음 『한국 정치연구의 쟁점과 과제』, 한울.

강병익(2010), 「한국의 민주화와 정당정치: 87년 '6월항쟁'에서 '국민의 정부'까지」, 한국 정치연구회 편 『다시보는 한국 민주화운동 — 기원, 과정, 그리고 제도』, 선인.

강석진(1991), 「전환의 모색과 갈등의 표출: 1980년대」, 구본호 『한국경제의 역사적 조명』, 한국개발연구원.

강신철 외(1988), 『80년대 학생운동사』, 형성사.

강인철(1999), 「한국전쟁과 사회의식 및 문화의 변화」, 한국정신문화연구원 편 『한국전쟁 과 사회구조의 변화』, 백산서당.

강정인(2009), 「보수주의: 동시성의 비동시성 그리고 모호한 정상화」, 강정인 외 『한국정치 의 이념과 사상』, 후마니타스.

강진아(2009), 『문명제국에서 국민국가로』, 창비.

강철규 외(2015),『경국제민의 길—참여정부의 겉과 속』, 굿플러스커뮤니케이션즈.

강혜경(2005),『제1공화국 초기 국민통제의 확립』, 한국학술정보.

경상대학교 사회과학연구원(2004),『마르크스주의연구』창간호, 한울.

고승철·이완배(2013),『김재익 평전』, 미래를소유한사람들.

공제욱(1999),「부정축재자 처리와 재벌」, 한국정신문화연구원 편『1960년대의 정치사회 변동』, 백산서당.

구본호(1991),『한국경제의 역사적 조명』, 한국개발연구원.

권명아(2009),『식민지 이후를 사유하다: 탈식민화와 재식민화의 경계』, 책세상.

권태준(2006),『한국의 세기 뛰어넘기』, 나남출판.

기미야 다다시(2008),『박정희 정부의 선택』, 후마니타스.

김경일(2009),「박정희 시기의 민족주의와 미국—1960년대 전반기의 '민족적 민주주의'」, 한국학중앙연구원『박정희시대 한미관계』, 백산서당.

김경학 외(2005),『전쟁과 기억—마을공동체의 생애사』, 한울.

김경현(2007),『민중과 전쟁기억: 1950년 진주』, 선인.

김광규(1999),『김광규 시선: 희미한 옛사랑의 그림자』, 민음사.

김기봉 외(2002),『포스트모더니즘과 역사학』, 푸른역사.

김기석·강일국(2004),「1950년대 한국 교육」, 문정인·김세중『1950년대 한국사의 재조명』, 선인.

김기승(2003),「제2공화국과 장준하」, 한국민족운동사학회 편『장면과 제2공화국』, 국학 자료원.

김기원(1990),『미군정기의 경제구조』, 푸른산.

김기원(2001),「구조조정 정책의 의미와 평가」, 장세진 외『김대중 정부의 4대 개혁: 평가 와 과제』, 여강출판사.

김기진(2002),『국민보도연맹: 부산 경남지역』, 역사비평사.

김낙년(1999),「1960년대 한국의 공업화와 그 특징」, 한국정신문화연구원 편『1960년대 한국의 공업화와 경제구조』, 백산서당.

김낙년(2004),「1950년대 외환정책과 한국경제」, 문정인·김세중『1950년대 한국사의 재조명』, 선인.

김낙년(2006),「식민지시기의 공업화 재론」, 박지향 외『해방전후사의 재인식』1, 책세상.

김대중(1986),『대중경제론Mass-Participatory Economy: A Democratic Alternative for Korea』, 청사.

김대환·조희연 엮음(2003),『동아시아 경제변화와 국가의 역할 전환』, 한울아카데미.

김덕호·원용진 엮음(2008),『아메리카나이제이션』, 푸른역사.

김동노(2004), 「1950년대 국가의 농업정책과 농촌 계급구조의 재구성」, 문정인·김세중 『1950년대 한국사의 재조명』, 선인.

김보영(2000), 「4월 민중항쟁 시기의 남북협상론」, 한국사연구회 4월민중항쟁연구반 『4.19와 남북관계』, 민연.

김보현(2006a),『박정희정권기 경제개발—민족주의와 발전』, 갈무리.

김보현(2006b), 「박정희 정권기 저항엘리트들의 이중성과 역설」, 윤해동 외『근대를 다시 읽는다』1, 역사비평사.

김보현(2011), 「진보정당운동 제1기 엘리트들의 내부정치」, 조현연 외『한국 진보정치 운동의 역사와 쟁점』, 한울아카데미.

김삼웅(1996),『해방 후 양민학살사』, 가람기획.

김상조(1991), 「금융부문의 구조와 변화」, 양우진·홍장표 외『한국 자본주의 분석』, 일빛.

김상조(2012),『종횡무진 한국경제』, 오마이북.

김세중(2003), 「2공 민군관계 역전의 구조와 과정」, 한국민족운동사학회 편『제2공화국』, 국학자료원.

김세중(2004), 「1950년대 민군관계변동의 추이와 결과」, 문정인·김세중『1950년대 한국 사의 재조명』, 선인.

김연각(1999), 「북한의 통일정책과 민족해방전쟁론」, 한국정신문화연구원 편『북한해방 8년사연구』, 백산서당.

김영명(1999),『고쳐쓴 한국 현대 정치사』, 을유문화사.

김영수(2008),『과거사 청산, '민주화'를 넘어 '사회화'로』, 메이데이.

김영수 외(2013),『전노협 1990~1995』, 한내.

김영호(2008),『대한민국 건국 60년의 재인식』, 기파랑.

김용복(2001), 「1997년 경제위기와 경제개혁: 쟁점과 평가」, 한국정치학회·김유남 엮음, 『한국정치연구의 쟁점과 과제』, 한울.

김원(2006a),『여공, 그녀들의 反역사』, 이매진.

김원(2006b), 「1970년대 여공과 민주노조운동」, 윤해동 외『근대를 다시 읽는다』2, 역사 비평사.

김은경(2010), 「한국 민주화운동의 기원으로서 4월혁명 재평가」, 한국정치연구회 편 『다시보는 한국 민주화운동—기원, 과정, 그리고 제도』, 선인.

김일영(1999), 「1960년대의 정치지형 변화—수출지향형 지배연합과 발전국가의 형성」, 한국정신문화연구원 편『1960년대의 정치사회변동』, 백산서당.

김일영(2004), 「이승만 정부의 수입대체산업화정책과 렌트추구 및 부패, 그리고 경제
　　발전」, 문정인·김세중 『1950년대 한국사의 재조명』, 선인.

김일영(2006a), 「농지개혁을 둘러싼 신화의 해체」, 박지향 외 『해방전후사의 재인식』2,
　　책세상.

김일영(2006b), 「조국근대화론 대 대중경제론」, 정성화 편 『박정희 시대와 한국 현대사』,
　　선인.

김일영(2010), 『건국과 부국:이승만·박정희 시대의 재조명』, 기파랑.

김장한 외 지음(1989), 『80년대 한국노동운동사』, 조국.

김준(2006), 「1970년대 여성노동자의 일상생활과 의식」, 윤해동 외 『근대를 다시 읽는다』
　　2, 역사비평사.

김지형(2000), 「4월 민중항쟁 직후 민족자주통일협의회의 노선과 활동」, 한국역사연구회
　　4월민중항쟁연구반, 민연.

김진방(1999), 「신자유주의 재벌론에 대한 비판적 검토」, 김대환·김균 편 『한국재벌개혁
　　론』, 나남출판.

김태일(2005), 「1970년대 가톨릭농민회와 농민운동」, 차성환 외 『1970년대 민중운동
　　연구』, 민주화운동기념사업회.

김한곤(1990), 『식량정책의 어제와 오늘』, 동아출판사.

김형아·신명주 옮김(2005), 『유신과 중화학공업: 박정희의 양날의 선택』, 일조각.

김형철(2010), 「1980년 5월 광주민중항쟁과 한국민주주의의 현재성」, 한국정치연구회 편
　　『다시보는 한국 민주화운동 — 기원, 과정, 그리고 제도』, 선인.

김호진·임혁백 외(2000), 『사회합의제도와 참여민주주의』, 나남출판.

김흥기 편(1999), 『비사 경제기획원 33년; 영욕의 한국경제』, 매일경제신문사.

남시욱(2009), 『한국 진보세력 연구』, 청미디어.

노금노(1989), 「현단계 농민현실과 농민운동의 과제와 방향」, 한국농어촌사회연구소 편
　　『한국농업 농민문제연구』2, 연구사.

노명환 외(2014), 『독일로 간 광부 간호사 — 경제개발과 이주 사이에서』, 역사박물관.

노영기 외(2004), 『1960년대 한국의 근대화와 지식인』, 선인.

노회찬·구영식(2014), 『대한민국 진보, 어디로 가는가?』, 비아북.

다카사키 소우지(1998), 『검증 한일회담』, 청수서원.

당대비평 편집위원회(2007), 『더 작은 민주주의를 상상한다』, 웅진씽크빅.

도면회(2004), 「자주적 근대와 식민지적 근대」, 임지현·이성시 엮음 『국사의 신화를 넘
　　어서』, 휴머니스트.

도면회·윤해동 엮음(2009),『역사학의 세기』, 휴머니스트.

류동민(2010),「진보적 대안과 제도권정치의 만남: 대중경제론을 중심으로」, 안병욱 편 『한국 민주화운동의 성격과 논리』, 선인.

류동민(2013),「대중경제론과 박정희 축적체제 비판」, 류상영·김동노 편『김대중과 대중 경제론』, 연세대학교 김대중도서관.

류상영·김동노(2013),『김대중과 대중경제론』, 연세대학교 김대중도서관.

류정순(2001),「2000년 기초생활보장제도의 쟁점과 대안」, 장세진 외『김대중 정부의 4대 개혁: 평가와 과제』, 여강출판사.

마상윤(2014),「박정희 시대 한국의 민주주의와 한미관계」, 정일준 외『한국의 민주주의와 한미관계』, 대한민국역사박물관.

마인섭(1999),「1970년대 후반기의 민주화운동과 유신체제의 붕괴」, 한국정신문화연구원 편『1970년대 후반기의 정치사회변동』, 백산서당.

모종린 외(2002),『한국 경제개혁 사례연구』, 도서출판 오름.

모종린·최병일(2002),「다자간 시장개방:UR 농산물 협상 사례」, 모종린 외『한국 경제개혁 사례연구』, 오름.

문정인·김세중 편(2004),『1950년대 한국사의 재조명』, 선인.

민경국(1999),「제헌헌법과 경제질서」, 유광호 외『한국 제1·2공화국의 경제정책』, 한국 정신문화연구원.

민주노동당 정책위원회(2001),『D-730 김대중 정부 3년: 평가와 대안』, 이후.

박가분(2013),『일베의 사상』, 오월의봄.

박광작(1999),「해방 이후 1960년대 초까지 한국재정의 운용과 그 특질」, 유광호 외『한국 제1·2공화국의 경제정책』, 한국정신문화연구원.

박동철(1999),「1960년대 기업집단의 형성과 구조」, 한국정신문화연구원 편『1960년대 한국의 공업화와 경제구조』, 백산서당.

박명림(1996),『한국전쟁의 발발과 기원』 1~2, 나남출판.

박명림(1998),「1950년대 한국의 민주주의와 권위주의」, 역사문제연구소 편『1950년대 남북한의 선택과 굴절』, 역사비평사.

박명림(1999),「한국전쟁과 한국정치의 변화」, 한국정신문화연구원 편『한국전쟁과 사회 구조의 변화』, 백산서당.

박명림(2004),「종전과 '1953년 체제'」, 문정인·김세중 편『1950년대 한국사의 재조명』, 선인.

박미경(1990),「광주민중항쟁과 미국의 개입구조」, 정해구『광주민중항쟁연구』, 사계절.

박민나(2004),『가시철망위의 넝쿨장미: 여성노동운동가 8명의 이야기』, 지식의 날개.

박정이(20130,『6.25 전쟁과 한국의 국가건설』, 선인.

박정희(1963),『국가와 혁명과 나』, 향문사(1997년 재간 지구촌)

박지향 외(2006),『해방전후사의 재인식』, 1~2, 책세상.

박찬승(2010),『마을로 간 한국전쟁』, 돌베개.

박태균(2007),『원형과 변용: 한국 경제개발계획의 기원』, 서울대학교출판부.

박태균(2010),「4.19혁명 시기 민주당에 대한 분석」, 정근식·이호룡 편『4월혁명과 한국의 민주주의』, 선인.

박태순 외(1991),『1960년대의 사회운동』, 까치.

박헌주(2002),「독점규제 및 경제력집중 완화: 공정거래법 개혁과정을 중심으로」, 모종린 외『한국 경제개혁 사례연구』, 도서출판 오름.

박현채(1978),『민족경제론』, 한길사.

박현채(1983),「분단시대 한국 민족주의의 과제」, 송건호·강만길 편『한국민족주의론』2, 창작과비평사.

박현채·조희연 편(1989;1989;1991;1992),『한국사회구성체논쟁』1~4, 죽산.

방인혁(2009),『한국의 변혁운동과 사상논쟁: 마르크시즘 주체사상 NL PD 그리고 뉴라이트까지』, 소나무.

배긍찬(1999),「1970년대 전반기의 국제환경 변화와 남북관계」, 한국정신문화연구원 편『1970년대 전반기의 정치사회변동』, 백산서당.

백영서 외(2009),『동아시아 근대이행의 세 갈래』, 창비.

변형윤 외(1992),『경제민주화의 길』, 비봉출판사.

서중석 외(2011),『전쟁속의 또다른 전쟁―미군 문서로 본 한국전쟁과 학살』, 선인.

선학태(2006),「정치경제론적 관점에서 본 남북한 분단과 통합」, 임채완 외『분단과 통합』, 한울.

세계 편집부 엮음(1986),『1964~1986 공안사건기록』, 세계.

손호철(2004),「반세계화투쟁은 역사적 반동인가」,『마르크스주의연구』창간호, 경상대학교 사회과학연구원.

송건호 외(1979;1985;1987;1989;1989;1989),『해방전후사의 인식』1(개정1판 1989)~6, 한길사.

송주명(1989),「중소논쟁에 있어서 평화공존과 평화적 이해의 문제」, 서울대학교 대학원 석사학위논문.

신광영(1999),「1970년대 전반기 한국의 민주화운동」, 한국정신문화연구원.

신광영(2006), 「노동자계급의 생활문화와 정치의식」, 이종구 외, 『1960~70년대 한국노동 자의 계급문화와 정체성』, 한울아카데미.

신상기(2001), 「금융 구조개혁의 평가와 과제」, 장세진 외, 『김대중 정부의 4대 개혁: 평가 와 과제』, 여강출판사.

심지연(2013), 「한국 정통 야당의 기원과 성격」, 류상영·김삼웅·심지연 편, 『김대중과 한국 야당사』, 연세대학교 대한출판문화원.

안동일(1997), 『새로운 사일구』, 김영사.

안병욱 편(2010), 『한국 민주화운동의 성격과 논리』, 선인.

안병직(1989), 「중진자본주의로서의 한국경제」, 『사상문예운동』2, 풀빛.

안병직(2011), 「증언: 민주화운동과 민주주의; 좌익운동을 중심으로」, 안병직 편, 『한국 민주주의의 기원과 미래』, 시대정신.

양동휴(2014), 『유럽의 발흥; 비교경제사 연구』, 서울대학교출판문화원.

양연수(1992), 『여기 새땅 만들때까지―노점상 철거민들의 삶과 투쟁』, 새길.

양우진·홍장표(1991), 『한국자본주의 분석』, 일빛.

연시중(2001), 『한국 정당정치 실록』2, 지와 사랑.

연정은(2011), 「북한의 남한 점령시기 '반동분자' 인식과 처리」, 서중석 외, 『전쟁속의 또 다른 전쟁』, 선인.

역사문제연구소 편(1998), 『1950년대 남북한의 선택과 굴절』, 역사비평사.

오하나(2010), 『학출―80년대, 공장으로 간 대학생들』, 이매진.

오유석 외(2011), 「해방에서 1960년대까지 진보정당운동의 전개와 역사적 단절」, 조현연 외, 『한국 진보정치운동의 역사와 쟁점』, 한울아카데미.

오원철(2006), 『박정희는 어떻게 경제강국을 만들었나』, 동서문화사.

우태영(2005), 『82들의 혁명놀음』, 도서출판 선.

유광호(1999a), 「제1공화국의 노동정책」, 유광호 외, 『한국 제1 2공화국의 경제정책』, 한국 정신문화연구원.

유광호(1999b), 「1950년대 경제개발3개년계획의 주요 내용과 그 특징」, 유광호 외, 『한국 제1·2공화국의 경제정책』, 한국정신문화연구원.

유광호(1999c), 「제1차 경제개발5개년계획」, 유광호 외, 『한국 제3공화국의 경제정책』, 한국정신문화연구원.

유병용(1999), 「박정희정부와 한일협정」, 한국정신문화연구원 편, 『1960년대의 대외관계 와 남북문제』, 백산서당.

유병용(2009), 「한일회담과 미국」, 한국학중앙연구원 『박정희시대 한미관계』, 백산서당.

유영익(2006), 「거시적으로 본 1950년대의 역사―남한의 변화를 중심으로」, 박지향 외
『해방전후사의 재인식』2, 책세상.

유현석·모종린(2002), 「노동개혁: 민주화 이후 노동법 개정 사례」, 모종린 외 편, 『한국
경제개혁 사례연구』, 오름.

윤용선(2014), 「1960~70년대 광부 간호사의 서독 취업에 관한 재해석: 경제적 측면을
중심으로」, 노명환 외, 『독일로 간 광부 간호사―경제개발과 이주 사이에서』, 대한
민국역사박물관.

윤진호(1999), 「노사정위원회: 성과와 과제」, 변형윤 외, 『IMF 관리 후 한국의 경제정책』,
새날.

윤진호(2000), 「한국에서의 코포라티즘의 가능성: 노사정위원회의 성과와 과제」, 윤진호·
유철규 『구조조정의 정치경제학과 21세기 한국경제』, 풀빛.

윤해동(2007), 『식민지 근대의 패러독스』, 휴머니스트.

윤해동(2009), 「'숨은 신'을 비판할 수 있는가?―김용섭의 내재적 발전론」, 도면회·윤해동
엮음, 『역사학의 세기』, 휴머니스트.

윤해동(2014), 『탈식민주의 상상의 역사학으로』, 푸른역사.

윤해동 외(2006), 『근대를 다시 읽는다』 1~2, 역사비평사.

이광일(2008), 『좌파는 어떻게 좌파가 됐나』, 메이데이.

이광일(2010), 『박정희체제, 자유주의적 비판 뛰어넘기』, 메이데이.

이도성 편(1995), 『실록 박정희와 한일회담―5.16에서 조인까지』, 한송.

이동형(2012), 『와주테이의 박쥐들―국회에 기생하는 변절자와 기회주의자』, 왕의서재.

이명준(2012), 『그들은 어떻게 주사파가 되었는가―한 NL 운동가의 회고와 성찰』, 바오.

이상철(2004), 「1950년대 산업정책과 경제발전」, 문정인·김세중 편, 『1950년대 한국사의
재조명』, 선인.

이승현(1999), 「전쟁전 북한의 사회 경제정책」, 한국정신문화연구원 편, 『북한해방 8년사
연구』, 백산서당.

이연식(2012), 『조선을 떠나며-1945년 패전을 맞은 일본인들의 최후』, 역사비평사.

이영기(2000), 「농업구조조정 정책 10년과 그 귀결」, 윤진호·유철규 편, 『구조조정의 정치
경제학과 21세기』, 풀빛.

이영제(2010), 「6월 항쟁과 민주주의 이행」, 한국정치연구회 편, 『다시보는 한국 민주화
운동―기원, 과정, 그리고 제도』, 선인.

이영조(1997), 「김영삼 정부 개혁정치의 딜레마」, 최장집·임현진, 『한국사회와 민주주의―
한국 민주화 10년의 평가와 반성』, 나남.

이영훈(2013), 『대한민국 역사』, 기파랑.

이완범(1999), 「제1차 경제개발5개년계획의 입안과 미국의 역할」, 한국정신문화연구원 편, 『1960년대의 정치사회변동』, 백산서당.

이완범(2006a), 『박정희와 한강의 기적: 1차 5개년계획과 무역입국』, 선인.

이완범(2006b), 「해방 직후 국내 정치세력과 미국의 관계, 1945~1948」, 박지향 외 『해방 전후사의 재인식』2, 책세상.

이용기(2006), 「마을에서의 한국전쟁 경험과 그 기억」, 윤해동 외 『근대를 다시 읽는다』2, 역사비평사.

이용원(1999), 『제2공화국과 장면』, 범우사.

이우재(1991), 『한국농민운동사연구』, 한울.

이원보(2005), 『한국노동운동사―100년의 기록』, 한국노동사회연구소.

이원덕(2004), 「이승만 정권과 한일회담」, 문정인·김세중 『1950년대 한국사의 재조명』, 선인.

이임하(2005), 「1970년대 크리스챤 아카데미 사건 연구」, 차성환 외 『1970년대 민중운동 연구』, 민주화운동기념사업회.

이임하(2011), 「한국전쟁기 부역자 처벌」, 서중석 외 『전쟁속의 또다른 전쟁―미군 문서로 본 한국전쟁과 학살』, 선인.

이재희(1999), 「1970년대 후반기의 경제정책과 산업구조의 변화」, 한국정신문화연구원 편 『1970년대 후반기의 정치사회변동』, 백산서당.

이종구 외(2006), 『1960~70년대 한국노동자의 계급문화와 정체성』, 한울.

이주선(2002), 「민영화: 김영삼 정부 정책의 평가와 시사점」, 모종린 외 편 『한국 경제개혁 사례연구』, 오름.

이진순(2003), 『한국경제: 위기와 개혁』, 21세기북스.

이창언(2011), 「민족해방(NL)노선의 확산과 진보정치운동의 지체」, 조현연 외 『한국 진보 정치운동의 역사와 쟁점』, 한울아카데미.

이창언(2014), 『박정희 시대 학생운동』, 한신대학교 출판부.

이철순(2004), 「1950년대 후반 미국의 대한 정책」, 문정인·김세중 편 『1950년대 한국사의 재조명』, 선인.

이헌재(2012), 『위기를 쏘다』, 중앙북스.

이헌창(1999), 『한국경제통사』, 법문사.

이황우(2004), 「전후 1950년대의 경찰조직과 통솔체계」, 문정인·김세중 편 『1950년대 한국사의 재조명』, 선인.

임대식(1998), 「1950년대 미국의 교육원조와 친미엘리트의 형성」, 역사문제연구소 편
『1950년대 남북한의 선택과 굴절』, 역사비평사.

임원혁(2002), 「금융실명제: 세번의 시도와 세번의 반전」, 모종린 외 편『한국 경제개혁
사례연구』, 도서출판 오름.

임지현 · 김용우(2004;2005;2007),『대중독재』1~3, 책세상.

임지현 · 이성시(2004),『국사의 신화를 넘어서』, 휴머니스트.

임현진(2009),『한국의 사회운동과 진보정당』, 서울대학교출판부.

장상환(1999), 「한국전쟁과 경제구조의 변화」, 한국정신문화연구원 편『한국전쟁과 사회
구조의 변화, 백산서당.

장세진 외(2001),『김대중 정부의 4대 개혁: 평가와 과제』, 여강출판사.

장세진(2012),『상상된 아메리카』, 푸른역사.

장시원(2006), 「농지개혁 — 지주제 해체와 자작농체제의 성립」, 박지향 외 엮음『해방전
후사의 재인식』2, 책세상.

장하원(1999), 「1960년대 한국의 개발전략과 산업정책의 형성」, 한국정신문화연구원 편
『1960년대의 공업화와 경제구조』, 백산서당.

장훈(1997), 「한국 민주화 10년의 정당정치: 공고화의 지연과 맹아적 정당정치의 지속」,
최장집 · 임현진 편『한국사회와 민주주의 — 한국민주화 10년의 평가와 반성』, 나남
출판.

장훈(2002), 「외환시장 개방과 금융개혁: 개혁의 부조화와 때를 놓친 개혁」, 모종린 외
『한국 경제개혁 사례연구』, 도서출판 오름.

장훈교(2011), 「1997년 이후 민족해방계열의 진보정당운동사」, 조현연 외『한국 진보정
치운동의 역사와 쟁점』, 한울아카데미.

재무부/재정경제부(1981;1998;1999),『경제백서』.

재정경제원 · 한국개발연구원(1997),『열린 시장경제로 가기 위한 국가과제 — 21세기 새로
운 도약을 위한 준비』, 한국개발연구원.

전광석(2010), 「건국헌법의 사회경제질서 구상」, 한국미래학회 편『제헌과 건국』, 나남.

전재호(2014), 「전환기 한국 민주주의와 한미관계(1980~1997)」, 정일준 외『한국의 민주
주의와 한미관계』, 대한민국역사박물관.

전홍택(2002), 「금융개혁: 중앙은행 및 금융감독제도 개편 사례」, 모종린 외 편『한국 경제
개혁 사례연구』, 도서출판 오름.

정근식(1997), 「민주화, 지역주의와 지방자치」, 최장집 · 임현진 편『한국사회와 민주주의 —
한국민주화 10년의 평가와 반성』, 나남출판.

정근식·이호룡(2010),『4월혁명과 한국민주주의』, 선인.

정대성(2003),「제2공화국 대일외교의 전개과정 연구」, 한국민족운동사학회 편『장면과 제2공화국』, 국학자료원.

정덕구(2008),『외환위기 징비록』, 삼성경제연구소.

정병준(2005),『우남 이승만 연구』, 역사비평사.

정병준(2006),『한국전쟁-38선 충돌과 전쟁의 형성』, 돌베개.

정상용·유시민 외(1990),『광주민중항쟁 — 다큐멘터리1980』, 돌베개.

정성진(2004),「'제국': 마르크스주의적 비판」,『마르크스주의 비판』창간호, 한울.

정성호(1999),「한국전쟁과 인구사회학적 변화」, 한국정신문화연구원 편『한국전쟁과 사회 구조의 변화』, 백산서당.

정성화 편(2006),『박정희시대와 한국현대사』, 선인.

정영국(1999),「유신체제 성립 전후의 국내정치」, 한국정신문화연구원 편『1970년대 전 반기의 정치사회변동』, 백산서당.

정영태(1997),「6공화국 문민정부의 성격」, 최장집·임현진 편『한국사회와 민주주의 — 한국민주화 10년의 평가와 반성』, 나남출판.

정영태(2011),『파벌: 민주노동당 정파 갈등의 기원과 종말』, 이매진.

정윤광(2005),『저항의 삶, 내가 살아온 역사』, 백산서당.

정윤형(1995),「민족경제론의 역사적 전개」, 정윤형 외『민족경제론과 한국경제』, 창작과 비평사.

정윤형(1982),「경제학에서의 민족주의적 지향」, 송건호·강만길 편 창작과비평사.

정용욱(2004),「5.16쿠데타 이후 지식인의 분화와 재편」, 노영기 외『1960년대 한국의 근대화와 지식인』, 선인.

정일준 외(2014),『한국의 민주주의와 한미관계』, 대한민국역사박물관.

조광 외(2003),『장면총리와 제2공화국』, 경인문화사.

조대엽(2010),「4월혁명의 순환구조와 63항쟁」, 정근식·이호룡 편『4월혁명과 한국민주 주의』, 선인.

조석곤(2013),「개발독재시기 한국경제발전론과 대중경제론」, 류상영·김동노 편,『김대중 과 대중경제론』, 연세대학교 김대중도서관.

조선총독부 경무국(1989),『일제식민통치비사 — 일제하 조선의 치안상황』, 청아출판사.

조영래(1983; 개정판 1991),『전태일평전』, 돌베개.

조현연(2009),『한국 진보정당 운동사』, 후마니타스.

조현연(2011),「한국 민주화와 진보정당운동: 1987년 민주화 이후 2004년 17대 총선까지」,

조현연 외『한국 진보정치운동의 역사와 쟁점』, 한울아카데미.

주대환(1994), 『진보정치의 논리』, 현장문학.

주성준(1993), 「재벌에 밀린 산업구조의 효율화」, 한국사회과학연구소 『신경제정책과 한국
　　경제의 미래』, 녹두.

차성환 외(2005),『1970년대 민중운동 연구』, 민주화운동기념사업회.

최문성(1991), 「합법 비합법 정당의 변혁론에 관한 연구」, 서울대학교 대학원 박사학위
　　논문.

최배근(2007),『역사적 분석으로 본 한국경제의 새로운 길』, 박영사.

최용호(1999), 「1970년대 전반기의 경제정책과 산업구조의 변화」, 한국정신문화연구원
　　편『1070년대 전반기의 정치사회변동』, 백산서당.

최용호(2004), 『베트남전쟁과 한국군』, 국방부군사편찬연구소.

최장집·임현진 편(1997),『한국사회와 민주주의: 한국 민주화 10년의 평가와 반성』, 나남.

최진배(1996), 『해방 이후 한국의 금융정책』, 경성대학교출판부.

학술단체협의회·민주화운동기념사업회(2007), 『한국민주주의의 현실과 도전; 6월항쟁
　　그 이후』, 한울아카데미.

한국농어촌사회연구소 편(1989),『한국농업 농민문제연구』2, 연구사.

한국미래학회 편(2010), 『제헌과 건국』, 나남.

한국민족운동사학회 편(2003), 『장면과 제2공화국』, 국학자료원.

한국역사연구회·안병욱 편(2010), 『한국 민주화운동의 성격과 논리』, 선인.

한국정신문화연구원(2001),『근대화전략과 새마을운동』, 백산서당.

한국정신문화연구원(2002),『박정희시대 연구』, 백산서당.

한국정신문화연구원(2003),『한국 유신시대의 경제정책』, 백산서당.

한국정치연구회(2010),『다시보는 한국 민주화운동; 기원, 과정, 그리고 제도』, 선인.

한국정치학회·김유남 엮음(2001),『한국정치연구의 쟁점과 과제』, 한울아카데미.

한국정치학회·김유남 엮음(2001),『한국정치학 50년』, 한울아카데미.

한국학중앙연구원(2009), 『박정희시대 한미관계』, 백산서당.

한기홍(2012), 『진보의 그늘 ― 남한의 지하혁명조직과 북한』, 시대정신.

한도현(1999), 「1960년대 농촌사회의 구조와 변화」, 한국정신문화연구원 편, 『1960년대
　　사회변화연구: 1963~1970』, 백산서당.

한도현(2006), 「새 국민, 새 공동체, 돌진적 근대: 새마을운동의 대중동원」, 정성화 편
　　『박정희시대와 한국현대사』, 선인.

한반도사회경제연구회(2008),『노무현시대의 좌절』, 창비.

한승헌 편(1984), 『유신체제와 민주화운동』, 삼민사.

한용 외(1989), 『80년대 한국사회와 학생운동』, 청년사.

한홍구 외(2009), 『대한민국의 정통성을 묻다』, 철수와영희.

홍규덕(1999), 「베트남전 참전 결정과정과 그 영향」, 한국정신문화연구원 편 『1960년대의 대외관계와 남북문제』, 백산서당.

홍석률(1999), 「1960년대 지성계의 동향」, 한국정신문화연구원 편 『1960년대 사회변화 연구: 1963~1970』, 백산서당.

홍석률(2002), 「5.16쿠데타의 발발 배경과 원인」, 한국정신문화연구원 편 『박정희시대 연구』, 백산서당.

홍석률(2004), 「1960년대 한국 민족주의의 분화」, 노영기 외 『1960년대 한국의 근대화와 지식인』, 선인.

홍장표(1991), 「1970년대 이후 대자본의 중소자본 지배구조의 변화」, 양우진·홍장표 외 『한국 자본주의 분석』, 일빛.

황병주(2004), 「박정희체제의 지배담론과 대중의 국민화」, 임지현·김용우 『대중독재』, 책세상.

황인학(2002), 「기업지배구조 문제와 개혁: 경제위기 이전 시기를 중심으로」, 모종린 외 『한국 경제개혁 사례연구』, 도서출판 오름.

中村 哲(1987), 「중진자본주의론에 관한 시론」, 『현단계』1, 한울.

Alesina, A. and E. Glaeser(2004), *Fighting Poverty in the US and Europe : A World of Difference*, OUP (전용범 옮김(2012), 『복지국가의 정치학』, 생각의힘).

Amsden, A.(1989), *Asia_s Next Giant—South Korea and Late Industrialization*, OUP.

Anderson, Benedict(1983), *Imagined Communities*, Verso.

Cmmings, B.(1981;1990), *The Origin of Korean War* 1~2, Princeton University Press.

Jenkins, Keith(1991), *Rethinking History*, Routledge (최용찬 옮김(1999), 『누구를 위한 역사인가』, 혜안).

Eckert, C.(1991), *Offspring of Empire*, University of Washington Press (주익종 옮김(2008), 『제국의 후예』, 푸른역사).

Lee, Namhee(2007), *The Making of Minjung*, Conell University Press.

Negri, A. & M. Hardt(2000), *Empire*, Harvard University Press (윤수종 옮김(2001), 『제국』, 이학사).

Schumid, Andre(2002), *Korea between Empires 1895~1919* (정여울 옮김, 2007, 『제국 그 사이의 한국』, 휴머니스트).

Schwartz, H (2010), *States Versus Markets*, Palgrave Macmillan (장석준 옮김(2015), 『국가 대 시장』, 책세상).

Shin Gi-Wook and Robinson M.(1999), *Colonial Modernity in Korea*, Harvard University Asia Center.

다시 읽는 한국 현대사

1판 1쇄 펴냄 | 2016년 2월 29일

지은이 | 양우진
발행인 | 김병준
편집장 | 김진형
디자인 | 정계수(표지)·박애영(본문)
발행처 | 생각의힘

등록 | 2011. 10. 27. 제406-2011-000127호
주소 | 경기도 파주시 회동길 37-42 파주출판도시
전화 | 070-7096-1332
전자우편 | tpbook1@tpbook.co.kr
홈페이지 | www.tpbook.co.kr

공급처 | 자유아카데미
전화 | 031-955-1321
팩스 | 031-955-1322
홈페이지 | www.freeaca.com

ⓒ 양우진, 2016. Printed in Seoul, Korea.

ISBN   979-11-85585-20-8 93910

이 도서의 국립중앙도서관 출판시도서목록(CIP)은
서지정보유통지원시스템 홈페이지(http://seoji.nl.go.kr)와
국가자료공동목록시스템(http://www.nl.go.kr/kolisnet)에서
이용하실 수 있습니다.(CIP제어번호: CIP2016003487)